Límites saludables *para tu* adolescente

Pautas basadas en el amor y la disciplina

June Hunt
con Jody Capehart

PORTAVOZ

La misión de *Editorial Portavoz* consiste en proporcionar productos de calidad —con integridad y excelencia—, desde una perspectiva bíblica y confiable, que animen a las personas a conocer y servir a Jesucristo.

Título del original: *Bonding with Your Teen through Boundaries* © 2010 por Hope for the Heart, Inc. y publicado por Crossway, 1300 Crescent Street, Wheaton, Illinois 60187. Traducido con permiso.

Edición en castellano: *Límites saludables para tu adolescente* © 2012 por Editorial Portavoz, filial de Kregel Publications, Grand Rapids, Michigan 49501. Todos los derechos reservados.

Traducción: Mónica Ruiz

EDITORIAL PORTAVOZ
P.O. Box 2607
Grand Rapids, Michigan 49501 USA
Visítenos en: www.portavoz.com

ISBN 978-0-8254-1336-0 (rústica)
ISBN 978-0-8254-0347-7 (Kindle)
ISBN 978-0-8254-8519-0 (epub)

1 2 3 4 5 / 16 15 14 13 12

Impreso en los Estados Unidos de América
Printed in the United States of America

Dedico este libro a mis sobrinos y sobrinas, quienes son los amados, bonitos y divertidos jóvenes de mi vida:

Ashlee, Heather, Henry, Hunter I,
Hunter II, Josh, Kathryn, Kimberly, Leah,
Lillian, Mara, Tanner, Teddy y Travis.

Ruego en oración que se mantengan siempre jóvenes en espíritu, puros de corazón y rectos delante de Dios.

Contenido

Agradecimientos

Deseo expresar mi profunda gratitud al equipo que trabajó, de forma conjunta, como un verdadero campeón de fútbol americano.

Límites saludables para tu adolescente fue publicado en inglés por primera vez en el año 2001, en la misma semana del atentado al *Word Trade Centre*, el ataque terrorista islámico sobre suelo estadounidense. Con la atención nacional enfocada en esa tragedia recientemente desencadenada, los esfuerzos por promocionar el libro habrían sido insensibles e improductivos. Como resultado, la publicación no contó con una gran promoción.

Desde el 2001, la necesidad de ayuda bíblica, práctica y relevante para la crianza de adolescentes ha sido cada vez mayor debido al constante deterioro de la cultura. Como consecuencia, la segunda edición de este libro, publicado en inglés en el año 2010, brinda gran cantidad de capítulos nuevos con información actualizada.

Como equipo, nuestro gran privilegio y oración es ayudarte a que te conviertas en todo lo que Dios ideó para ti... y ayudarte a que ayudes a otros.

Barbara Spruill y *Trudie Jackson* presentaron la estrategia de juego basada en sus años de actividad con adolescentes y continuaron con su ayuda hasta el último segundo del partido. Sin ellos, este libro no habría sido posible.

Robin Hardy y *June Page* desarrollaron la estrategia de juego hasta la primera mitad. *Jody Capehart* quedó a cargo de la segunda mitad y se dedicó a escribir y actualizar el material para asegurarse de que los contenidos fueran indiscutiblemente actuales.

Connie Steinford y *Angie White* —cuarto tras cuarto del partido— corrieron con dedos veloces sobre el teclado de sus computadoras.

Carolyn White, Titus O'Bryant, Bea Garner, Elizabeth Gaston y *Jeanne Sloan* se aseguraron de no dejar caer la pelota en el último cuarto del partido.

Beth Stapleton y *Karen Williams*, juntos y soñolientos, corrigieron el libro hasta la última línea mientras se acababa el tiempo.

Agradecimientos

Qué gran gozo es ver a este equipo trabajar... lleno de sinergia coherente y desinteresada. Todos, en unidad, podemos decir verdaderamente: "Corro por el camino de tus mandamientos, porque has ampliado mi modo de pensar" (Sal. 119:32, NVI).

¿En qué consisten los límites?

1

Prepara tu cometa para volar

Los adolescentes son una cuestión candente. Un escritor se lamentó de la siguiente manera: "Parece que ahora aman el lujo, tienen pésimos modales y desdeñan la autoridad, muestran muy poco respeto hacia los adultos y pierden el tiempo yendo de un lado para otro contando chismes. Están dispuestos a contradecir a sus padres, monopolizar la conversación y la compañía, comer exageradamente y tiranizar a sus maestros". ¡Poco ha cambiado desde que Sócrates realizó esta queja, hace más de dos mil cuatrocientos años!

Tras finalizar la universidad, llegué a conocer íntimamente estos años turbulentos de la adolescencia —el tiempo de enormes cambios— cuando me convertí en directora juvenil de una gran congregación, en el centro de la ciudad. Tenía a mi cargo seiscientos adolescentes en la división superior de jóvenes, quienes cursaban séptimo, octavo y noveno grado. No tardé mucho en darme cuenta de que entre los trece y los dieciséis años, ¡los adolescentes entran como corderos y salen convertidos en leones! No solo me maravillé ante estos cambios, sino que también adquirí conocimientos inestimables, muchos de los cuales se encuentran dentro de las páginas de este libro.

Por ejemplo, en los primeros años de la vida de un niño, tú, como padre, representabas a Dios: lo digo literalmente. Tú eras la autoridad total. Siempre tenías la razón. Luego, tu hijo o hija adolescente entró en una fase de "individualización", una etapa de desarrollo cuando los niños se esfuerzan por convertirse en jóvenes independientes. Ya no aceptan tus concepciones morales, valores y enseñanzas basadas en la frase: "¡Porque yo lo digo!".

Los adolescentes necesitan, y verdaderamente anhelan, elegir por ellos mismos la manera en que responderán ante las reglas porque, de lo contrario, se encontrarán en una pendiente resbaladiza y peligrosa. Por esta razón Proverbios 4:14-16 nos da una clara advertencia: "No hagas lo que hacen los perversos ni sigas el camino de los malos. ¡Ni se te ocurra!

No tomes ese camino. Aléjate de él y sigue avanzando. Pues las personas malvadas no pueden dormir sin hacer la mala acción del día. No pueden descansar sin antes hacer tropezar a alguien".

Si los adolescentes no escuchan este consejo, acabarán siguiendo a *cualquier persona* en *cualquier momento* debido a *cualquier razón*, especialmente, cualquiera con voz de autoridad que tenga un mensaje atractivo... ya sea el traficante de drogas, el líder de una secta o el de una pandilla.

Desdichadamente para los padres, esta búsqueda de independencia no es, generalmente, una transición gradual. Tus hijos llegan a la edad de la adolescencia, y ¡ABRACADABRA!, de repente, mamá no sabe nada y papá es un dinosaurio. Afirman, desde su punto de vista: "¡Mis padres parecen haber nacido en la Edad de Piedra!".

Durante este momento de lucha, los adolescentes te pondrán a prueba, te tentarán y te juzgarán. Dicho de otro modo, intentarán ver si existen reglas *definidas*. Muchos padres se sentirán desconcertados por la conducta de sus hijos, pues pensarán: *¿Qué sucedió con mi hijo sumiso? ¿Quién es esta hija conflictiva? ¿Cómo enfrento esta mala actitud?*

Si algo así sucede en tu hogar, anímate: *Ahora no significa para siempre*. Tal vez te sorprendas algún día al ver a tus hijos adolescentes convertidos en adultos agradecidos, quienes, finalmente, oyen tu corazón y comprenden tus sacrificios. Hasta ese momento, sin embargo, establece las reglas, ponlas en práctica en cada oportunidad, resiste hasta el final y asegúrate de *mantener viva la esperanza*.

De alguna manera, podemos comparar a los chicos con las cometas. Todavía puedo recordar una gran reunión para celebrar el día de acción de gracias en la casa de mi madre, hace algunos años. Cuando salí a caminar, observé una cometa en el suelo, que obviamente habían dejado allí con gran frustración. La cuerda estaba enrollada de forma extraña llena de nudos. Algunos parientes también quisieron hacerla volar, pero no teníamos otra cuerda. De modo que, durante veinte minutos, tres de nosotros nos dedicamos a desenredar la cuerda.

El proceso fue largo y tedioso. Sin embargo, cuando deshicimos el enredo, la cometa pudo volar. Cuando por fin se elevó por el aire, produjo sonrisas, risas y aplausos. Luego, y de manera abrupta, cayó en picada y golpeó el suelo. No obstante, esta caída no destruyó nuestras esperanzas. Tras varios intentos frustrados de lanzamiento, la cometa llegó al cielo, y ¡cómo voló!

Solo por el hecho de que muchos adolescentes tengan sus vidas enredadas no significa que debamos tratarlos como seres descartables. Solo porque hayan caído al suelo no significa que estén derrotados sin ninguna esperanza. Se necesitan persistencia y paciencia para deshacer el enredo.

Anímate con este principio compasivo de la Biblia: "El buen juicio hace al hombre paciente; su gloria es pasar por alto la ofensa" (Pr. 19:11, NVI). Debes tener persistencia y paciencia para convertirte en el mejor padre posible, mientras actúas facultado por Dios y guiado por el objetivo correcto.

EL OBJETIVO MAYOR DE UN PADRE

Nuestro objetivo fundamental como padres consiste en preparar a nuestros hijos para volar como cometas, de manera que se conviertan en lo que el "Hacedor de cometas" soñó. En otras palabras: *Prepara a tu hijo para vivir independiente de ti, aunque dependiente de Dios, a fin de que vuele exitosamente con dominio propio.* Este tipo de dominio propio no tomará un rumbo equivocado si está cimentado en la Palabra de Dios, gobernado por el Hijo de Dios y guiado por el Espíritu de Dios.

Dios te ha colocado en una posición clave para preparar a tu cometa para el vuelo. ¿De qué manera?

CUATRO PUNTOS CLAVE: PARA COMETAS Y NIÑOS

1. Las cometas necesitan lugares abiertos para volar. Las ramas de los árboles serán un obstáculo. Como padre, mantente abierto hacia tu hijo o hija adolescente y no estés encima de ellos.

2. Es necesario que las cometas estén atadas fuertemente a un ovillo. Caerán al suelo si las sueltas completamente. Como padre, asegúrate de no desconectarte. Aunque no sea fácil, permanece en contacto. No te rindas y bríndales amor: sigue resistiendo y establece los límites.

3. Debes soltar gradualmente la cuerda de las cometas para que vuelen cada vez más alto. A medida que tus hijos vayan adquiriendo una mayor responsabilidad, no temas darles más libertad.

4. Las cometas necesitan equilibrio. El peso de la cola equilibra la cometa, pues le brinda estabilidad. Si te acusan de ser un contrapeso para tu adolescente, no te desesperes: tu hijo necesita *equilibrio a través de los límites.*

Si realmente te preocupas por tus hijos, aprende cómo ponerles límites que produzcan tanto consecuencias como recompensas. Los adolescentes tendrán mucho más equilibrio con esos límites; y, al final, ¡te deleitarás cuando los veas volar!

2

El sombrero negro

Para la fascinación del mundo entero, el comienzo del siglo XX marcó el inicio de las primeras películas en blanco y negro. Las películas del Lejano Oeste gozaban de la simpatía del público con sus dos personajes —el héroe y el villano—que disparaban con sus pistolas y peleaban con sus puños. En las viejas películas del Oeste, se descubría inmediatamente quién era *el bueno* y quién, *el malo.* El héroe siempre usaba sombrero blanco. El villano siempre usaba sombrero negro. Todos amaban al héroe de sombrero blanco. A nadie le gustaba el villano con sombrero negro.

¿QUIÉN QUIERE USAR EL SOMBRERO NEGRO?

Así sucede en la familia. Ningún padre quiere ser el villano: ningún papá desea ser rechazado, como tampoco ninguna mamá quiere que sus hijos sean irrespetuosos con ella. Todos los padres desean ser queridos y escuchados con respeto. Entonces, ¿qué haces cuando tu hijo adolescente desobedece deliberadamente y tú no quieres que te consideren como el villano del "sombrero negro"?

Algunos padres optan por la solución de la *permisividad*: permiten que los chicos hagan lo que desean (a menudo, en contra del juicio más acertado de los padres), para que no se enojen y que la familia pueda vivir en paz. Los chicos que cruzan la línea no reciben reprimenda, reproche, ni consecuencia alguna.

Sin embargo, este enfoque de "paz a cualquier precio" no cosechará los frutos positivos que deseas. Necesitas educar a un adolescente para que tenga disciplina propia y respeto hacia tu lugar como padre y tu derecho a establecer las reglas.

¿ACASO JESÚS NO FUE UN HOMBRE DE "PAZ A CUALQUIER PRECIO"?

Muchas personas, tanto cristianas como no cristianas, piensan que la "paz a cualquier precio" es la manera cristiana de vivir. *Después de todo*

—razonan—, *a Jesús lo llamaban el Príncipe de Paz*. Hasta citan las palabras de Jesús que dicen: "mi paz les doy",[1] y "Dios bendice a los que procuran la paz".[2] Además, el apóstol Pablo dijo: "Hagan todo lo posible por vivir en paz con todos".[3]

En vista de estos pasajes bíblicos, es necesario preguntarnos: ¿Era Jesús una persona que buscaba la paz a cualquier precio? De ninguna manera. Él refutó esta falsa y tan extendida idea al afirmar: "¡No crean que vine a traer paz a la tierra! No vine a traer paz, sino espada".[4] Jesús comunicó claramente que Él debe confrontar el error al ir al núcleo del problema, y anunció: "Y conocerán la verdad, y la verdad los hará libres".[5]

La espada de la verdad es necesaria para vivir una vida de integridad y afrontar los cambios necesarios cuando nada a tu alrededor está en paz. Si haces lo correcto a los ojos de Jesús, Él te brinda su paz sobrenatural... la *paz interna que sobrepasa todo entendimiento*.

¿Cómo sucede esto? Cuando recibes a Jesucristo como tu Señor y Salvador personal, Él toma control de tu corazón y tu vida. Puesto que Él es el Príncipe de Paz, *Él será tu paz* en medio de cualquier tormenta, incluso en una época tormentosa que atravieses con tu hijo o hija adolescente. Sin embargo, el hecho de tener la paz de Cristo en tu interior es totalmente diferente a ser una persona que busca la paz a cualquier precio.

¿QUÉ SUCEDE CUANDO ERES UN PADRE QUE BUSCA LA PAZ A CUALQUIER PRECIO?

Hace poco, dos jóvenes me contaron que sus padres habían sido "demasiado permisivos". Uno de ellos, de quince años, me contó en confidencia: "Mi mamá no quiere decirme *no*, por eso, mi padrastro se enoja con ella porque claudica ante las mismas reglas que estableció para mí".

Del mismo modo, una atractiva jovencita de veinte años admitió: "Cuando era mucho más joven, nunca deberían haberme permitido llegar tan tarde... y nunca deberían haberme permitido salir con ciertos hombres, porque eran mucho mayores que yo. Nunca me controlaban. Ahora que vivo sola, tengo grandes dificultades para establecer límites personales...".

Ambos jóvenes afirmaron su creencia de que sus padres no se preocupaban demasiado por ellos... estaban demasiado ocupados, demasiado atareados como para establecer límites adecuados. Además, admitieron que se comportaron con enojo e irrespetuosamente hacia sus padres.

En última instancia, si actúas con demasiada permisividad, surgen tres problemas fundamentales:

¿En qué consisten los límites?

1. Ellos *no respetan* tus reglas correctamente establecidas.
2. Ellos *rechazan* su necesidad de disciplina personal.
3. Ellos *desprecian* tu lugar y tu derecho de criarlos.

Finalmente, consigues que tus hijos adolescentes *pierdan gradualmente* el respeto por ti. Entonces, ¿qué debes hacer? Sabes que no deberías ser una persona que busca la paz a cualquier precio; pero, al mismo tiempo, tampoco quieres ir a la guerra... no deseas decir *no*... ¡no quieres que tus hijos te pongan el *sombrero negro*!

Esto se logra, sencillamente, de la siguiente manera: debes conocer los beneficios de los límites.

¿EN QUÉ CONSISTEN LOS LÍMITES?

Los límites son *líneas divisorias establecidas* que no deben cruzarse. Si se traspasa un límite, el resultado es algún tipo de *consecuencia*. Por el contrario, si se mantiene, el resultado será una *recompensa*.

Cuando un padre establece un límite, el adolescente elegirá cruzarlo o permanecer dentro de él. Comprende que es el adolescente, y no el padre, quien *elige la consecuencia* o *la recompensa*. Además, esto significa *¡que el padre no usará el sombrero negro!*

Un ejemplo de un *límite físico* lo constituyen las líneas divisorias realizadas en las pistas para eventos olímpicos. En la carrera de los cien metros —la carrera de velocidad que determina "el hombre más rápido del mundo"— todos los corredores salen rápidamente de su taco de salida al sonido de la pistola. Si un corredor entra en el carril de otro corredor, la *consecuencia* de esa acción es la inmediata descalificación. Mientras que todos los corredores permanezcan dentro de sus límites, cada uno cosecha la *recompensa* de competir hasta el final de la carrera, junto con la posibilidad real de ganar una medalla de oro.

Todos los amantes de los deportes conocen *los límites del campo deportivo*. En el fútbol americano, el portador de la pelota que se mantiene dentro de la línea de banda puede mover la pelota por el campo con la esperanza de hacer un tanto. Sin embargo, se dice que la jugada "está muerta" en el momento en que este jugador sale de los límites... *atravesando* la línea de banda. Los jugadores que violan esta línea divisoria deben pagar el castigo.

En los campeonatos de Wimbledon, el resultado de un partido de tenis puede depender de si la pelota cae dentro de la línea límite o en una fracción de centímetro fuera de ella. En el mundo de los deportes, los límites son tan importantes que los técnicos han perfeccionado la repetición de la jugada en cámara lenta, desde diferentes ángulos, para determinar si se ha cruzado la línea.

En el juego de la vida, existen líneas divisorias en todas las áreas. Si conduces un automóvil, tendrás que respetar los carriles, los semáforos y los límites de velocidad. El hecho de ignorar estos *límites automovilísticos* puede ser fatal. En cambio, conducir dentro de ellos puede salvarte la vida.

La conducta cuenta también con límites, y son de naturaleza *ética* o *moral*. En ocasiones, los límites legales se superponen o coinciden con los límites morales que distinguen lo correcto de lo incorrecto. El mejor ejemplo de un límite, tanto moral como legal, es el robo. Desde 1932 hasta 1934, los tristemente célebres ladrones de banco Bonnie y Clyde transitaron un sendero criminal que incluyó numerosos robos y asesinatos. Finalmente, recibieron el *castigo* que sus delitos merecían, pues ambos murieron acribillados en un tiroteo. Puesto que Bonnie y Clyde cruzaron los límites morales y legales del país, cosecharon la consecuencia que consistió en la muerte.

Muchos jóvenes eligen vivir fuera de los límites morales cuando mantienen prácticas sexuales promiscuas. Justifican sus acciones diciendo: "¡No va en contra de la ley!". No obstante, pueden experimentar las *consecuencias* que se materializan en enfermedades de transmisión sexual (ETS), en un embarazo no deseado o en la adicción sexual.

Es más, cuando cruzan los *límites bíblicos,* cosechan la consecuencia del juicio de Dios… y la ausencia de bendición. Sin embargo, los adolescentes que se mantienen sexualmente puros antes del matrimonio no deben temer estas enfermedades, pues disfrutan la *recompensa* de una conciencia clara, así como las bendiciones de Dios. Y, algún día, podrán experimentar la relación más pura posible: la plenitud total con su compañero de vida.

¿QUÉ LES DICES A LOS ADOLESCENTES QUE NO DESEAN LÍMITES?

Obviamente, los adolescentes quieren la libertad para hacer lo que desean. Sin embargo, imagina un pez inteligente que diga: "No me gusta esta pecera, porque no me permite ir donde quiero y hacer lo que deseo. ¡Es tan restrictiva…! Quiero ser libre de este recipiente de cristal".

Un día, el pez salta un poco aquí y un poco allá y, finalmente, logra salir de la pecera. ¡Ahora es libre! Claramente, ha traspasado el límite. Ahora bien, ¿qué sucede con nuestro pequeño pez? Muere a los pocos minutos. Esta única acción lo condenó a una muerte segura. ¿Por qué?

1. Los peces necesitan agua.
2. La pecera tenía el agua necesaria.
3. El límite de la pecera contenía el agua que el pez necesitaba para vivir.

Tener la libertad de hacer lo que deseas puede *parecer* correcto, pero no lo es. Como afirma Proverbios 14:12: "Delante de cada persona hay un camino que parece correcto, pero termina en muerte". Precisamente por este motivo, los jóvenes necesitan la guía de sus padres. Por esta razón, tus adolescentes necesitan que hables con ellos sobre los límites y les des a conocer las consecuencias y recompensas.

¿CUÁL ES EL BENEFICIO FUNDAMENTAL DE LOS LÍMITES?

Los límites *externos* tienen como objetivo desarrollar el carácter *interno*. ¡Lee esta frase nuevamente! Los adolescentes sufren una consecuencia apropiada si desafían un límite, ya que la consecuencia dolorosa tiene como objetivo desarrollar la disciplina. Por otro lado, los padres que permiten que sus hijos hagan lo malo los *instruyen para cometer errores*.

Por ejemplo, los padres que permiten que su hija no sufra la *consecuencia* por ser irrespetuosa hacia ellos, la instruyen para que también lo sea con toda figura de autoridad. Además, no aprende a tener disciplina personal. Sinceramente, ¿es esto lo que conviene que aprenda? Obviamente no. La falta de disciplina en la adolescencia hará que no esté preparada para tener la disciplina necesaria cuando sea adulta.

¿Qué sucede si en repetidas ocasiones tu hijo no sufre la *consecuencia* por llegar a casa después del *horario límite*? Lo estás entrenando para no respetar los horarios. En el futuro, cuando intente conseguir un empleo, no tendrá la disciplina para ser puntual. Esto se deberá a que no fue *instruido* para respetar los horarios. Esto *no* es preparar a tu cometa para volar. Definitivamente, esto *no* es desenredar la cuerda para que tu hijo vuele con disciplina propia.

No hace mucho, en un vuelo desde California hacia Dallas, me senté al lado de un estudiante de primer año de la universidad, con quien entablé una conversación.

—¿Te pusieron límites tus padres alguna vez? —le pregunté.

—Por supuesto —me respondió rápidamente.

—¿Los hacían cumplir?

—Claro que sí —me respondió con más emoción—. El año pasado, mis padres pusieron un horario límite para las salidas nocturnas de viernes y sábados. Una noche dejé que pasara el tiempo, pues no consideré seriamente el horario límite. Llegué a casa a las 2:00 de la madrugada, ¡y mira lo que pasó! Mis padres me prohibieron usar mi auto durante dos semanas.

—¿Cómo te sentiste?

—Fue horrible —se quejó—. Cada día, durante dos semanas, tuve que pedir que alguien fuera hasta mi casa para llevarme al colegio, y que otra persona me llevara a casa cuando salía del colegio. Además, tuve que conseguir que alguien me llevara a hacer las actividades extras. No podía hacer nada por mí mismo.

—Estas consecuencias, ¿produjeron algún cambio en tu vida?

—¡Por supuesto! Cada vez que salía por la noche, ¡miraba el reloj como un halcón!

—¿Sentiste que tus padres no te querían?

—No, no hay duda de que sí me aman. De hecho, sé que mis padres hicieron lo que hicieron porque *sí* me querían —afirmó este muchacho con absoluta seguridad.

—De alguna manera, ¿tuviste la impresión de que las consecuencias fueron excesivas?

—Bueno, pensé que lo eran en aquel momento. Pero eso es lo que piensan todos los chicos cuando se aplica un castigo estricto. Hoy comprendo que la dificultad de estar sin mi auto me ayudó a tener más cuidado con los horarios. El hecho de ser castigado por mi irresponsabilidad me ayudó a ser mucho más responsable. Ahora que estoy en la Universidad de Texas, les agradezco a mis padres por lo que hicieron, ¡y pienso que son geniales!

Tal vez la enseñanza de esta historia verídica podría sintetizarse de la siguiente manera: Para los adolescentes, es posible que estos padres parezcan usar el sombrero negro, pero un día ¡verán que el sombrero negro se convierte en blanco!

3

Comprende a tu hijo adolescente

"No tengo tiempo de lavar el auto. De todos modos, no tengo ganas". "De ninguna manera voy a ir a ese cumpleaños infantil, no me importa lo que su padre hizo por ti". "¡Miraré la película que quiero!". "¡Deja de fastidiarme!... No tengo que hacer lo que digas. Y no olvides, tienes que lavar mi pantalón". *¡Ay!*

Tu hijo ha desarrollado un problema real de actitud. Discute contigo por todo. Es desafiante, irrespetuoso y, definitivamente, se comporta de forma desagradable. Hace un año era un niño maravilloso. ¿Quién es esta persona... este jovencito... este adolescente?

No es fácil ser padre de un adolescente. El espectro de emociones que sienten es muy amplio, y sus necesidades para el desarrollo son enormes. Además, ser un adolescente es todo un reto. En un determinado día, tu hijo o hija luchará con las dudas y los interrogantes respecto a casi todas las áreas de la vida. Una pregunta podría ser: "¿Por qué me dicen que estos años son los mejores de mi vida? ¿Esto es lo mejor que viviré?".

UN MOMENTO DE TRANSICIÓN

La adolescencia es un momento de transición. Los adolescentes transitan el tiempo desde la niñez hacia la edad adulta; el *cambio* es *una constante* en sus vidas. (El término en latín para adolescencia es *adolescere*, que significa "madurar").[1]

Físicamente, los adolescentes:

- se desarrollan más temprano que las generaciones anteriores,
- experimentan cambios hormonales y sexuales, y
- necesitan, al menos, ocho o nueve horas de sueño por la noche.

Emocionalmente, los adolescentes:

- viven el "ahora" y no piensan en las consecuencias futuras,

- actúan de manera positiva y obedientes en un momento; pero seguidamente discuten y resisten a la autoridad y
- se sienten indestructibles e inmortales.

Mentalmente, los adolescentes:

- aumentan su habilidad para aprender, razonar y resolver problemas,
- buscan la novedad y toman decisiones creativas y
- realizan simultáneamente muchas tareas con aparatos electrónicos, mientras estudian o hacen otras actividades.

Socialmente, los adolescentes:

- trasladan a sus compañeros la dependencia que sentían hacia sus padres,
- desean sentirse conectados con los demás y
- buscan *amor, significado* y *seguridad*.

Espiritualmente, los adolescentes:

- se cuestionan, a nivel personal, qué significa la fe en Dios,
- necesitan una relación auténtica con el Señor Jesucristo y
- desean establecer sus propias convicciones.

En cuanto al desarrollo, el hecho de que la actividad cerebral de tu hijo adolescente difiera de la tuya como adulto ayuda a explicar por qué los adolescentes y sus padres responden, típicamente, de manera distinta ante la misma situación.

- La *corteza prefrontal* se encuentra detrás de la frente y tiene como función la organización, el control del impulso y la planificación. Es la parte lógica y reflexiva del cerebro. En general, los adultos utilizan esta parte del cerebro, pero en la adolescencia se encuentra todavía en desarrollo.
- En general, los adolescentes utilizan la *amígdala cerebral*, la cual es el centro emocional del cerebro. Este hecho explica por qué los adolescentes son, a menudo, impulsivos e irascibles e interpretan los acontecimientos de la vida de manera diferente de sus padres.
- El *hipotálamo* regula el sistema hormonal, y tiene gran importancia

puesto que las hormonas influyen notablemente en el desarrollo del adolescente.

Otros procesos que ocurren en el cerebro del adolescente brindan grandes oportunidades para *aprender rápidamente* y con más facilidad. Además, la susceptibilidad hacia las adicciones nunca es tan fuerte como en la adolescencia. "Los cerebros adolescentes adquieren el combustible antes que los frenos. El acelerador del cerebro está listo para una carrera de autos para adultos. Pero debido a que la corteza prefrontal no está al máximo de su rendimiento, el cerebro tiene los frenos de un auto antiguo".[2] En esta etapa, cuando los adolescentes desean *actuar sin supervisión*, aún necesitan la *supervisión de los padres*.

¿QUÉ PODRÍAS HACER?

Un aspecto positivo es que, con la habilidad de los adolescentes para aprender rápidamente y sus deseos por la novedad, puedes considerar la posibilidad de hacer viajes misioneros o de encontrar otras maneras para que participen en ministerios donde aprendan y sirvan a otros.

En lugar de permitirles que alimenten el potencial para la adicción a entretenimientos electrónicos, drogas, sexo o alcohol, haz que tengan contacto con las necesidades del mundo para que puedan, en persona, formar parte de la solución. Infúndeles una visión cristiana del mundo. Anímalos a depender de Dios y a desarrollar el hambre por su Palabra.

En medio de la inestabilidad de esta etapa, tú puedes brindarles el alivio necesario al tener valores, expectativas y convicciones claramente definidos y establecidos para tus hijos adolescentes. Tu confianza será un bálsamo sanador para su inseguridad; y tu firmeza, una red de seguridad para su inestabilidad.

Examina tus valores, establece tus expectativas y confirma tus convicciones en las siguientes áreas:

- *Académica*: ¿Qué calificaciones escolares esperas que tus hijos adolescentes obtengan? ¿Son responsables de hacer su tarea escolar?
- *Vida espiritual*: ¿Instruyes y hablas con ellos sobre temas de naturaleza espiritual? ¿Insistes en su participación en la iglesia?
- *Vida social*: ¿A qué hora tienen que regresar a casa por la noche? ¿A qué lugares les permites ir, y con quién?

- *Conducta*: ¿Permites la falta de respeto, la desobediencia o la deshonestidad? ¿Qué conductas son aceptables, y cuáles no lo son?
- *Carácter*: ¿Qué características deseas que desarrollen? ¿Qué haces para que así suceda?
- *Posesiones*: ¿Cuán ordenada debe estar su habitación? ¿Tienen normas para vestir apropiadamente?
- *Entretenimiento*: ¿Qué tipo de programas permites que miren por televisión y video? ¿Qué sucede con la música y los conciertos?
- *Responsabilidades*: ¿Qué tareas domésticas esperas que hagan tus hijos adolescentes? ¿Exiges que te rindan cuentas de lo realizado?
- *Privilegios*: ¿Quién paga las actividades extraescolares? ¿Quién paga el transporte?
- *Vida familiar*: ¿Cuáles son tus expectativas para el tiempo familiar?
  Como padre, ¿has definido tus propios límites?
  — Espera respeto porque es lo correcto.
  — Recompensa la conducta positiva con tus afirmaciones, no con dinero.
  — Tu meta consiste en que tus hijos desarrollen cualidades internas.

No evites el castigo a tus hijos adolescentes cuando deberías establecer las consecuencias.

- Evitar el castigo debilita el carácter y los lleva a establecer vínculos con personas que, en un futuro, posibilitarán sus decisiones irresponsables.
- Las consecuencias brindan la oportunidad de aprender lecciones, adiestran nuevamente el cerebro y cultivan el carácter cristiano.

Debes ejercer el rol de padre, no el de amigo.

- Si tus hijos adolescentes tienen problemas en el colegio, no culpes automáticamente al colegio. Si es necesario, haz que rindan cuentas de sus actos.
- Si no hacen su tarea escolar, no la hagas por ellos. Permite que sufran las consecuencias, pues lo necesitan.

Escribe una carta de aliento para cada uno de tus hijos adolescentes, expresando lo que sientes por él o ella.

- Tómate tu tiempo. Una carta es una inversión en la relación que durará para siempre.
- Mantén un tono positivo. Aquí tiene algunas sugerencias para ayudarte a comenzar.

Querido o querida…
Quiero que sepas cuánto te amo.
El día que naciste fue uno de los días más maravillosos y formidables de mi vida.
Recuerdo…
Lo que más me gusta de ti es…
Uno de los recuerdos más hermosos que tengo de ti es…
Tienes tanto talento para…
Siempre estaré aquí para ti.
Creo en ti.

¿QUÉ PODRÍAS DECIR?

A menudo, las nubes de malhumor y enojo de tu hijo adolescente traen dificultades para ver la luz al final del túnel, en cuanto a tu vínculo con ellos. ¿Cómo puedes disipar las nubes de actitudes negativas para descubrir lo que sucede realmente con ellos? ¿Cómo puedes mantener abiertas las líneas de comunicación para centrar la atención en las cuestiones importantes?

Utiliza el "Método Sándwich", que sirve para confrontar y corregir:

FIGURA 3-1

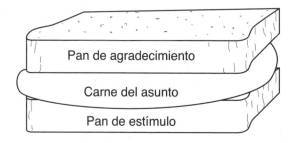

Pan de agradecimiento

Carne del asunto

Pan de estímulo

1. Comienza con el "Pan de agradecimiento". Menciona una característica interna, no un talento o apariencia externa. *"Realmente, agradezco tu (perseverancia)…"*. Proverbios 16:21 afirma: "Los sabios

son conocidos por su entendimiento, y las palabras agradables son persuasivas".

2. Agrega la "Carne del asunto" al explicar el problema. *"Porque te amo/me importas, quiero que comprendas..."*. Proverbios 9:9 y 12:1 dicen: "Instruye a los sabios, y se volverán aún más sabios. Enseña a los justos, y aprenderán aún más" y "Para aprender, hay que amar la disciplina; es tonto despreciar la corrección".

3. Finaliza con el "Pan de estímulo": *"Sé que tienes éxito cuando realmente te esmeras"*. En 1 Tesalonicenses 5:11 leemos: "Así que aliéntense y edifíquense unos a otros, tal como ya lo hacen".

En respuesta a la montaña rusa de las emociones de los adolescentes, no reacciones emocionalmente ante su inmadurez, porque te encontrarás en un círculo vicioso de arrebatos emocionales mutuos. En cambio, controla tus impulsos y declara firmemente, sin emociones de por medio, lo que esperas de tu hijo adolescente. Comprende que *no* debes distanciarte de ellos, sino que debes distanciarte emocionalmente de lo dicho y hecho de manera inapropiada. La Biblia afirma que hay "un tiempo para callar y un tiempo para hablar" (Ec. 3:7).

Del mismo modo, puesto que tienes todo el derecho de esperar respeto de tus hijos adolescentes, declara tus expectativas y las consecuencias si no se cumplen. "Si eliges hablarme de esta manera, no solo no tendrás el pantalón limpio, sino que tampoco irás a ningún lugar donde los puedas usar. Avísame cuando estés listo para hablarme respetuosamente". Proverbios 13:13 dice: "Los que desprecian el consejo buscan problemas; los que respetan un mandato tendrán éxito".

Si tus hijos adolescentes no ponen el freno, sino que continúan con la presión y las peleas, puedes decirles lo siguiente: "A menos que te detengas ahora mismo, la consecuencia de tus acciones será que te quitaré privilegios específicos. Sinceramente, esta no es *mi* decisión, sino la *tuya*. Si eliges hablarme irrespetuosamente, entonces, *tú eliges por mí*. ¿Deseas que te quite los privilegios? En última instancia, depende de ti".

Necesitas decir claramente que todos los privilegios, ya sea usar el automóvil, tener citas, ir a fiestas, incluso usar el celular, serán retirados hasta que se dirijan hacia ti de manera respetuosa.

Si las respuestas insolentes continúan, tras haber aclarado tu posición sobre un tema en particular, no solo tendrás que retirar los privilegios, sino que también cancelar todas las actividades ya planeadas. Reflexione sobre Hebreos 12:9: "Aunque nuestros padres humanos nos disciplinaban, los respetábamos" (NVI). Si tu hijo o hija adolescente te maltrata verbalmente, es necesario que se disculpe contigo. Aun si no habla con sinceridad, será, de todos modos, una lección de humildad. No puedes hacer que las personas se arrepientan de corazón, pero tu tierna insistencia para que reconozcan sus errores puede ser usada por el Espíritu de Dios para convencerlos en privado. Lee atentamente y luego escribe Proverbios 6:2-5.

No existe mayor regalo para tus hijos adolescentes que tu tiempo y tu amor incondicional. Sí, tus hijos están ocupados, y tú también. Pero ellos quieren que dediques algo de tu tiempo y que les demuestres tu cuidado, que sepan que te preocupas por ellos. Desean oír estas palabras: "Tú me importas. Te amo". El límite más importante para frenar las actitudes y acciones irrespetuosas es el límite del amor.

Los adolescentes que hablan mucho pueden ser una bendición o una maldición, según lo que sale de sus bocas. A medida que controles tu propia lengua, pronuncia palabras que edifiquen a tus hijos adolescentes. Tal vez todos puedan poner este pasaje bíblico en el espejo del baño, para recordar esta instrucción:

SABIDURÍA DE LA PALABRA DE DIOS

No empleen un lenguaje grosero ni ofensivo. Que todo lo que digan sea bueno y útil, a fin de que sus palabras resulten de estímulo para quienes las oigan (Ef. 4:29).

4

Preguntas y respuestas sobre los límites

Los fuegos artificiales pueden producir un magnífico espectáculo que deleita y entusiasma, pero también pueden producir explosiones peligrosas que fallan y mutilan. En el contexto de los vínculos familiares, si esperas para establecer límites hasta que tus hijos sean adolescentes, tu familia podría enfrentarse a "fuegos artificiales" explosivos.

Cada padre exitoso sabe que los límites son esenciales para luchar contra una cultura que afirma: "No existen principios morales absolutos". Aunque actúes en el mejor interés de tus hijos, los límites pueden encender ataques hirientes por parte de ellos. Los ataques verbales pueden desencadenarse hacia ti y otros miembros de tu familia. Puede que te haga dudar si hiciste bien en establecer límites y si estás dispuesto a mantenerlos.

Entre los padres, las preguntas sobre los límites son comunes y es necesario responderlas. Si solucionas estas cuestiones ahora, no tendrás dudas cuando te encuentres en el medio de una batalla, y necesitas confianza para mantenerte firme. La Biblia declara: "Por tanto, no desechen la firme confianza que tienen en el Señor. ¡Tengan presente la gran recompensa que les traerá! Perseverar con paciencia es lo que necesitan ahora para seguir haciendo la voluntad de Dios. Entonces recibirán todo lo que él ha prometido" (He. 10:35-36). Estos versículos se refieren a la confianza depositada en Jesús, nuestro Salvador, aunque esta confianza también alimenta nuestra confianza para enfrentar las situaciones de la vida, entre ellas la crianza de los hijos.

¿ES REALMENTE NECESARIO ESTABLECER LÍMITES A LOS ADOLESCENTES?

Sí. Pero como padre, tú *impartes* límites, no los *impones*. Comprende que si tus hijos crecen sin límites, se sentirán frustrados y, posiblemente, asustados debido a la inseguridad en sus vidas. En un fascinante estudio sociológico, los investigadores tomaron un grupo de niños pequeños y los llevaron a jugar en un campo abierto. No había cercos ni límites en kilómetros a la redonda. Luego, los investigadores observaron a los niños desde una posición oculta. En general, los niños permanecieron muy juntos unos de otros, y jugaron con bastante temor.

Más tarde, los investigadores llevaron a estos niños a un campo extenso rodeado de una alambrada y dejaron que jugaran allí. Los niños deambularon por todo el campo hasta los extremos de la valla y jugaron con mucha más confianza. Al final, la disciplina de los límites hará que los jóvenes adquieran un sentido de seguridad y confianza cuando tomen decisiones.

Como padre, sientes paz en el alma si sabes que tus hijos están seguros de quiénes son. La Biblia afirma: "Disciplina a tus hijos, y te darán tranquilidad de espíritu y alegrarán tu corazón" (Pr. 29:17).

¿ACASO LOS LÍMITES NO CONFINARÁN LA CREATIVIDAD DE MI HIJO ADOLESCENTE?

No. Los límites crean una estructura de seguridad que aumenta la creatividad de tu hijo adolescente. Dios creó el mundo con límites naturales, como la gravedad. Sin esos límites no podríamos vivir en la Tierra que Él creó. ¡Casi todo flotaría en el espacio! Si seguimos el mismo razonamiento, Él creó a los seres humanos con límites morales; entre los primeros, se encuentran los Diez Mandamientos, dados en Éxodo 20, para que vivamos en armonía con Dios y unos con otros.

La vida sin límites morales, donde las personas tienen la libertad de matar o robar, produce caos. La vida dentro de estos límites morales brinda la paz de Dios y construye un carácter moral piadoso. Además, estos límites ayudan a proteger a tus hijos adolescentes de tropiezos inútiles. La Biblia declara que "Los que aman tus enseñanzas tienen mucha paz y no tropiezan" (Sal. 119:165).

Su creatividad podrá desarrollarse cuando sientan la red de seguridad que brindan los límites definidos, impregnados de amor incondicional. Su energía para el desarrollo puede utilizarse para descubrir quiénes son (identidad), cuáles son sus habilidades (significado) y cuán amados son (seguridad).

¿ACASO LOS ADOLESCENTES NO SON DEMASIADO GRANDES PARA LA DISCIPLINA DE SUS PADRES?

No. Los límites te ayudan a enfocarte y dirigirte hacia un objetivo, el cual consiste en educar a tu hijo adolescente para que tenga la motivación interna de hacer lo correcto. En realidad, nadie llega a una etapa en que no necesite guías ni la obligación de rendir cuentas sobre sus actos, aunque sí es cierto que los adolescentes han crecido lo suficiente para determinados métodos de disciplina. Muchos padres, motivados por el amor, golpean a sus hijos pequeños. Sin embargo, golpear a un adolescente no surte efecto, y puede ocasionar serias consecuencias, como la rebelión o el distanciamiento.

El propósito de este libro consiste en ayudarte a explorar diferentes métodos de disciplina apropiados y prácticos con los adolescentes. De manera similar, el apóstol Pablo reconoció la necesidad de animar a las personas más cercanas a él, los cuales se encontraban bajo su cuidado: "Y saben que tratamos a cada uno como un padre trata a sus propios hijos. Les rogamos, los alentamos y les insistimos que lleven una vida que Dios considere digna. Pues él los llamó para que tengan parte en su reino y gloria" (1 Ts. 2:11-12).

LOS LÍMITES, ¿PUEDEN REDUCIR EL ESTRÉS?

Sí. Sin darse cuenta, los adolescentes pueden comprometerse con demasiadas actividades. Generalmente, el problema comienza cuando agregan una actividad a otra, hasta que no tienen un momento para relajarse. Algunos suicidios de adolescentes han sido la consecuencia de sentir que nunca están a la altura o que no dan abasto. Es probable que las actividades brinden experiencias maravillosas para tus hijos adolescentes, pero su efecto *acumulativo* puede aumentar el estrés.

Observa atentamente las actividades de tus hijos y cuánto tiempo descansan. Los adolescentes necesitan ocho horas de sueño por la noche, debido a la manera en que sus cuerpos crecen y cambian. Si se van a la cama, pero hablan o mandan mensajes por teléfono, ven televisión o navegan por Internet en lugar de dormir, necesitas establecer algunos límites. Puede que, al principio, encuentres resistencia, pero cuando ellos sientan los beneficios del sueño apropiado, la resistencia disminuirá.

Habla con ellos sobre estos temas y haz que participen de la solución. A menudo, los adolescentes tienen ideas brillantes. Cuando son parte de la solución, generalmente aceptan más responsabilidad.

¿CUÁLES SON LOS PASOS PARA EL ÉXITO CUANDO SE ESTABLECEN LÍMITES A LOS ADOLESCENTES?

El propósito de los límites consiste en crear un clima apropiado para el desarrollo del carácter cristiano en tus hijos adolescentes. Los límites deben ser positivos, dinámicos y mutuamente respetuosos. Les ayudan a tomar decisiones correctas y asumir la responsabilidad por esas decisiones. Para establecer límites con éxito, sigue estos pasos.

Paso 1: Comunícate con ellos

- Dialoga con tus hijos adolescentes sobre lo que cada uno necesita del otro; además, establece expectativas específicas basadas en las necesidades concretas.

- Escribe las expectativas de cada uno y firma un acuerdo reconociendo que cada uno entiende y se compromete a honrar los límites recientemente establecidos.

Paso 2: Dales amor incondicional

- Asegúrales a tus hijos adolescentes que, aunque no siempre te guste lo que hacen, siempre los amarás y los valorarás.

- Comunícales diariamente tu amor incondicional aunque ellos no respondan ni sean recíprocos.

Paso 3: Muéstrales respeto

- El respeto es una avenida de doble sentido; por tanto, muestra respeto hacia tus hijos si deseas que ellos lo tengan contigo.

- Acepta el derecho de tus hijos y la necesidad de dignidad al golpear la puerta antes de entrar a su habitación, al permitirles que hablen sin interrupción y al escuchar atentamente lo que dicen y cómo se sienten.

Paso 4: Capacítalos

- Infunde en ellos la creencia de que pueden marcar una diferencia significativa en la vida de otras personas y en sus propias circunstancias.

- Anímalos a que tomen cada vez más decisiones, al tiempo que demuestran su habilidad de mantenerse dentro de los límites.

Paso 5: Dedícales tiempo

- Dedícales tiempo de manera colectiva e individual, a fin de colocar un cimiento para los límites y para disfrutar con tus hijos y conocerlos mejor.

- Planea salidas y actividades significativas junto con ellos. Fomenta su participación.

Paso 6: Escúchalos

- Sé atento y contemplativo; escúchalos con el corazón y pregúntate: "¿Qué dicen *en realidad?*".
- Ten paciencia con ellos, pues quieren que los escuchen, pero no siempre saben cómo expresar sus pensamientos y sentimientos.

Paso 7: Acepta sus opiniones cuando sea necesario

- Comprende que la conducta de tus hijos adolescentes refleja, simplemente, lo que sucede en su mente, pues sus cerebros responden emocionalmente, en lugar de hacerlo de manera racional; además, entiende que cuando dicen: "Odio mi vida. Te odio. Desearía no haber nacido", lo que dicen en realidad es: "Estoy confundido... Me siento frustrado... Me equivoqué... Me pregunto si merezco que me amen... ¡ayúdame!".
- Evalúa las razones que dan tus hijos para traspasar los límites, niégate a hacer excusas por ellos o aceptar aquellas que no sean válidas. Cambia los límites que son ineficaces.

Paso 8: Ora por ellos sin cesar

- Ruega a Dios en oración que los límites que establezcas para tus hijos se basen en las verdades de Dios y que tus propias convicciones y conductas no violen los límites puestos por el Señor.
- Ora para que tu comunicación y convicciones estén cautivas a la obediencia a Cristo.

¿CÓMO PUEDO APLICAR LOS LÍMITES SIN PARECER CRUEL?

Asegúrate de que tus hijos sepan que no es placentero para ti arruinarles su día. Procura, además, comentar los rasgos positivos que hayas observado. Asimismo, recuerda los propósitos de Dios para la disciplina apropiada. Los límites no son, simplemente, demarcaciones externas con consecuencias negativas. *El propósito de los límites adecuados consiste en enseñar el dominio propio, lo cual, a su vez, desarrolla un carácter piadoso. Junto con este tipo de carácter surge una brújula moral interna que siempre dirige a la persona para tomar decisiones piadosas.* Si haces el trabajo que te corresponde como padre, aplicando la disciplina en el tiempo apropiado, puede que tus hijos adolescentes no te voten como "El padre más popular del año". Pero espera algún tiempo, pues la

¿En qué consisten los límites?

Biblia dice: "Ninguna disciplina resulta agradable a la hora de recibirla. Al contrario, ¡es dolorosa! Pero después, produce la apacible cosecha de una vida recta para los que han sido entrenados por ella" (He. 12:11).

¿EXISTEN LÍMITES INAPROPIADOS?

Sí. Algunos límites pueden ser demasiado estrictos o demasiado indulgentes para la edad y la madurez de los adolescentes. Un padre es demasiado estricto si insiste en que su hijo, estudiante de secundaria, llegue a las diez de la noche un viernes cuando hay una actividad escolar que no termina hasta las diez. Por otro lado, un padre es demasiado tolerante si establece la medianoche como horario límite de llegada para una actividad escolar que termina a las diez de la noche.

Unos estudiantes de secundaria, entrevistados sobre lo que constituye un "buen" padre y un "mal" padre, dieron una respuesta rápida y coherente. Un "buen" padre es estricto, hace cumplir las normas y dedica tiempo a sus hijos. Un "mal" padre es ofensivo, no establece reglas y es injusto.

Todos coincidieron que los *peores* padres son aquellos que no desean tomarse ninguna molestia por sus hijos, aquellos que "hacen todo lo necesario para que los hijos no molesten". Estas palabras lo dicen todo. ¡Los adolescentes anhelan tiempo y límites!

Muchas afirmaciones de adolescentes hoy demuestran que ellos se sienten a menudo ignorados porque sus padres les dan demasiado tiempo y libertad para estar solos.

Mediante la oración y la observación de tus hijos, podrás discernir la voluntad de Dios para cada situación específica. Sin embargo, una vez que hayas establecido un límite justo y apropiado, deberías detallar las consecuencias y las recompensas, sin ningún tipo de disculpas. (Te repito, asegúrate de que el límite sea verdaderamente *justo*). En este sentido, la Biblia nos advierte: "Padres, no hagan enojar a sus hijos con la forma en que los tratan. Más bien, críenlos con la disciplina e instrucción que proviene del Señor" (Ef. 6:4).

¿CUÁLES SON EJEMPLOS DE LÍMITES APROPIADOS?

- Una madre le dice a una hija que siempre viene tarde: "Debemos llegar a tiempo a la cena. Si estás lista cuando el auto arranque a las seis en punto, no tendremos que irnos sin ti". Este principio de comunicación se inspiró en Proverbios 16:21: "Los sabios son conocidos por su entendimiento, y las palabras agradables son persuasivas".

- Un padre le dice a su hijo enfadado: "Sé que estás enojado y respeto tus sentimientos. Pero gritarme y ofenderme es negativo para ti. La manera en que expresas tu enojo es *tu* elección. Yo *decido* lo que permitiré en mi presencia; ahora mismo, elijo retirarme por un rato. Espero que encuentres una manera positiva de interactuar para que podamos hablar pacíficamente". Esta respuesta se basa en el siguiente pasaje bíblico: "El necio da rienda suelta a su ira, pero el sabio sabe dominarla" (Pr. 29:11, NVI).

- Una madre le dice a su hija exigente: "Me preocupo por tus necesidades y deseos, pero necesito tiempo para pensar en lo que me pides. Podemos hablar de ello mañana". Proverbios 19:2 nos advierte que debemos pensar antes de actuar: "El entusiasmo sin conocimiento no vale nada; la prisa produce errores".

- Un padre le dice a su hijo irresponsable: "Sé que deseas que confíe en ti para dejarte usar el automóvil de nuevo, y quiero restablecer esa confianza. Pero para que podamos avanzar hacia esa meta, necesito que, al menos por un mes, vayas solamente a donde me dices que irás. Eso me demostrará que te tomas en serio el hecho de ser responsable". Lucas 16:10 confirma que alguien que es fiel en las pequeñas cosas, también lo será en las mayores: "Si son fieles en las cosas pequeñas, serán fieles en las grandes; pero si son deshonestos en las cosas pequeñas, no actuarán con honradez en las responsabilidades más grandes".

En los siguientes capítulos se incluyen ejemplos de límites analizados con más profundidad. La mayoría de ellos provienen de cartas enviadas a nuestro ministerio o de nuestro programa radial. En ambos casos, utilizamos la sabiduría de la Palabra de Dios para abordar los dilemas de la vida. Los escenarios específicos elegidos para este libro demuestran cómo los padres pueden desactivar las bombas de tiempo que lanzan los adolescentes, las cuales destruyen, a menudo, los vínculos familiares; y cómo pueden usar límites bíblicos para ayudar a sus hijos adolescentes a madurar.

En primer lugar, ora para convertirte en el padre más sabio posible, especialmente, cuando te encuentres en medio de los "fuegos artificiales". ¿Por qué no comenzar cada día con esta oración en tu corazón? "Enséñame a hacer tu voluntad, porque tú eres mi Dios. Que tu buen Espíritu me lleve hacia adelante con pasos firmes" (Sal. 143:10).

SECCIÓN II
Límites en el hogar

Se ha dicho que el hogar está donde está el corazón.

Todos deseamos que el hogar sea un lugar de paz —un refugio ante las injusticias de la vida— para todos los integrantes de la familia. Pero si en casa vive un adolescente, el hogar puede convertirse en un campo de batalla sobre derechos y responsabilidades. Si deseas un "hogar dulce hogar"... los límites son fundamentales, no solo para el beneficio de tu hijo adolescente, sino también para el bienestar de quienes comparten ese espacio vital.

Tu hogar es el terreno de entrenamiento para los límites. Debería ser el lugar donde enseñes a tus hijos con amor, pero también con firmeza, a entender la importancia del lugar que tienen como miembros de la familia, así como comprender que la permanencia dentro de los límites los prepara para el éxito. Comprende que, si quieres establecer el mejor lugar de entrenamiento para tus hijos y lograr un hogar dulce hogar, los límites no son solo necesarios, sino también esenciales.

5

Respuestas insolentes

Justo cuando sales de la habitación de huéspedes, oyes que Laura abre la puerta de calle.

—¡Espera un momento! ¿A dónde vas?

—A la casa de Jimena.

—Ahora no. Tus abuelos están a punto de llegar.

—¿Por qué siempre me dices lo que tengo que hacer?

(Te quedas asombrada. ¡Sabes que eres cualquier cosa menos una dictadora!). Le recuerdas a Laura que esta cena se planificó varios meses atrás.

—Esto no es una casa, ¡es una prisión!

—Laura, ¡tus palabras están fuera de lugar!

Luego, con el brazo derecho levantado y haciendo burlonamente la seña de "Heil Hitler", tu irascible hija se gira abruptamente y sube las escaleras haciendo gran ruido.

¿Por qué actúa de esta manera tu hija? ¿Qué es lo que dispara estas balas verbales? ¿Te ha declarado la guerra?

Las respuestas insolentes son una práctica que utilizan ambos sexos, aunque con diferentes estilos. Generalmente, tanto los chicos como las chicas se expresan de maneras predecibles según su género.

Cuando intentan manipular, las chicas tienden a llorar, quejarse, tener berrinches o utilizar el sarcasmo. Por su parte, los chicos tratan de intimidar, y puede que hagan las mismas cosas (excepto llorar), pero con un tono de confrontación y agresión, generalmente ausente en las manifestaciones femeninas. Esta agresión debe responderse de manera distinta. En primer lugar, hablemos de las chicas.

¿QUÉ PODRÍAS HACER?

Una madre de dos hijas adolescentes, de quince y trece años, nos cuenta la siguiente experiencia:

Límites en el hogar

Mis hijas se habían atacado mutuamente todo el día. No importaba lo que yo dijera, eran groseras conmigo y entre ellas. Así que compré dos pastas dentífricas de tamaño viaje y las dejé en la mesa del comedor. Una de mis hijas me preguntó por qué estaban allí. Le respondí, con toda tranquilidad, que estaban allí para un experimento que haríamos más tarde.

Finalmente, después de cuatro días, cuando una de ellas preguntó nuevamente sobre el experimento, les di a cada una de ellas un plato y un tubo de pasta dental. Les pedí que estrujaran el tubo para sacar toda la pasta posible. Ambas se pusieron a trabajar, mirando de reojo el plato de la otra para ver quién sacaba más pasta y quién acababa primero.

Cuando terminaron y me miraron expectantes, les dije:

—Muy bien, la competencia *real* consiste en ver quién puede *introducir* la mayor cantidad de pasta dental en el tubo.

Mi hija mayor lo intentó desesperadamente, pero mi hija menor dejó el plato a un lado y dijo:

—Es imposible.

—Tienes razón. Lo mismo sucede con las palabras. Como la pasta dental, una vez que salen, ya no las puedes volver a meter en tu boca —le respondí.

Abrí mi Biblia en Santiago 3:10 y leí: "Y así, la bendición y la maldición salen de la misma boca. Sin duda, hermanos míos, ¡eso no está bien!". Luego, me puse a hacer la cena. No hubo sermones ni arremetidas verbales.

Al día siguiente, cuando comenzaron a insultarse nuevamente, comencé a hacer gestos de disgusto. Cuando observaron mi expresión, dije: "Esta pasta dental sabe muy desagradable". Ambas se calmaron. ¡Comprendieron lo que quería decirles! Qué manera memorable de quebrar un mal hábito.

Aunque la ilustración anterior trata sobre los maltratos verbales entre hermanos, el principio de la "pasta dental" también se aplica a las respuestas insolentes. En muchas ocasiones, estas respuestas no forman parte de un hábito, sino que suceden en una situación particular, como una gran desilusión o un rechazo doloroso. A veces, cuando una situación emocional se manifiesta en lágrimas u hostigamiento, la mejor solución es mantener la calma y escuchar.

Debes estar dispuesto a pasar por alto las acusaciones de tono emocional o las amenazas desenfrenadas, pues, probablemente, tengan como motivo llamar tu atención o probar tus límites. Lo más probable es que sean débiles intentos de descargar la frustración, el miedo, el dolor o la injusticia. Asegúrate de oír las llamadas de socorro de tu hijo. Permite que tus hijos adolescentes hablen. Escucha el contenido, sin juzgar la manera de expresarlo. No intentes resolver nada ni respondas ninguna pregunta hasta que se haga de manera específica. Solamente escucha lo que se esconde detrás de la reacción y lo que se espera de ti. Muchas veces, un oído atento, un abrazo, o la seguridad de tu amor es todo lo que se necesita para que los jóvenes adquieran un mejor estado de ánimo.

Si el desafío continúa o se convierte en hostilidad, puede que tus hijos adolescentes se estén pasando de listos, respondiendo de manera regular con insolencia, sarcasmo o grosería. Y aunque tus hijos finalmente cumplan con tus instrucciones, parece que cada pedido que haces lo realizan con respuestas verbales hostiles o irrespetuosas.

Puesto que en algunas ocasiones la conducta indeseable desaparece cuando se la ignora, intenta primero hacer caso omiso de ella. Mientras que, en última instancia, tus hijos hacen lo que les pediste sin comentarios viles u obscenos sobre ti, en el sentido estricto de la palabra, te han obedecido. Recuerda elegir tus batallas y no confundas las balas de fogueo con las reales. En otras palabras, los adolescentes dicen a menudo cosas que no sienten, ya sea para dramatizar su argumento o para ver cómo responderás.

No tomes en serio todo lo que digan. Y, sobre todo, *no devuelvas el disparo*, pues sería equivalente a apagar el incendio con gasolina. Si bajas a ese nivel, te lo echarán en cara.

Si dicen algo doloroso y sientes gran pena por ello, podrías respirar profundamente… y preguntar lenta y suavemente: "¿Es eso lo que en verdad quieres decir?". Es posible que si perciben tu dolor, debido a sus palabras, tomen conciencia de lo dicho. Si comprenden tu sufrimiento podrán tener un momento para reflexionar sobre lo que verdaderamente desean decir. Recuerda que ellos no son tus enemigos, como tampoco deseas que ellos te consideren de ese modo. Debes ser su aliado en la batalla que se libra en su interior para ganar la independencia, sin deshonrarte ni faltarte al respeto.

Si ignorar las respuestas insolentes no surte efecto, establece esta regla simple, pero firme: "Cuando digo 'fin de la discusión' significa que no habrán comentarios adicionales sin consecuencias, como la retirada de privilegios o el trabajo adicional en la casa". Luego, márchate.

El lenguaje que en otro tiempo era completamente tabú para el público en general, ahora se oye en todo lugar, especialmente en los medios de comunicación. Las obscenidades se han convertido en expresiones tan aceptadas en nuestra cultura que no deberías horrorizarte si tus hijos adolescentes intentan usarlas contigo, pues no significa que sean unos degenerados sin remedio.

Con frecuencia, los adolescentes utilizan expresiones cuyos significados originales les son completamente desconocidos. Una madre, que descubrió una nota que una muchacha le había escrito a su hijo de catorce años, nos contó lo siguiente: "Me sentí escandalizada por el lenguaje extremadamente burdo, ¡especialmente viniendo de una muchacha! Pero también fue tristemente irónica la cantidad de errores ortográficos con que escribió muchas de las palabras ofensivas".

Esto no significa que debas tolerar el lenguaje obsceno de tus hijos. De ninguna manera. Si se dice alguna obscenidad en tu presencia, deja claro que ese lenguaje podría significar el fin de sus contactos sociales por algún tiempo. "No puedo permitir que hables así. Sabes que la obscenidad es inaceptable en nuestro hogar. Así que esta noche no hablarás con nadie, excepto con Dios y contigo mismo". Inmediatamente, quítale el teléfono celular, todo acceso a las computadoras y a ti mismo; pues así, lo privarás de una audiencia.

El sarcasmo es un ataque verbal oculto, que se describe en el viejo proverbio: "El sarcasmo es el arma del hombre débil". Es tan hiriente y humillante que debes tener la precaución de no usarlo con tus hijos adolescentes. De hecho, es mejor eliminarlo por completo de tu hogar.

Cuando oigas palabras sarcásticas, debes confrontar la situación, porque posiblemente exista algo en la mente de tu hijo adolescente que se verbaliza de esta manera encubierta. Debes preguntarle: "¿Qué te sucede que sea tan malo o qué problema tan difícil tienes para que tengas que ser sarcástico conmigo?". Tu objetivo consiste en guiar la conversación hacia un final positivo. Pablo dijo: "Eviten toda conversación obscena. Por el contrario, que sus palabras contribuyan a la necesaria edificación y sean de bendición para quienes escuchan" (Ef. 4:29, NVI).

Todos deseamos profundamente ser entendidos, incluso si no existe un acuerdo. Si tus hijos saben que te importan lo suficiente para intentar entender sus puntos de vista, buscarán la posibilidad de dejar de lado su enojo para encontrarse contigo a mitad de camino. Eso profundizará la relación. De otro modo, solo tendrás una existencia superficial con tus hijos, sin desarrollar una enseñanza o aprendizaje eficaz.

¿QUÉ PODRÍAS DECIR?

Durante una confrontación con tus hijos sobre su lenguaje, podrías decir algo como: "Sé que tienes problemas conmigo y respeto tu derecho de formar tus propias opiniones. Quiero que me las expliques, pero para que pueda oírte, necesito que te expreses de tal manera que *pueda* oírte. No ha sido fácil filtrar el tono de voz hostil y sarcástico para escuchar lo que realmente sucede en tu mente y corazón. ¿Por qué no respiras profundamente y dejas que se disipe un poco tu enojo? Luego, veremos si podemos hablar de esto en detalle. Quiero que entiendas que el asunto es tan importante que te prohibiré todas tus actividades y te quitaré los privilegios hasta que lo podamos resolver. Te amo, y respeto demasiado nuestro vínculo para permitir palabras insolentes o enojo entre nosotros". El sabio rey Salomón dijo: "Las palabras del sabio son placenteras, pero los labios del necio son su ruina" (Ec. 10:12, NVI).

SABIDURÍA DE LA PALABRA DE DIOS

El enojo genera más enojo. Por eso, tu reto consiste en no permitir que el enojo de tus hijos te haga responder del mismo modo. En lugar de ello, pon en práctica esta verdad, también necesaria para ellos:

La respuesta apacible desvía el enojo, pero las palabras ásperas encienden los ánimos (Pr. 15:1).

6

Holgazanes en casa

"Karina, ¡ven aquí, por favor! Aceptaste limpiar la mesa, ¡pero *no puedes* hacerlo cuando termine el programa de televisión!". Te sientes preocupada porque los Martínez vienen a cenar en menos de treinta minutos. "Julia, te pedí hace una hora que recogieras todo lo que había en el piso. ¿Qué estuviste haciendo?". Aunque intentas hablar con tus hijos adolescentes, sientes que hablas con la pared. "Tomás, el límite para arreglar el jardín era *ayer*. ¡No hiciste absolutamente *nada!*". Sabes que tus hijos adolescentes eluden sus responsabilidades. Esto no es nada nuevo.

¿QUÉ PODRÍAS HACER?

En primer lugar, comprende que no favoreces a tus hijos adolescentes si les permites vivir en casa sin ayudar. Gálatas 6:5 afirma: "Pues cada uno es responsable de su propia conducta". Cuando dejen tu hogar, ya sea para vivir con compañeros de habitación o cuando se casen, la idea de que son demasiado "especiales" para realizar tareas domésticas no contribuirá a que tengan un hogar feliz en su nueva situación.

Por ejemplo, si tu hija no puede entender la obligación que tiene con sus compañeros de vivienda para limpiar lo que ensucia, puede que no tenga compañeros de habitación durante mucho tiempo. Luego, es probable que pida volver a casa… cuando ya te habías acostumbrado a ver todo ordenado y pulcro… con lo cual te sentirás en la posición nada envidiable de poner en práctica el amor firme y decir "no". Además, es importante destacar que la responsabilidad de tu hija de realizar sus tareas domésticas es una manera de mostrar respeto hacia quienes se encuentran más cerca de ella.

En épocas pasadas, cuando los Estados Unidos era una sociedad agrícola, era común que los niños cumplieran tareas importantes en la casa o en la granja. Pero, con el estilo de vida del siglo XXI, muchos adolescentes se consideran demasiado importantes para realizar tareas domésticas. (Recientemente, vi un póster que parecía expresar la tendencia actual: "Adolescentes: ¿cansados del agobio de los padres? ¡Pónganse en acción ahora mismo! Múdense mientras lo sepan todo").

El hecho ineludible es que *todos*, en la casa, deberían compartir las responsabilidades para el funcionamiento eficaz del hogar. Todas las personas que viven en la misma vivienda tienen responsabilidades generales que incluyen el cuidado de la limpieza de cada habitación, es decir, hacer las camas y recoger los objetos del piso.

Las responsabilidades individuales son diarias o semanales, como sacar la basura, limpiar la cocina, cortar el césped, pasar la aspiradora, barrer la acera y lavar la ropa. Algunos adolescentes conocen exactamente sus deberes, pero no los hacen sin constantes recordatorios.

Una vez que decidas una justa distribución de tareas, explica tu fundamento a tus hijos durante una "reunión del consejo familiar". Haz que te repitan lo que han oído y que presenten todos los problemas relacionados con el plan de trabajo.

Cuando los problemas se hayan eliminado, y todos estén de acuerdo con el plan, ¡ya está! Anuncia la agenda de tareas. No se permiten las quejas. De otra manera, se convierte en una discusión sin fin. "¿Por qué tengo que lavar los platos? Lo hice anoche". "¿Por qué debo limpiar los vidrios? No están sucios". "¿Por qué tengo que cortar el césped? No está tan alto".

Si has decidido y puesto por escrito quién deberá realizar cada tarea y cuándo debe hacerla, puedes permanecer firme sin recurrir al viejo dicho: "Porque lo digo yo". Lo puedes hacer porque el aumento de la responsabilidad se recompensa con el aumento de la libertad. Esto significa que tienes la sartén por el mango: la libertad personal de tu hija depende de si ha hecho las tareas asignadas y de si tú estás *satisfecha con lo realizado*. Esto significa que no puede irse de casa, a pasar tiempo con las amigas, ¡hasta que su habitación no haya superado la inspección!

Una madre nos contó lo siguiente:

Mi frase favorita para abordar el problema de las habitaciones desordenadas (o calificaciones bajas o una mala actitud) es: "Esto no es propio de ti". Es una obviedad que los niños suelen vivir de acuerdo a nuestras expectativas sobre ellos, ya sean altas o bajas. Si otra vez viera la habitación de Sofía sucia y dijera: "¡Eres un desastre!", esa declaración reforzaría su noción de que no puede mantener limpia su habitación. Ni siquiera lo intentará.

La primera vez que utilicé esta táctica con ella sobre su habitación, destaqué lo siguiente:

—Ese desorden no es propio de ti. Por lo general, eres muy organizada.

—¡Estás loca! ¡No lo soy! —me dijo, después de mirar al cielo y de contemplarme como si yo fuera una gran mentirosa.

—Tal vez no te hayas comportado como tal últimamente, pero, en verdad, eres una persona organizada interiormente —le respondí.

Observar los resultados ha llevado tiempo, porque debí cambiar la manera de hablarle, y ella debió cambiar su opinión de sí misma. Pero está dando buenos resultados.

Ahora bien, en cuanto a la ropa para lavar, no permitas que la ropa sucia de tus hijos te haga sentir "la depresión del día de lavado". Marca la "línea" y quédate detrás de ella: la ropa que no llega al cesto no se lava. Si Claudio realmente desea su camisa preferida para el viernes, deberá hallar, de alguna manera, la fuerza para trasladarla tres metros desde el piso al cesto, pero bajo ninguna circunstancia la persona designada para lavar tendrá la obligación de buscar las prendas sucias.

No es tu responsabilidad asegurarte de que tus hijos hagan las tareas domésticas. Es posible que finjan no entender, pero ya has delimitado sus responsabilidades y las has puesto por escrito. Tal vez elijan "olvidar", pero tú no debes insistir.

Si les das a tus hijos la misma orden una y otra vez, les enseñas que no deben obedecer hasta que se lo hayas dicho por cuarta, quinta o sexta vez. Procura aplicar los castigos si los quehaceres domésticos no se realizan. Esta es la tarea más difícil, porque a tu hijo se le ocurrirán las excusas más desgarradoras que puedas imaginar.

Para evitar problemas, organiza un momento con tus hijos para invitarlos a que expongan sus ideas sobre las responsabilidades razonables que pueden asumir, de acuerdo con las tareas a realizar. Hablen sobre la mejor manera de realizarlas, teniendo en cuenta el colegio y los horarios de estudio. La colaboración les ayudará a asumir su rol… y a participar en las tareas domésticas familiares. Si consideran esta actividad como un *entrenamiento para el futuro* una vez que vivan solos, esto les facilitará, además, su deseo de ayudar.

¿QUÉ PODRÍAS DECIR?

Imaginemos que tu hijo debería haber cortado el césped antes de las 6:00 de la tarde del sábado. Ya son las 6:45.

—Te prometo que lo haré mañana. Te doy mi palabra. Finalmente Sabrina aceptó salir conmigo, y pareceré un total estúpido si le digo que no puedo salir porque debo cortar el césped. Por favor, no me hagas esto, ¡por favor! Ella jamás volverá a hablarme —te dice, mientras se dirige hacia la puerta de salida.

—Lo siento, Claudio. Deseo que puedas salir con Sabrina, pero tú decidiste levantarte tarde esta mañana y mirar el programa deportivo por la tarde en lugar de cortar el césped. Toda la semana supiste que hoy no podrías salir hasta que lo hicieras. Sabrina te perdonará —le dices calmadamente y con un tono comprensivo, pero solemne, extendiendo la mano para tomar las llaves de su auto.

Si pierde su cita, aprenderá que:

* Tú cumples tu palabra.
* Su obligación de cumplir el compromiso con sus padres es más importante que la obligación con sus amigos.
* Él no puede cambiar los acuerdos cuando le venga bien.
* Todavía tú eres quien manda.

Y me atrevo a decir que la próxima semana Claudio hará sus tareas a tiempo y podrá recibir la recompensa del privilegio de salir con Sabrina… y sí, Sabrina todavía le hablará.

Recuérdales a tus hijos adolescentes que "ser parte de una familia conlleva derechos y responsabilidades. Una de ellas es el servicio". La Biblia dice: "[Sírvanse] unos a otros por amor" (Gá. 5:13). Más tarde, como estímulo, puedes decirles: "Pronto vivirás solo. Hacer las tareas domésticas ahora es un 'entrenamiento necesario' para aquel momento. De hecho, tal vez quieras asumir una o más tareas, porque así estarás incluso mejor preparado cuando tengas tu lugar para vivir".

SABIDURÍA DE LA PALABRA DE DIOS

Ya que los adolescentes tienen fama de tener un apetito voraz, es posible que esta porción de las Escrituras tenga un impacto motivador.

Los que no están dispuestos a trabajar que tampoco coman (1 Ts. 3:10).

7

Peligro al volante

Es lunes, y se nota. Ya te han salido mal tantas cosas en este día que no puedes imaginar cómo podría empeorar… hasta que recibes una llamada telefónica. "Hola, ¿papá? Habla Lucas. Ay, papá, necesito que vengas a buscarme a la esquina de la calle Marina y la avenida Central. Tuve un pequeño accidente. No estoy herido, fue algo sin importancia… No, no puedo conducirlo. El parachoques derecho se ha incrustado en la rueda… ¿La policía? Ah, eh… si, una multa por exceso de velocidad y, eh… por no guardar la distancia apropiada. Pero no te preocupes, lo pagaré, no hay problema. Y, papá, a propósito, voy a necesitar tu auto para recoger a Lucía esta noche".

No existe una combinación más inestable que los adolescentes y los automóviles, pero nuestra vida, en gran parte suburbana, hace que la movilidad de los adolescentes sea casi una necesidad para las familias con muchas actividades. Prepárate para cuando, casi inevitablemente, tu hijo adolescente demuestre ser irresponsable con el auto familiar.

¿QUÉ PODRÍAS HACER?

La experiencia de una familia de Chicago nos resulta ilustrativa. La madre relata lo siguiente:

> Un día recibí una carta del secretario de estado. Nos informaba que nuestro hijo adolescente había recibido una multa por exceso de velocidad y que, si recibía una más, habría importantes sanciones legales. ¡Una carta informal del secretario de estado de Illinois! Ellos deben de saber que los adolescentes no revelan esa información. Ciertamente, nuestro hijo no lo hizo.
>
> Le mostré la carta a mi esposo, e hicimos sentar a nuestro hijo a la mesa de la cocina para una larga conversación. Reconoció que

había recibido la multa cinco meses atrás. La había pagado secretamente, con la esperanza de evitar una confrontación con nosotros.

Por supuesto, no se dio cuenta de que la multa era solo una parte de las consecuencias oficiales por su falta.

Las otras consecuencias llegaron rápidamente: le prohibimos que usara el auto por un período específico de tiempo. Además, perdió algunos privilegios durante un periodo más extenso. Sin embargo, la consecuencia más importante fue la que sufrió por desconocer la ley. Si hubiera confesado su error, podríamos haberle enseñado los medios apropiados para enfrentar el problema:

Observa las consecuencias de haberlo hecho a su manera:

1. Una multa de $95.
2. Perdimos el descuento de "Buen estudiante" del seguro para nuestro coche. Ahora, debe pagar una diferencia de $153.
3. Esta violación figura en su expediente de conducción (de ahí el cese del descuento del seguro).
4. Una multa más por exceso de velocidad podría llevar a la suspensión, durante dos años, de su licencia de conducir.
5. La posibilidad más drástica sería la revocación definitiva de la licencia.
6. Este peligro penderá sobre su cabeza durante dos años.

Observa las recompensas por enfrentar esta situación con la guía paterna:

1. Podría haber decidido presentarse ante el tribunal y pagar, de esta manera, una multa menor.
2. Esta violación no figuraría en su expediente de conducción.
3. El descuento de "Buen estudiante" se mantendría vigente.
4. No sufriría una suspensión de su licencia si fuera multado nuevamente.
5. La amenaza de la revocación de la licencia no sería tan importante.
6. El periodo de "reprimenda" habría sido menor a dos años.

¡Esta lección le costó cerca de $200!

Lógicamente, cualquiera que sea el daño que un adolescente le cause a un coche, deberá pagar la reparación de su propio bolsillo (si fue su culpa). El susto de descubrir que reemplazar un parachoques cuesta entre $800 y $1200 hará que los adolescentes con poco dinero se conviertan en conductores cautos. Proverbios 13:13 (NVI) afirma: "Quien se burla de la instrucción tendrá su merecido; quien respeta el mandamiento tendrá su recompensa".

(Algunos padres han pegado un adhesivo en el parachoques del coche de su hijo adolescente con la siguiente inscripción: "¿Cómo manejo? Llame [número de teléfono del padre]". Aunque esto es extremadamente vergonzoso para los adolescentes, también puede servir para disuadir a los conductores peligrosos).

¿QUÉ PODRÍAS DECIR?

"Hijo, agradezco profundamente a Dios por protegerte en el accidente. Al ver el daño de tu vehículo, tú o cualquier otra persona podrían haberse lastimado seriamente. Doy gracias de que no tengas que vivir con las consecuencias devastadoras si hubiera pasado eso.

"Creo que Dios nos ha dado una señal de alerta y debemos estar atentos a su advertencia. Entiendo, por el hecho de haber violado la ley y destrozado tu automóvil, que debes ser más responsable por tus acciones y más maduro antes de ponerte otra vez frente al volante. Será difícil para tu mamá y para mí ayudarte en el transporte, pero lo conseguiremos.

"Lo importante es que aprendas de este error. Hablaremos más tarde sobre la manera en que pagarás las multas y la reparación del coche; así como también, sobre el curso de manejo defensivo al que asistirás. Tengo confianza en que serás más responsable y que recuperaremos la confianza. Diseña un plan y tráelo en tres días". Proverbios 9:9 afirma: "Instruye a los sabios, y se volverán aún más sabios. Enseña a los justos, y aprenderán aún más".

SABIDURÍA DE LA PALABRA DE DIOS

Así como las leyes de Dios son los límites que mantienen bajo control a los creyentes, las leyes civiles son los límites que controlan a los ciudadanos. Los adolescentes que cruzan la línea deben sufrir la corrección. En última instancia, las leyes de Dios son medidas preventivas para nuestras vidas.

Por amor al Señor, respeten a toda autoridad humana, ya sea el rey como jefe de Estado... La voluntad de Dios es que la vida honorable de ustedes calle a la gente ignorante que los acusa sin fundamento alguno (1 P. 2:13, 15).

8

Violación del horario límite

Daniel está en su primera cita romántica. Conoces a la chica y te gusta. Sabes dónde irán y qué harán. Has establecido claramente las reglas básicas. Sin embargo, te sientes un poco intranquila. Además, conoces la tendencia de Daniel de forzar los límites. Él no cree que *rompa* las reglas, sino que solamente las *adapta*. El horario límite para esta noche es a las 11:00, pero no tienes confianza en que lo respete. Y como era de esperar, llega sonriendo y relajado a las 11:10. Tu respuesta a esto es importante.

¿QUÉ PODRÍAS HACER?

A menudo, el horario límite representa el conflicto principal entre padres e hijos. Los adolescentes desean salir por la noche, mientras que sus padres prefieren que permanezcan en casa. La violación del horario límite debe dar como resultado consecuencias específicas, porque, si esta vez escapa del castigo por llegar unos minutos tarde, Daniel pensará que no recibirá una reprimenda si se atrasa incluso más. Por otro lado, tampoco pierdas los estribos por diez minutos.

Cuando fijes un horario límite, establece inmediatamente cuáles serán las consecuencias exactas. De esta manera, no habrá espacio para la ambigüedad ni acusaciones de injusticia. Por ejemplo, puedes acordar que, por cada diez minutos de exceso en el horario límite, el próximo horario será acortado en veinte minutos (duplica la cantidad del tiempo de exceso). Asegúrate de que estén de acuerdo antes de partir y sí, ¡necesitas sincronizar los relojes!

Es fundamental que seas siempre coherente cuando estableces los límites. Aunque esos diez minutos no parezcan tener gran importancia, la incoherencia transmite el mensaje equivocado. Como padre, comenzarás a perder credibilidad si ignoras las reglas. Mateo 5:37 (NVI) afirma: "Cuando ustedes digan 'sí', que sea realmente sí; y cuando digan 'no', que sea no".

¡Mantente firme! Ser coherente y firme en cada decisión no solo es lo correcto, sino que también provee un buen modelo para cuando ellos sean padres. Te repito, ten el coraje de forjar la disciplina personal. Si tus hijos se quejan porque eres demasiado estricto, diles que la exactitud en el horario te ayuda a asegurarte de que actúas con justicia. Si llegan diez minutos tarde, sabrán, sin que nadie les diga, que el próximo horario límite será a las 10:40. Si llegan a casa en el horario indicado, los recompensarás con el horario original de las 11:00.

Si observas que tus hijos están desarrollando el hábito de violar el horario límite, deberás considerar medidas más drásticas, como limitar sus actividades a aquellas en las que tú o bien otra persona responsable sea quien los conduzca a casa.

Por otro lado, podrías prohibir las actividades que les causen los mayores inconvenientes.

Sin embargo, hay que reconocer que algunas actividades, como los deportes escolares, duran más de lo previsto. En ese caso, podrías decirles: "Espero que llegues a casa inmediatamente después del partido de fútbol". Si no lo hacen así, perderán el privilegio de asistir al próximo partido.

Indudablemente, el horario límite se vuelve en ocasiones una cuestión debatible. Por ejemplo, los ensayos de teatro o de música tienen fama de durar hasta la madrugada. Si tus hijos desean participar, deberán regresar inmediatamente después de que el ensayo finalice. Por supuesto, estos horarios pueden ser algo muy complicado para los padres que al día siguiente deben trabajar desde muy temprano.

Tal vez lo único que puedas hacer al respecto sea participar en el club de padres del colegio. Con ello, no solo tendrás la oportunidad de observar el funcionamiento interno del grupo, sino que también obtendrás un programa para saber las noches de ensayo. Algunos distritos escolares tienen reglas sobre el horario límite para las actividades escolares nocturnas, y debes informarte. De esta manera, tendrás una mejor oportunidad para saber si tus hijos están donde deben estar y si hacen lo que deben hacer.

¿QUÉ PODRÍAS DECIR?

Podrías decir algo así: "Sé que quieres salir solo con tus amigos y yo también lo deseo. Pero es importante para ambos saber que puedo confiar en que mantendrás tu palabra. Y eso significa que regresarás a casa a la hora acordada. La Palabra de Dios dice: 'El que es honrado en lo poco, también lo será en lo mucho; y el que no es íntegro en lo poco, tampoco lo será en lo mucho' (Lc. 16:10, NVI). Tal vez el respeto por el horario límite pueda parecerte un detalle menor, pero me demuestra que puedo confiarte más responsabilidad y privilegios.

"Necesito saber que puedo confiar en que harás lo que me dices que harás. Si llegas tarde, comenzaré a preocuparme y, si me preocupo, llamaré para saber dónde estás. ¡No creo que quieras que llame a otros padres a las 2:00 de la madrugada!

"Si es difícil para ti llegar a tiempo, te acortaré el horario veinte minutos por cada diez minutos de tardanza. Luego, regresaremos al horario original una vez que hayas respetado el nuevo horario. Si continúas llegando tarde, deberé conducir el automóvil por ti hasta que hayas adquirido la disciplina para respetar el horario de llegada. Si tienes otra manera de asegurarte que llegarás a tiempo, dímelo, y hablaremos de ello".

SABIDURÍA DE LA PALABRA DE DIOS

Una de las lecciones más difíciles para los adolescentes está relacionada con el horario: cómo respetarlo cuando están con amigos que no tienen ese tipo de restricciones. Aunque los límites horarios pueden ser problemáticos, a largo plazo producen paz.

Ciertamente, ninguna disciplina, en el momento de recibirla, parece agradable, sino más bien penosa; sin embargo, después produce una cosecha de justicia y paz para quienes han sido entrenados por ella (He. 12:11, NVI).

9

Escapadas nocturnas

Tu hija de quince años, Ámbar está loca por un chico de diecinueve años que abandonó la escuela secundaria. Te opones firmemente a que lo vea, y se lo has dicho. Un sábado por la noche, te pide ir a una fiesta donde sabes que allí verá a ese muchacho. Te niegas, y ella corre llorando a su habitación.

Horas más tarde, en medio de la noche, te levantas para tomar agua. Una vaga sospecha se cuela en tu mente; te diriges a la habitación de tu hija y abres despacio la puerta. La cama de Ámbar está vacía. Se ha ido.

Algunos adolescentes parecen tener una necesidad imperiosa de probar los límites, incluso los límites físicos. Existe algo casi irresistible y motivador en escaparse por la noche. ¡Bienvenido a la categoría de padres cuyos hijos adolescentes no se quedan quietos por la noche!

¿QUÉ PODRÍAS HACER?

Una mujer de cuarenta años nos hizo esta confidencia: "Cuando tenía diecisiete años, solía escaparme por la ventana de mi habitación para encontrarme con un hombre casado. Cuando mis padres se enteraron de lo que hacía, mi papá puso un cerrojo al mosquitero. Aparte de ello, no me dijeron una palabra. Por supuesto, eso no me detuvo. Comencé a usar la puerta trasera. Pero si hubiéramos tenido un incendio que bloqueara el pasillo, ¡me habría quemado!".

Reflexionó diciendo: "Sé lo que me *habría* detenido... si solo me hubieran confrontado. Realmente, habrían marcado la diferencia si me hubieran dicho: 'Te amamos demasiado para permitirte que destruyas tu vida con lo que haces'. Yo habría respetado esta conversación. Sabía que lo que hacía estaba mal, pero no tenía la fuerza moral para detenerme. Necesitaba la ayuda de mis padres". En pocas palabras, ella deseaba límites con amor. Los límites existían, pero sin amor... Por tanto, no funcionaron.

53

Límites en el hogar

Otra mujer, que creía haber sido una buena adolescente, nos dijo: "Normalmente, no tuve la necesidad de desafiar los límites, Por tanto, tenía pocas restricciones. Yo era guardavidas y amaba nadar. Por eso, me escabullía de mi cuarto por la noche y me dirigía al lago para nadar sola. El agua siempre fue muy reconfortante para mí, pues me brindaba buenas oportunidades para pensar y reflexionar. Jamás se me cruzó por la mente que podía estar en peligro o que, si me ahogaba, nadie sabría dónde estaba. He pensado en ello muchas veces, cuando reflexiono sobre el hecho de que los adolescentes no tienen, a menudo, la sabiduría para comprender la causa y el efecto de sus decisiones".

La prohibición no es la única arma que un padre responsable puede usar. Las posibilidades no se reducen a los límites o la libertad. Puedes aplicar medidas preventivas creativas, especialmente si observas en tu casa alguna intención de escabullirse a hurtadillas.

- Lleva a tus hijos adolescentes para que observen la sala de emergencia del hospital más cercano un viernes o sábado por la noche, entre las 11:00 de la noche y las 5:00 de la mañana.
- Investiguen juntos en Internet sobre las oportunidades de empleo y las estadísticas delictivas de personas que abandonan la escuela secundaria.
- Den una vuelta en un automóvil policial durante el turno nocturno de un fin de semana.
- Averigüen las estadísticas de delitos violentos cometidos durante el atardecer y el amanecer en los fines de semana.
- Asistan a un programa de servicio comunitario y a un programa de vigilancia vecinal para protección contra el delito.
- Busquen en el periódico historias sobre incidentes que hablen de delitos cometidos contra adolescentes en tu ciudad. Considera la posibilidad de contactar con una o más víctimas para que tus hijos escuchen su relato.

En contraste, una mamá de Denver relata su experiencia:

Una noche, nuestra hija de catorce años invitó a dos amigas a dormir. A las 2:00 de la madrugada, estas muchachas pidieron un taxi para ir a la casa de un chico. Un vecino llamó al *sheriff* quejándose de que alguien merodeaba su casa.

El *sheriff* vino a investigar mientras el taxi se encontraba frente a nuestra casa y le preguntó al conductor del taxi a quién esperaba. El hombre le dio nuestra dirección y número telefónico. El policía llamó para preguntarnos si habíamos pedido un taxi. Yo le dije que no, pero comencé a sospechar.

En el lapso de tiempo entre que el policía llamó y yo bajé para ver qué sucedía con las chicas, ellas se escabulleron por la puerta trasera, subieron al auto y partieron. Llamé a la oficina del *sheriff*. Cuando finalmente contactaron con el taxista, sus pasajeras ya se habían bajado en un cruce cerca del centro de la ciudad. Llamé a los padres de las muchachas, y todos fuimos en automóvil para rodear el cruce. La policía también comenzó a buscarlas.

Cerca de las 4:00 de la madrugada, una de las mamás siguió a un taxi todo el trayecto hasta nuestra casa, donde ¿adivina quién se bajó? Sus padres las recogieron inmediatamente y, a la mañana siguiente, todas las muchachas y sus padres se reunieron en nuestra casa.

Mi esposo, administrador de una organización cristiana, procedió a "investigar" el incidente con una tabla sujetapapeles en la mano. Resultó que las chicas, efectivamente, habían ido a la casa del muchacho, un chico de catorce años, el cual estaba con otros dos amigos en su casa. Mi esposo, tomando notas en su tabla, hizo preguntas a cada una de ellas para sacarles toda la información que incluía quién estuvo allí, qué bebieron o comieron, y qué ropa usaron.

Las muchachas admitieron que entraron a la casa del chico por la ventana de su habitación, miraron una película, comieron bocadillos, bebieron refrescos y luego se marcharon por la misma ventana. Luego, mi esposo llamó a los tres chicos para que se presentaran en casa y procedió a "investigar" el asunto también con ellos. ¡Estaban muertos de miedo! Les ordenó que confesaran el hecho a sus padres, y que llamaran para confirmarle que lo habían hecho dentro de las próximas veinticuatro horas. Si no hicieran todo esto, él llamaría a sus padres. Todos los chicos cumplieron.

Los pensamientos humanos son aguas profundas; el que es inteligente los capta fácilmente (Pr. 20:5, NVI).

¿QUÉ PODRÍAS DECIR?

Los adolescentes que se escapan de sus casas no son las raras excepciones, pero sí lo es una confrontación madura y caracterizada por el amor incondicional. Serás el héroe en sus corazones cuando hagas respetar los límites con amor.

Podrías decir: "Sabemos que estás creciendo y que cada vez tomas más decisiones por ti misma. Un día, tomarás todas las decisiones que influirán en tu vida, pero como padres que te amamos, todavía tenemos la responsabilidad de guiarte y disciplinarte por toda conducta inapropiada, peligrosa o perjudicial.

"¡Escaparte por la noche e ir a cualquier lugar que nosotros no queremos que vayas y tener una cita con alguien que nosotros no deseamos es totalmente inaceptable! Estamos apenados y desilusionados de que nos hayas desafiado tan descaradamente. Sabíamos que estabas enojada porque no te permitimos ir a la fiesta, pero confiábamos en que respetarías nuestros deseos. Estarás castigada hasta que estemos convencidos de que podemos confiar en ti en el futuro. Si continúas desafiándonos, seguirás castigada. Vuelve a escaparte, y llamaremos a la policía. Estas condiciones no se negocian, no porque no nos importes, sino porque *sí* nos importas". La Biblia nos dice: "Ninguna disciplina resulta agradable a la hora de recibirla. Al contrario, ¡es dolorosa! Pero después, produce la apacible cosecha de una vida recta para los que han sido entrenados por ella" (He. 12:11).

¿Qué sucedió con el caso de la muchacha de Denver? Aquí tenemos el final del relato:

Como consecuencia, nuestra hija fue castigada a no tener actividades fuera de casa, excepto la iglesia, durante dos meses (ella se había escapado durante dos horas). Era esencial que tuviera una buena actitud. Luego de cuatro semanas, levantamos el castigo como recompensa por su buena conducta. Ahora, ella señala que lo peor de todo el incidente fue la investigación con la tabla sujetapapeles. La manera oficial en que mi esposo trató el tema les hizo comprender la seriedad del asunto, no solamente por el engaño, sino también por el peligro de tomar un taxi por la madrugada.

Como sucede con la mayoría de los problemas que se han intensificado y se han vuelto más complejos en la cultura actual, el problema de las escapadas también ha empeorado. El número de adolescentes que abandona su casa sin intención de regresar va en aumento. Estos son los chicos que han ido más allá de escaparse como una travesura adolescente y, literalmente, han abandonado su hogar y familia.

Algunos de ellos hasta se sienten justificados, y no ven problema alguno en encontrarse con alguien que han conocido por Internet. Trágicamente, los riesgos y consecuencias potenciales, tales como el abuso sexual, el tráfico de drogas, la esclavitud y el secuestro, se han vuelto más frecuentes y espantosos.

El cerebro de un adolescente carece de la madurez necesaria para tomar decisiones sabias y, a menudo, no puede predecir las consecuencias a largo plazo por sus acciones a corto plazo. Lo que puede parecerles una actividad simplemente divertida, como las escapadas nocturnas, las citas, o las huidas para "enseñarles una lección a sus padres", pueden ocasionar consecuencias dolorosas que van más allá de su comprensión. Para algunos, la vuelta a la realidad llega demasiado tarde.

A medida que tus hijos adolescentes luchan por ganar su libertad, anímalos a que piensen seriamente sobre aquellas decisiones que podrían cambiar para siempre el rumbo de su vida. Todas las decisiones tienen consecuencias, tanto buenas como malas, y ocasionan recompensas o repercusiones. El objetivo de los padres consiste en ayudar a los adolescentes a que desarrollen una correcta brújula moral que los aleje de cualquier decisión que podría cambiar drástica y dolorosamente el curso de su futuro o que podría dañarlos a ellos o a otra persona.

SABIDURÍA DE LA PALABRA DE DIOS

Una de las cosas más preocupantes sobre los adolescentes es su falta de sentido común en cuanto a las situaciones de riesgo. La disciplina puede ser un elemento de disuasión efectivo, una medida preventiva para los adolescentes.

Corrige a tu hijo mientras aún hay esperanza; no te hagas cómplice de su muerte (Pr. 19:18, NVI).

10

Abuso del teléfono

Te encuentras en casa, esperando una llamada importante de negocios a tu teléfono fijo, la cual debería haber ocurrido hace veinte minutos. Preocupada, levantas el auricular y oyes la voz de tu hija.

—Gabriela, lo siento mucho, pero estoy esperando una llamada. ¿Podrías por favor colgar el teléfono? —le pides, interrumpiendo la conversación.

—Claro, mamá—te dice alegremente.

Cuelgas el teléfono, pero transcurren cinco minutos y el teléfono aún no suena. Vacilante, levantas el auricular y oyes otra vez la voz de tu hija.

—¡Gabriela! ¡Me dijiste que colgarías el teléfono!

—Lo siento, mamá, cálmate. Ya estoy colgando —afirma.

Le crees una vez más, pero cinco minutos después, con sospechas en aumento, revisas la línea, y oyes la voz de Gabriela, alto y claro. Es el momento de aplicar una nueva táctica.

¿QUÉ PODRÍAS HACER?

Muchas familias compran teléfonos celulares o instalan otra línea de teléfono para sus hijos, a fin de resolver el problema del monopolio adolescente del teléfono. Pero como sucede a menudo, si los amigos llaman al teléfono de ellos y no los localizan, llamarán al teléfono de los padres.

Lo mejor para los adolescentes es aprender cortesía y una buena administración del tiempo. Por tanto, suele ser útil limitar el uso del teléfono en los siguientes casos:

- durante las comidas
- durante el tiempo de estudio
- después de las 10:00 de la noche
- cuando se espera una llamada
- cuando alguien más necesita usar el teléfono

- llamadas de emergencia de sus amigos que interrumpen la llamada actual con la ayuda del operador (a menos que realmente sea una emergencia)

Si no obedecen estas restricciones sufrirán, como consecuencia, la pérdida de los privilegios relacionados con el teléfono durante un tiempo.

- Si tus hijos adolescentes comparten una línea telefónica con alguien más, deberías establecer un límite de tiempo, por ejemplo, de veinte minutos, para las llamadas. Si se aplica siempre esta regla, se pueden evitar peleas sobre el teléfono monopolizado cuando alguien más espera una llamada.

- Aclárales a tus hijos adolescentes que deben dejar inmediatamente el teléfono por una emergencia de otra persona (aunque ellos no lo consideren así). Ellos tendrán emergencias para las cuales necesitarán el teléfono. Esta es una gran oportunidad para aprender la utilidad de la Ética de la Reciprocidad.

- Tus hijos deberán pagar cualquier llamada de larga distancia no autorizada o cualquier tarifa adicional por servicios extras, como las llamadas en conferencias.

¿QUÉ PODRÍAS DECIR?

Para evitar que tus hijos adolescentes monopolicen el teléfono, explícales lo siguiente: "Sé que te gusta hablar con tus amigos, y quiero que lo hagas. También sé que debes respetar al resto de la familia siguiendo las reglas para el uso del teléfono. Filipenses 2:3 dice: 'Sean humildes, es decir, considerando a los demás como mejores que ustedes'. Ser atento cuando otros miembros de la familia necesitan usar el teléfono es una manera de demostrarlo. Si rompes las reglas, tus privilegios en esta área desaparecerán totalmente durante los próximos dos días. Eso no es lo que deseo para ti, pero es tu decisión si se revocan o no. Deseo que respetes las reglas y que coseches la recompensa de tener más privilegios. Quiero que seas cortés y que no continúes con la conversación telefónica cuando alguien más necesita el teléfono. En 1 Corintios 13:4-5 leemos: 'El amor [no es] ofensivo. No exige que las cosas se hagan a su manera'.

"Por supuesto, la regla principal consiste en no usar el teléfono durante las comidas, durante la tarea ni después de acostarte. Contestaré el teléfono en esos momentos y tomaré los mensajes por ti. Lo mejor sería que les dijeras a tus amigos que no te llamen en las horas de las comidas, ni en los momentos de estudio, ni después de las 10:00 de la noche.

Además, si tienes que ir al colegio al día siguiente, debes restringir tus conversaciones telefónicas a veinte minutos.

"Durante los fines de semana puedes hablar más extensamente, si dejas el teléfono cuando alguien más lo necesite. Si alguien llama mientras tú estás usando el teléfono, deberás averiguar quién es y dejar el teléfono si la llamada es para tu padre o para mí. Si es para alguien más de la familia, deberás limitar el resto de tu conversación a cinco minutos. Puedes tomar un mensaje si la persona a la que llaman no se encuentra.

"Aclárales a tus amigos que bajo ningún pretexto deberán hacer llamadas de emergencia mediante la operadora, en un intento por hablar contigo. Habrá momentos en los que tu padre o yo ignoraremos la llamada en espera si nuestra conversación es importante y no queremos ser interrumpidos. Eso es algo que tú, por otra parte, no puedes hacer. No quiero que hables toda la noche y dejes de pasar tiempo con tu familia. Disfrutamos de tu compañía demasiado para permitirte eso".

SABIDURÍA DE LA PALABRA DE DIOS

Enseñar a tus hijos adolescentes a tratar respetuosamente a otros en el uso del teléfono no solo es útil, sino que también aplica la Ética de la Reciprocidad:

Haz a los demás todo lo que quieras que te hagan a ti (Mt. 7:12).

11

Abuso del teléfono celular

Cuando finalizas la reunión, pones en marcha tu teléfono celular y descubres que el colegio te ha llamado tres veces y te ha enviado un mensaje de texto. Es el director. Tu hija adolescente ha sido enviada al despacho del director por usar repetidamente el teléfono celular en clase. Molesta, empiezas a escuchar el mensaje mientras piensas: *¿Cuántas veces le dije: "No lleves el teléfono celular a clase"?* El director dice que *debes* recoger a tu hija, ¡pues la han suspendido!

Antes, los teléfonos tenían un cable ¡que mantenían a los adolescentes "a raya" y bajo control! Los padres sabían con quién hablaban sus hijos y cuándo lo hacían. En el mejor de los casos, un adolescente podría estirar el cable para meterse en el pasillo o en un armario en busca de privacidad. Como padre, tú decidías con quiénes podían comunicarse telefónicamente. ¡Pero ahora no es así!

La ironía es que antes los adolescentes estaban retenidos físicamente con la cuerda del teléfono cuando estaban en casa pero, al salir, los padres no tenían manera de saber dónde estaban. Los teléfonos celulares brindan a los padres la sensación de seguridad cuando sus hijos van de un lado para otro, porque pueden llamarlos y hablar con ellos en cualquier lugar, en cualquier momento. Esto también significa que cuando los adolescentes están en casa, en la supuesta seguridad de sus habitaciones, también pueden llamar a cualquiera, en cualquier lugar. Y, sin límites establecidos sobre el teléfono, pueden hacer mucho más.

Actualmente, existe gran preocupación por la habilidad de los adolescentes de enviarse mensajes de texto, incluso cuando aparentan no hacerlo. Puede que tengan el teléfono en un bolsillo y envíen mensajes y fotos a sus amigos, mientras parece que prestan atención a algo más, como su tarea escolar… o a ti. Según Nielsen, los adolescentes estadounidenses envían y reciben un promedio de miles de mensajes al mes.[1]

En muchos aspectos, los jóvenes han creado un lenguaje y una subcultura propia que la mayoría de adultos no pueden siquiera interpretar. Asimismo, se envían fotos vía teléfono celular. El envío de fotos y mensajes de índole sexual —llamado *sexting*— también es un tema alarmante y se ha vuelto una práctica común entre los adolescentes. Esta práctica puede ser procesada como pornografía infantil, un grave delito. Los padres necesitan establecer límites sobre el uso de esta tecnología y llegar a un acuerdo con sus hijos adolescentes. Un punto de partida podría ser un acuerdo firmado que detalle los límites y confirme la aceptación y comprensión de tus hijos.[2]

Sin límites que sirvan de guías sobre el uso del teléfono celular, los adolescentes pueden:

- acceder a programas inapropiados de televisión
- ver películas prohibidas para menores (mienten sobre su edad para conseguir acceso)
- acceder a canales de música con lenguaje vulgar
- jugar de forma excesiva
- participar en el uso compartido de archivos, con posibles consecuencias legales
- usar salas de video chat
- experimentar sexo y pornografía virtual de toda clase

¿QUÉ PODRÍAS HACER?

Los padres prudentes observan cómo utilizan sus hijos el teléfono celular. Si los hijos saben que el teléfono celular puede ser inspeccionado en cualquier momento, pueden sentirse motivados a ser más responsables.

- Antes de darle un teléfono celular a tu hijo adolescente, comunícale las normas básicas de uso.
- Pide un detalle mensual de números telefónicos para controlar las llamadas y mensajes entrantes y salientes.
- Limita el número de mensajes de texto que tus hijos pueden enviar en un período de tiempo específico.
- Cuando no se cumple una regla, deberán sufrir las consecuencias.
  —Restringe su uso del teléfono durante un período razonable de tiempo.
  —Comunícales, específicamente, qué deberán hacer para recuperar los privilegios perdidos.

- Implementa, con ayuda de tu proveedor de telefonía inalámbrica, el control parental necesario.
- Limita el tiempo de tus hijos para llamar o enviar mensajes.
- Quítales el teléfono cuando estudian, en las comidas y a la hora de dormir.
- Predica con el ejemplo. No tienes que atender o leer cada mensaje de inmediato. Si estás con otras personas, conversa personalmente.
- Enseña a tu hijo adolescente las buenas costumbres respecto a la comunicación.

Imita la sabiduría de Pablo para darles "tú mismo ejemplo en todo. Cuando enseñes, hazlo con integridad y seriedad, y con un mensaje sano e intachable" (Tit. 2:7-8, NVI).

¿QUÉ PODRÍAS DECIR?

"Aunque no me gusta lo que hiciste, siempre te amaré. Abusaste del privilegio de tener un teléfono celular, ahora deberás ganártelo. Por el momento, hagamos una cosa a la vez, y comencemos por tu educación". Si tu hija se enoja, recuerda que el enojo es una emoción secundaria que oculta el verdadero problema, que tal vez sea el miedo o la vergüenza. Ten paciencia.

La emotividad es muy fuerte entre los adolescentes. Ellos centran su atención en el presente y, a menudo, no tienen la capacidad de ver el mañana. Asegúrales que: "esto sucede ahora, y no será para siempre".

"Esto es lo que espero". Define claramente las reglas para el uso del teléfono celular. "Además, deberás presentarme un plan detallando cómo intentarás recuperar tu privilegio de usar el teléfono. Podremos avanzar a partir de ahí". Es indispensable que expreses expectativas firmes envueltas de amor incondicional.

Presta atención a este profundo pasaje bíblico: "Porque el Señor disciplina a los que ama, y azota a todo el que recibe como hijo. Lo que soportan es para su disciplina, pues Dios los está tratando como a hijos. ¿Qué hijo hay a quien el padre no disciplina?... Ciertamente, ninguna disciplina, en el momento de recibirla, parece agradable, sino más bien penosa" (He. 12:6-7, 11, NVI).

SABIDURÍA DE LA PALABRA DE DIOS

Señor, hazme conocer tus caminos; muéstrame tus sendas. Encamíname en tu verdad, ¡enséñame! Tú eres mi Dios y Salvador; (Sal. 25:4-5, NVI).

12

Música censurable

Llegas cargada con las compras del supermercado, y al abrir a empujones la puerta de tu casa, la onda expansiva de los acordes a todo volumen de música *heavy metal* te golpea la cara. Las paredes tiemblan, los platos vibran. "¡Martín!", gritas para que te oiga. "¡MARTÍN!". Es imposible. Martín ni siquiera sabe que llegaste hasta que —con las manos tapando los oídos— te diriges hacia el equipo de música y bajas el volumen de esa música estrepitosa. Martín levanta sorprendido la vista desde el sofá, mientras tú cierras los ojos con alivio. Luego, con un esfuerzo de mantener la compostura, le preguntas con calma: "¿Qué estás escuchando?".

Las diferencias generacionales nunca quedan más evidentes que en el tipo de música que cada uno prefiere y en el volumen que usan para escucharla. Una madre dijo: "Hace poco, leí el diario personal que tengo sobre Claudio y encontré esta oración que él dijo hace algunos años: 'Señor, ayúdame —incluso cuando sea adolescente y me convierta en un delincuente juvenil— a mantener una buena relación con mis padres y no ser una de esas personas que escuchan la música tan alta que se vuelven sordos'. Hasta ahora, el Señor ha respondido esa plegaria. Tiene inclinación hacia la música *country* y no le gusta oírla con mucho volumen. Parece que, por el momento, su oído está a salvo".

Este no es un adolescente típico. Al parecer, a los adolescentes actuales les gustan las guitarras estridentes y los vocalistas chirriantes, o los bajos de gran potencia y las melodías roqueras. Cualquiera que sea el género musical, les gusta escucharlo FUERTE, porque satisface el área emocional del cerebro que analizamos en el capítulo 3. Una cosa es pedirles que bajen el volumen, a lo cual obedecerán si quieren el privilegio de terminar de escuchar la canción. Pero ¿qué sucede si la letra es completamente censurable?

¿QUÉ PODRÍAS HACER?

A los adolescentes les encanta la música. La clave se encuentra en la exposición a diferentes géneros. Es esencial establecer límites sobre lo que es aceptable en cuanto al mensaje transmitido.

- Anímalos a reflexionar sobre lo que escuchan. Utiliza diferentes clases de música y pídeles que te cuenten cómo se sienten con cada una.
- Ayúdales a descubrir música que eleve el espíritu y el intelecto en lugar de apelar solo a las emociones. La música de alabanza, los himnos y cierto repertorio clásico son buenos ejemplos.
- Muéstrales música con mensajes cada vez más profundos. A menudo, los adolescentes no pueden discernir el mensaje cuando lo único que escuchan es música contemporánea a todo volumen, ya sea secular o cristiana. Como consecuencia, reaccionan únicamente al ritmo, lo cual es una respuesta puramente emocional. Si las letras promueven el sexo y la violencia, las palabras llegan al subconsciente y el adolescente no sabe que el cerebro las ha registrado.
- Hazles escuchar música que era popular cuando estabas creciendo y diviértanse juntos sobre las preocupaciones que tus padres sentían sobre tus gustos musicales.

La tecnología actual complica aún más tu capacidad de influir en las elecciones musicales de tu hijo adolescente. A menudo, los adolescentes descargan música de Internet a sus reproductores digitales y la escuchan en privado mediante sus auriculares. Como padre, es muy probable que nunca sepas lo que escuchan. ¡Pero es *necesario* saberlo! Periódicamente, pídeles los auriculares y escucha. Sin embargo, debes hacerlo de forma respetuosa.

Como madre, tú eres la supervisora. Aunque las generaciones anteriores se hayan quejado sobre la música de su época, nadie puede objetar el hecho de que la música actual ha descendido a niveles de decadencia sin precedentes, pues representa a la mujer como objeto sexual, rechaza la autoridad, difama a Dios y al país y promueve, deliberadamente, la violencia.

La música ejerce una gran influencia porque llega directamente al centro de las emociones del cerebro. Incluso con pocos acordes, la música y su mensaje se repiten una y otra vez en el subconsciente.

Existe cierto tipo de música que provoca una respuesta sexual. A menudo, la música actual representa imágenes visuales con contenidos sexuales y violentos. Las mentes de los adolescentes reciben un sinnúmero de mensajes que los atrapan emocionalmente e imprimen imágenes que permanecerán en la memoria durante años.

Cuando escuchamos música, se producen ciertas sustancias químicas en el cerebro, llamadas endorfinas, que generan una respuesta similar al efecto de las drogas. El cerebro adolescente se encuentra en una etapa de desarrollo en la cual las emociones tienen más preponderancia que la lógica. Existe cierta música que alimenta la necesidad de emoción. Del mismo modo, la música puede subir el ánimo, como sucede con gran cantidad de piezas clásicas, himnos y composiciones de alabanza.

- No reacciones motivada por la ignorancia. Presta cuidadosa atención a las letras de las canciones que tus hijos escuchan. Si no puedes distinguirlas, consíguelas por Internet. Muchos adolescentes hoy no usan discos compactos de música. Haz que tus hijos te lean la letra. A menudo, los chicos responden al ritmo y no prestan atención a las palabras. Lee la información de todo disco compacto que tu hijo compre, y mira los videos de esos artistas. En 2 Corintios 10:5, leemos que debemos destruir "desbaratar argumentos y toda altivez que se levanta contra el conocimiento de Dios, y... llevar cautivo todo pensamiento a la obediencia a Cristo" (RVC).

- Ofréceles alternativas. La gran variedad existente de música cristiana ha atraído a miles de adolescentes, porque utiliza estilos contemporáneos de música con letras que quizá provengan directamente de los Salmos. Ayúdalos a que exploren estas opciones para hallar la música que les guste con un mensaje que consideres adecuado. Tal vez, si revenden o cambian estos discos compactos con música censurable, puedas ofrecerte a pagar uno o dos discos cristianos para su nueva colección. (Advertencia: si la música censurable de estos discos es opresiva espiritualmente, contempla la posibilidad de destruirlos).

- Haz un trato con tus hijos: por cada dos horas de música que ellos elijan, escucharán una hora de música elegida por ti, tal como música clásica, himnos, jazz, o algo sin amplificar para comenzar a ampliar su gusto musical.

- Ten en cuenta que incluso después de haber establecido estas medidas preventivas, tus hijos seguirán teniendo la posibilidad de acceder y descargar gratuitamente casi cualquier música a través del *software* disponible. Si bien se discute la legalidad del *software* para compartir música, estos programas son muy utilizados y de fácil acceso. Habla con tus hijos sobre la piratería musical y los derechos de los artistas de ganarse la vida con su música. Dales un buen ejemplo al negarte a obtener música de manera ilegal.

¿QUÉ PODRÍAS DECIR?

Como en cualquier otro conflicto en el cual intentas encontrar puntos de convergencia, debes enfrentar este conflicto con amor. Establece un tiempo para escuchar música juntos. Pídeles que traigan música que les guste y escúchenla durante algunos minutos. Sin emitir juicios de valor, pregúntales qué encuentran de atractivo en esa música. Pregúntales: "¿Qué clase de música creen que yo escuchaba cuando era adolescente?". Permíteles que adivinen y que nombren algunas bandas musicales. Tal vez se sorprendan... o se sientan auténticamente escandalizados. El momento para la enseñanza está ahí: la puerta está abierta y tú, cuidadosamente, puedes entrar con delicadeza. No prediques simplemente sobre los "males de la música"; relaciónate... escucha... habla... vive este momento con tus hijos adolescentes.

Pide en oración encontrar el momento adecuado para decir: "La música tiene el poder de influir en el cuerpo, el alma y el espíritu. Como una droga, puede alterar tu mente y disposición. La Biblia nos dice: 'Pues como piensa dentro de sí, así es él' (Pr. 23:7, NBLH). Aunque no siempre tengamos los mismos gustos, siempre te amaré. Pero no puedo encontrar nada que me guste en esta música. ¿Qué crees que quieran transmitir?". Muéstrales específicamente por qué te opones a esta música y espera una respuesta (la cual, probablemente, será evasiva).

"Realmente me preocupa que escuches mensajes como estos y llenes la mente con esta clase de pensamientos. Tu mente es como cualquier recipiente, lo que entra allí es lo que luego sale. Dios te diseñó para que llenaras tu mente con pensamientos puros y justos, para que le honres con tus palabras y acciones. Ponte por un momento en mi lugar. ¿Te gustaría que tus hijos cantaran letras como estas?

"En última instancia, tú decides con qué llenar la mente. Porque te amo, deseo animarte a que mantengas tu mente pura, no importa lo que hagan los demás. Inevitablemente, lo que escuches determinará tu actitud, y tu actitud dará forma a tus acciones. Deseo que conozcas claramente las trampas de una mala actitud porque, finalmente, esta actitud solamente te dañará a ti.

"Además, no quiero que expongas a nadie en esta casa a este tipo de letra. Por tanto, esta música no debe escucharse y debes desecharla de tu colección. Asimismo, te ofrezco comprar algún disco compacto que los dos disfrutemos para reemplazar los que has descartado. Tengo confianza en que respetarás esta decisión y que reconocerás lo que es correcto ante los ojos de Dios".

Si estableces las consecuencias concretas por violar los límites impuestos por ti y las recompensas por respetarlas, podrás disuadir a tus hijos e incentivarlos a tomar una decisión sabia.

SABIDURÍA DE LA PALABRA DE DIOS

El consejo del apóstol Pablo es práctico y adecuado para la cultura adolescente actual. Nos ayuda a entender qué es lo que debe entrar en nuestras mentes, porque esto es lo que, en última instancia, protege nuestros corazones.

Concéntrense en todo lo que es verdadero, todo lo honorable, todo lo justo, todo lo puro, todo lo bello y todo lo admirable. Piensen en cosas excelentes y dignas de alabanza (Fil. 4:8).

13

Obsesión por los medios de comunicación

Te diriges a la sala de estar mientras Tobías, tu hijo adolescente, está mirando una comedia de televisión en el horario de máxima audiencia. Realmente, no estás prestando atención hasta que la persona de ese espectáculo hace el comentario más obsceno que hayas escuchado, y el auditorio se llena de risas grabadas.

Esto es demasiado. Te disgusta la basura sexual que se esparce por las transmisiones y carteles, que llega directamente al cerebro de Tobías. La obscenidad, el menosprecio y la irreverencia están tan presentes en la industria del entretenimiento que, a veces, parece que la única manera de evitarlo es hallar una isla desierta para criar a tus hijos. ¿Pero qué sucede si no la encuentras?

La tarea de establecer límites en cuanto a los medios de comunicación se asemeja a escalar el Monte Everest, una misión de enormes proporciones. Cada generación anterior debió controlar algún aspecto en la generación más joven, pero era algo posible de realizar. Vuelve rápidamente a la actualidad y la lista parece interminable. Aunque un padre realizara la tarea de "vigilante de medios de comunicación" a tiempo completo, aún así, perdería algo de vista. Existen numerosas preocupaciones al respecto:

- programas de televisión y cadenas de cable
- películas cuya clasificación por edad ha sido deliberadamente reducida para alcanzar más audiencias
- música: discos compactos, MP3 y iPods
- videos musicales en los que abundan el sexo, la violencia y la blasfemia
- videojuegos cuyo objetivo es matar y destruir al oponente a través de diversas actividades violentas
- conciertos con música que degrada a la mujer y exalta la violencia

- programas radiales con *disc-jockeys* y presentadores que desafían, de manera constante, el sentido de la decencia
- revistas y libros para adolescentes que hablan libremente sobre sexo, justifican la homosexualidad e infunden sistemas de creencias con material indecente
- cámaras web sencillas que permiten a los adolescentes hacer "películas" personales para compartirlas entre amigos
- sitios Web, salas de chat y mensajes de texto

Los escáneres cerebrales han demostrado que la violencia por televisión activa la amígdala cerebral, la cual regula las respuestas de enojo. El aumento en la producción de la hormona de la agresión en los adolescentes coincide con la exposición a escenarios violentos de videojuegos.[1]

Otro problema en aumento entre los adolescentes es la adicción a los videojuegos. Los adictos a videojuegos presentan las mismas tendencias que los adictos a las drogas o a las apuestas.

¿QUÉ PODRÍAS HACER?

Probablemente te resulte imposible, como padre, establecer los límites suficientes para proteger a tus hijos adolescentes del bombardeo de la industria del entretenimiento. En un mundo inalámbrico, inmiscuido en la vida de nuestros hijos, es imprescindible que tengas gran discernimiento al establecer los límites. Utiliza:

- El poder de la oración
  — Pide la protección de Dios sobre tus hijos.
  — Ten como prioridad los momentos de oración *con* ellos.
  — Planifica momentos para estudiar juntos la Palabra de Dios.
- Participación activa
  — Ten disponibilidad.
  — Sé auténtico.
  — Abstente de tener una actitud de espía, pues tu objetivo no es decir "¡Te atrapé!", sino guiar y proteger. Comunica a tus hijos que vigilarás todos los dispositivos multimedia y que no lo harás a escondidas. Debes saber qué páginas visitan en Internet, a quién envían mensajes de texto, qué miran por televisión o qué leen. Establece pautas firmes y asegúrate de conocer sus contraseñas: la obligación de rendir cuentas fomenta la transparencia, lo cual ayuda a

crear confianza. Esta actitud afirma: "Te amo, y estoy aquí para ti. Soy tu red de seguridad".

• Medidas de prevención

—Utiliza momentos aptos para la enseñanza. Si estás mirando un partido de fútbol, y no quieres que tus hijos vean fanáticos con actitudes indecentes, cambia de programa de televisión o, si grabaste el programa, utiliza el botón de adelanto rápido. Explícales por qué te niegas a tener esas imágenes en tu hogar.

—Persevera, porque no hay nada más importante que el corazón, la mente y el alma de tus hijos adolescentes.

Tal vez el problema no radique en que tus hijos utilizan perversamente los medios de comunicación, sino en que pasan todo momento delante de la computadora o del televisor, o con los auriculares puestos. Una madre, preocupada por las dosis electrónicas de su hijo (en este caso, ¡dosis de ideas e imágenes dirigidas directamente al cerebro!), finalmente estableció un "apagón electrónico" de dos horas, cada noche entre semana. En esos momentos, debía apagarse todo dispositivo que funcionara a electricidad o batería. Su hijo se opuso enérgicamente a esta restricción durante un tiempo, pero sus notas mejoraron notablemente.

Proverbios 19:20 (NVI) afirma: "Atiende al consejo y acepta la corrección, y llegarás a ser sabio".

¿QUÉ PODRÍAS DECIR?

"Sé que los medios de comunicación te bombardean constantemente. El enemigo quiere usarlos para engañarte y atraparte, a fin de destruirte física y moralmente. Conozco algo sobre el tema, pero estoy aprendiendo más. Siempre deseo lo mejor para ti. Esta es una guerra en la que debemos luchar juntos, pues no sería justo dejarte solo en esta batalla. Te amo demasiado para dejarte desprotegido. De hoy en adelante, controlaré los medios de difusión que uses. Es necesario que estemos unidos. ¿Puedo contar contigo?".

Comunícale que:

• "No existe un tema del cual esté prohibido hablar conmigo".
• "Hablemos sobre lo que podemos hacer al respecto, especialmente en las áreas que te sientas más vulnerable".
• "¿Qué crees que debemos hacer primero? ¿Cómo puedo ayudarte?".

- "¿Cómo puedes ayudar a mantener los límites sobre los medios de comunicación en nuestro hogar?".

"Si decides tomar decisiones en torno a los medios de comunicación que están fuera de los límites acordados, estaré obligado a restringir el uso de la computadora (o música, televisión, teléfono, etc.). Del mismo modo, si decides adecuadamente, no será necesario que te vigile tan a menudo. Recuerda, este control lo hago porque *verdaderamente* te amo y deseo saber si puedo confiar en ti. En el mundo, algunas cosas realmente malas pueden entrar furtivamente, sin que te des cuenta. Siempre estaré para hablar sobre cualquier tema que elijas y para responderte a cualquier pregunta sobre información que puedas recibir".

Eclesiastés 9:17 (NVI) declara: "Más se atiende a las palabras tranquilas de los sabios que a los gritos del jefe de los necios".

SABIDURÍA DE LA PALABRA DE DIOS

Los adolescentes necesitan enfrentar el reto de abandonar los pensamientos y las cosas de este mundo. Necesitan saber que Dios puede liberar a cualquiera que esté atrapado en esta red mundial mediante la total transformación de su mente.

No se amolden al mundo actual, sino sean transformados mediante la renovación de su mente. Así podrán comprobar cuál es la voluntad de Dios, buena, agradable y perfecta (Ro. 12:2, NVI).

14

Los riesgos de Internet

Se te hace tarde para la reunión, y ya has guardado tu computadora portátil, cuando te das cuenta que debes buscar en Internet cómo llegar a la reunión. Tu hijo adolescente está en la escuela y decides usar su computadora. Cuentas con la regla básica de poder conocer las claves, así que haces el clic. Las imágenes que aparecen te dejan sorprendida y convulsionada.

Haces clic una y otra, y otra vez. Con gran ansiedad y la presión arterial posiblemente en zona de riesgo, revisas el historial de búsqueda de la computadora portátil. Te sientes paralizada por la mera existencia del contenido que acabas de ver.

Imprimes el mapa, desenchufas la computadora y la pones en el auto.

Es un buen chico, tiene buenas notas, asiste a la iglesia sin quejarse, cumple con lo que le pido —oras y reflexionas, mientras conduces absolutamente perpleja— *¿De dónde salió esto? ¿Desde cuándo sucede?*

La nueva frontera es el ciberespacio, ¡y se ha infiltrado en tu hogar! Los beneficios son muchos, pero los peligros son desastrosos.

Probablemente, la amenaza principal de Internet sea la proliferación de pornografía de fácil acceso. El número de adolescentes adictos a la pornografía por Internet se ha multiplicado. Los programas de *software*, que supuestamente bloquean los sitios peligrosos, son burlados continuamente por pornógrafos ingeniosos. La búsqueda inocente de palabras de tu hijo puede conducirlo a imágenes tentadoras con invitaciones encubiertas que suenan como sirenas: "Las siguientes imágenes CALIENTES, CALIENTES, CALIENTES son SOLO PARA ADULTOS. ¡Así que no hagas clic en 'continuar' hasta que tengas 18 años!". Infórmate sobre las trampas para adolescentes sexualmente curiosos. Sé *consciente*, mantente *alerta*, siéntete *alarmada*.

INTERNET

Las salas virtuales de chat ofrecen a los visitantes un lugar para conocer gente y socializar. Sin embargo, para adolescentes influenciables, estos lugares pueden ser devastadores... hasta mortales. Además de la atracción del sexo virtual, el otro aspecto peligroso de las salas de chat es el uso tan conocido que hacen los pedófilos o depredadores sexuales de estos lugares para lograr encuentros personales con adolescentes, generalmente en lugares privados. El acoso sexual o la violación no es lo peor que puede suceder. Los periódicos han descrito muy gráficamente el tráfico sexual y los asesinatos que han sucedido como consecuencia de estos encuentros virtuales. (Lee el capítulo 42 de este libro, "Actividad sexual").

A través del acceso *online*, tus hijos pueden:

* tener una red social de amigos desconocidos para ti
* enviar correos electrónicos o mensajes instantáneos a cualquier persona, a cualquier lugar, en cualquier momento
* escribir y leer *blogs*
* llevar un diario *online*
* publicar fotos
* acceder a cualquier tipo de pornografía
* comprar artículos perjudiciales, hasta ilegales
* ver programas censurables de sitios de Internet que permiten compartir videos

La mayoría de los padres no sabe cómo vigilar la actividad por Internet de sus hijos. Tal vez se sientan demasiado ocupados con el trabajo y con otras actividades para controlar el uso de los medios electrónicos. Además, es posible que no conozcan bien las fatales consecuencias del acceso ilimitado a Internet... o la posibilidad de que sus hijos puedan caer inocentemente en una trampa. Es de vital importancia informarse y *buscar* el tiempo para vigilar la actividad electrónica de tu hijo.

¿QUÉ PODRÍAS HACER?

Siéntate con tu hijo adolescente. Si eres madre divorciada, sería conveniente informar al padre de tu hijo sobre tu descubrimiento o llamar a una persona cristiana, del mismo sexo de tu hijo o hija, a quien ellos respeten. Explícale brevemente lo que has descubierto y que necesitas discutirlo juntos. Mantén la calma. Si estallas de ira, tu hijo hará lo mismo. A decir verdad, tal vez lo haga de todos modos. Es más fácil mostrar enojo que vergüenza, especialmente para un varón. Advierte a tus hijos sobre el poder seductor y adictivo de la pornografía. Si tu hijo no conoce la historia de Ted Bundy, miren juntos la entrevista del Doctor James Dobson con el asesino en serie (disponible en Internet) previa a su ejecución. Hablen juntos sobre ello. Acuerden un plan constructivo que tenga como objetivo ayudar a tu hijo y procura que rinda cuentas sobre su implementación. Haz de tu hogar un lugar seguro respecto al uso indebido de Internet. Las siguientes son sugerencias para llevar a cabo esta tarea:

1. Ubica todas las computadoras en lugares abiertos dentro de la casa.
2. Establece una política familiar de libre acceso a las agendas de direcciones, redes sociales y todas las claves para una vigilancia frecuente. Agrégate a la lista de "amigos" de tus hijos en las redes sociales para poder interactuar con ellos y observar sus interacciones con los demás. Si tus hijos te lo niegan, no les permitirás tener acceso a la computadora.
3. Instala un filtro de Internet, activa el control parental en los buscadores o utiliza un servicio que rastree y genere un registro de la actividad *online* de tu hijo.
4. Establece límites sobre el uso de Internet.
5. Establece la regla que no se darán datos personales o familiares en Internet y que *no* compartirán las claves, ni siquiera con los amigos. Explícales por qué es tan peligroso hacerlo. Recuerda que los adolescentes viven el presente, toman decisiones de corte emocional, les encanta estar conectados y no tienen la capacidad de prever consecuencias futuras. El cumplimiento de este aspecto vital es la mejor medida preventiva.
6. Bríndales guías sobre qué clase de juegos pueden jugar. Explícales *por qué* no tolerarás en tu hogar los juegos y la música con mensajes inaceptables. Ora para que esta conversación plante las semillas de buenas decisiones en el futuro.
7. Explícales las consecuencias legales del plagio y de la copia ilegal de archivos de música legalmente protegidos.
8. Mantente en contacto con tus hijos para que se sientan cómodos acudiendo a ti cuando surjan situaciones inesperadas (y así sucederá).
9. Ponte al día sobre toda la tecnología que tus hijos usan diariamente.

Aprende las técnicas básicas de la navegación por Internet. Te repito, el objetivo es la seguridad.

10. Utiliza el formulario "Acuerdo para las normas de seguridad" publicado por la National Coalition for the Protection of Children and Families [Coalición nacional para la protección de los niños y la familia].[1] Haz que lo firmen todos los usuarios de la computadora.

11. Revisa toda computadora portátil o tarjeta de memoria que llegue a tu casa, y asegúrate de vigilar su uso regularmente. Tienes el derecho de determinar qué entra a tu casa. Otra vez, debes orar para no proyectar un espíritu de legalismo ni desconfianza.

12. Examina periódicamente el historial en los buscadores de Internet, revisa los correos electrónicos de personas no conocidas, y mira el historial de comunicación de las redes sociales y las listas de "amigos". Sigue los rastros que dejan tus hijos en la computadora.

¿QUÉ PODRÍAS DECIR?

"Usé tu computadora hoy para imprimir un mapa y quedé muy sorprendida y decepcionada por encontrar sitios inapropiados que has visitado. Deseo lo mejor para ti, y estos sitios no son lo que necesitas ver. Ambos sabemos esto.

"No intento restringir injustificadamente tus actividades ni convertirme en una dictadora. Tu mente es muy influenciable y graba las imágenes. Absorbe y almacena todo lo que ve y oye. La Biblia dice que debemos permitir que 'Dios los transforme en personas nuevas al cambiarles la manera de pensar'. Por otro lado, pervertimos nuestra vida mediante la corrupción de nuestras mentes. Es por eso que debemos cuidar y proteger nuestras mentes de todo lo pecaminoso. Dios nos exhorta a huir 'de todo lo que estimule las pasiones juveniles. En cambio, [debemos seguir] la vida recta, la fidelidad, el amor y la paz' (2 Ti. 2:22). Si cedes al mal o intentas participar 'un poco' de él, ambos perderemos. Dios afirma que existe solo una manera de enfrentar la tentación juvenil, la cual consiste en 'huir'. Quiero que uses y disfrutes de la computadora y otros medios de entretenimiento, pero con responsabilidad.

"Si tomas decisiones imprudentes en la manera en que utilizas la computadora, no podrás usarla excepto para el colegio y el trabajo... y la vigilaré diariamente. Asimismo, cuando puedas demostrarme que usas la computadora sabiamente, recuperarás los privilegios y obtendrás incluso más.

"Controlaré regularmente esta situación porque la pornografía es extremadamente adictiva. Quiero que seas una persona íntegra. Puedes hablar conmigo de cualquier tema, en cualquier momento. Si no te sientes cómodo hablando del tema conmigo, buscaré otra persona que te puede ayudar. Juntos saldremos adelante".

Ora con tus hijos adolescentes. Pídele a Dios que ponga un cerco de protección sobre sus mentes y cuide sus ojos de lo que pueda dañarlos.

SABIDURÍA DE LA PALABRA DE DIOS

Como todo lo que Dios ha creado para el bien, el enemigo ha corrompido también Internet. "Satanás se disfraza de ángel de luz" (2 Co. 11:14). Como seres que hemos caído en el pecado, somos naturalmente egoístas. Por eso, es fácil adoptar los patrones del mundo.

Yo sé que en mí, es decir, en mi naturaleza pecaminosa no existe nada bueno. Quiero hacer lo que es correcto, pero no puedo. Quiero hacer lo que es bueno, pero no lo hago. No quiero hacer lo que está mal, pero igual lo hago. Ahora, si hago lo que no quiero hacer, realmente no soy yo el que hace lo que está mal, sino el pecado que vive en mí (Ro. 7:18-20).

Límites en el colegio

Durante el año escolar, un adolescente que participa en actividades extraescolares pasará más horas en la escuela que en otro lado, incluido su hogar. Por tanto, es probable que los problemas de conducta de tu hijo se manifiesten primero en el colegio.

Si no estás presente para hacer cumplir las reglas, ¿qué haces cuando se violan los límites? No pienses que no puedes hacer nada. Incluso desde el hogar, puedes establecer los límites para cuando se encuentre en el colegio. El mejor de ellos consiste en que tu hijo entienda que ¡tú y el colegio funcionan como un equipo!

15

Tardanza

Suena el teléfono. Tú contestas. El subdirector de la escuela de tu hija te informa que Beatriz llega habitualmente tarde a clase. Al parecer, ella usa el tiempo entre clases para hablar con sus amigas en los pasillos, en lugar de dirigirse a clase. Ya que las mejores amigas de Beatriz no asisten a las mismas clases que ella, el tiempo entre clase y clase es el único momento para hablar con ellas. Aunque comprendes su deseo de ser sociable, sus retrasos habituales están influyendo en las notas.

¿QUÉ PODRÍAS HACER?

Como padre, el primer y mejor recurso para enfrentar este problema es participar más asiduamente en el colegio de tu hija. Ponte en contacto con los profesores, especialmente aquellos a cuyas clases tu hija llega tarde. Hablar en persona con el profesor (en lugar de oír solamente la versión de tu hija) te ayudará a entender mejor la situación, y él sentirá la seguridad de tu preocupación y tu apoyo de él como docente de tu hija.

En una ocasión, un subdirector de una escuela secundaria me dijo: "Aunque no estés de acuerdo con algunas de las decisiones del docente, es fundamental que mantengas el respeto, del mismo modo que los profesores tratan respetuosamente a los padres con los que disienten". Si tus hijos adolescentes te oyen criticar a los entrenadores, maestros o administradores, perderán el respeto por la autoridad del colegio. Si por la noche criticas la escuela, impides que las personas a cargo de tus hijos se desempeñen eficazmente durante el día. No lograrán que tus hijos cooperen.

Lo contrario también es verdad. Una regla correcta es: "Apoya en público, confronta en privado". No reprendas a tus hijos delante de sus profesores ni de otras personas. Gran cantidad de adultos aún recuerda cuando, de niños, sus padres le decían en presencia de otros: "¡Eres un holgazán! ¡Eres tan lento! ¿Por qué no puedes hacer nada bien?". Años

Límites en el colegio

después, cuando estas personas ya son adultos exitosos y reconocidos, esos recuerdos vuelven una y otra vez, y reducen su confianza. Por tanto, habla con tus hijos y con las autoridades en privado, sin que la otra parte esté presente, al menos, al principio.

Si compruebas que tu hija realmente llega tarde por hablar con sus amigas, en lugar de llegar puntualmente a clase, establece las reglas apropiadas para esta situación. En otras palabras, asegúrate de que el castigo sea adecuado para el delito cometido. No reacciones exageradamente. En el caso de la tardanza, podrías sumar todas las veces que ha llegado tarde —tal vez treinta minutos— y luego duplicar la cantidad de tiempo para agregarlo al tiempo que dedica a la tarea escolar. Por cada minuto que llega tarde a clase, suma dos minutos para la tarea escolar.

Otra posibilidad consiste en recuperar el tiempo perdido en horas de estudio en el colegio. Algunos colegios aplican esta política en la que después de cierto número de tardanzas, hay que recuperar el tiempo en el colegio. Tener que recuperar el tiempo en sábado resulta muy eficaz.

Supongamos que tu hija adolescente sufre las consecuencias de cruzar la línea —debe recuperar el tiempo perdido— pero continúa con las tardanzas. En ese caso, la consecuencia debe ser más grave, hasta alcanzar un nivel que genere una respuesta. Puesto que los adolescentes son criaturas sociales, podrías reducir la cantidad de tiempo que pasan con amigos, después de la escuela y por las noches. Establece que el tiempo restringido será el equivalente de los minutos perdidos de clase elevado al cuadrado (y, además, ¡tendrán una lección gratis de álgebra!).

Entiende que no tendrás éxito si sermoneas sin escuchar. Tus hijos deben entender que estás de su lado. Si estableces límites sin amor, desearán alejarte lo más posible de ti: "¡No veo la hora de tener dieciocho años e irme de aquí!". Si te ganas la antipatía de tus hijos, no lograrás que acepten tus valores. Guíalos con amor.

Tal vez tus adolescentes tengan una razón legítima por llegar siempre tarde. En una escuela secundaria de grandes dimensiones, es posible que un estudiante tenga una clase muy lejos de la siguiente clase. Llegar a tiempo de una clase a otra, dentro del tiempo asignado, puede ser casi imposible.

También puede ser difícil llegar a tiempo a la clase siguiente después de educación física si el entrenador no concede tiempo suficiente para cambiarse de ropa. Algunos profesores tienen el mal hábito de retener a los estudiantes incluso después del timbre que marca el final de la clase.

Si algunas de estas situaciones se aplican al caso de tu hija, es todavía más importante que pidas una reunión de padres con el docente para resolver esta situación. Esta es una oportunidad única para convertirte en el héroe de tus hijos adolescentes, y esto puede mejorar su cooperación contigo en otras áreas.

Proverbios 16:21 (NVI) dice: "Los sabios son conocidos por su entendimiento, y las palabras agradables son persuasivas".

¿QUÉ PODRÍAS DECIR?

Puesto que la Biblia nos dice que debemos decir la verdad en amor, la manera en que comunicas los castigos a tus hijos adolescentes es tan importante como los castigos mismos.

Podrías decirle: "Beatriz, sé que es muy importante para ti estar con tus amigas. Y quiero que sepas que también lo es para mí. Pero es igualmente importante para los dos que cumplas con tus responsabilidades en el colegio, a fin de prepararte para el futuro. Puesto que tu responsabilidad es llegar puntualmente a tus clases y asistir a la clase completa, te debes a ti misma el tiempo que has llegado tarde.

"Puesto que conoces las reglas del colegio acerca de la tardanza, y aún así llegas tarde, pierdes el derecho de decidir cómo utilizarás parte de tu tiempo libre. Durante una semana, no podrás hacer ni recibir llamadas telefónicas de tus amigos. Tus profesores me llamarán si sigues llegando tarde. Si llegas a tiempo a tus clases, podrás volver a usar el teléfono. Si no lo haces, la restricción se extenderá dos semanas más, lo cual no es mi deseo. Tú decides.

"Si crees que hay algo que podemos hacer para resolver esta situación, deseo escucharte y hacer lo que sea necesario para que recuperes el control de tu tiempo".

Todos podemos prestar atención a las palabras de Job: "He esperado todo este tiempo prestando mucha atención a sus argumentos, observando cómo buscaban a tientas las palabras" (Job 32:11).

SABIDURÍA DE LA PALABRA DE DIOS

Tus hijos adolescentes no son los primeros en llegar tarde a clase. Si buscas el consejo de las autoridades del colegio, te comportas de una manera sabia y bíblica.

Los planes fracasan por falta de consejo; muchos consejeros traen éxito (Pr. 15:22).

16

Interrupciones en clase

Recibes una llamada del subdirector, el cual te dice que tu hijo de dieci-siete años perturba la clase de forma excesiva. Habla continuamente... escribe notas... se burla... está decidido a causar risas durante la clase. En resumen, Jorge se niega a concentrarse en su rol de estudiante. Como consecuencia, no solo tiene problemas para aprender, sino que también dificulta el aprendizaje de los demás. Sus profesores se sienten cada vez más frustrados.

Nunca olvidaré cuando, al coordinar un taller para padres de adoles-centes, conocí a una madre que describió uno de los enfoques más crea-tivos para establecer límites con consecuencias y recompensas que jamás había oído. Nos contó cómo resolvió la situación con su hijo adolescente, después de que las autoridades del colegio la llamaran para informarle sobre la mala conducta de su hijo.

—¿Cómo te fue el colegio hoy? —le preguntó a su hijo aquella noche.

—Bien —contestó entre dientes.

—Mira, Jorge, aparentemente no es como tú dices. Recibí una llamada de la escuela debido a tu mala conducta y dicen que debes cambiar.

Después de formularle varias preguntas (sin resultados satisfac-torios) la madre le dijo:

—Hijo, realmente quiero ayudarte. Veo que ejerces el autocontrol en mi presencia. Por eso, he decidido que necesitas que vaya *contigo* al colegio.

—No mamá, no quiero eso.

—Oh sí —respondió ella con amabilidad—, de hecho, mañana iré contigo.

—¡Mamá, no puedes hacer esto! —objetó su hijo.

—Bueno, ya avisé al colegio. De hecho, me sentaré a tu lado en todas las clases.

—Mamá... por favor... ¡no lo hagas!

—Hijo, te amo demasiado para no hacer nada. Por eso, ya cancelé todos mis clientes de mañana. Jorge, nada de lo que digas me detendrá. Fin de la discusión.

Ahora piensa en lo siguiente: en el colegio, lo último que desea un jóven de diecisiete años, de 1,80 metros de altura, es que mami lo acompañe a todos lados y que se siente con él en cada clase. Sin embargo, eso fue lo que sucedió al día siguiente y, podría agregar, sin mala conducta por parte de su hijo.

—Ya que hoy mostraste disciplina personal, ¿crees que me necesitas mañana en el colegio? —le preguntó su mamá cuando regresaron a casa, después de elogiar su buena conducta.

—¡De ninguna manera! —fue la respuesta que la madre ya esperaba.

—¡Fantástico! Si en el futuro me necesitas para ser más disciplinado —dijo ella con bastante seriedad—, te digo que estaré contigo en el colegio en lugar de ir a trabajar.

Se miraron sabiendo el significado de esta afirmación, y ¡él sabía que su madre hablaba en serio!

Todos sentimos gran asombro al escuchar cómo esta sabia madre aplicó una consecuencia adecuada a la mala conducta de su hijo. Sin embargo, quise hacerle una pregunta adicional:

—¿Te llamaron alguna vez más del colegio?

—¡Jamás! —contestó sonriendo.

¿QUÉ PODRÍAS HACER?

Si tienes este problema en tu hogar y si no has establecido previamente un límite con sus consecuencias y recompensas correspondientes, debes sentarte con tus hijos adolescentes para comunicarles lo que te han informado y conocer su versión de la historia.

Únicamente los adolescentes más "santos" no agregarían algún elemento a la situación para salir un poco favorecidos. Con un poco de suerte, tus hijos se sincerarán contigo. Si aceptan la responsabilidad por su mala conducta y admiten su equivocación, será su responsabilidad cambiar de conducta. Explícales que si esto sucede de nuevo, habrá, obviamente, una consecuencia que estará orientada a ayudarlos en la clase. Por ejemplo:

Límites en el colegio

- Ayudarás al asistir con ellos a una clase en particular... o a varias de ellas. Diles que les darás la oportunidad de corregir su conducta primero, antes de que te pongas en contacto con el docente para pedirle permiso de visitar la clase. Sin embargo, si continúa la mala conducta, deberás hablar con el profesor o el director para seguir con el plan. Entiende que, si vas con tu hijo, es fundamental ¡que *no* seas el centro de atención de la clase!

- Si tus actividades no te permiten ir al colegio con tu hijo, tal vez puedas hacer que otro pariente respetado lo haga por ti. Aunque esta persona sea un pariente, debes recibir permiso del colegio.

- Puedes optar por establecer otra consecuencia apropiada, tal como restarle tiempo con los amigos, así como tu hijo resta tiempo en la clase.

¿QUÉ PODRÍAS DECIR?

Pregunta específicamente qué sucedió: "¿Es verdad que interrumpiste la clase? [Espera una respuesta]. ¿Qué hiciste? [Espera una respuesta]. ¿Qué piensas hacer al respecto? [Espera una respuesta]." Escucha atentamente, y niégate a continuar hasta que recibas las respuestas a esas preguntas.

Podrías decirle: "Jorge, sé lo divertido que eres, y que te gusta hacer reír a los demás. Eclesiastés 3:1 afirma que 'Hay una temporada para todo, un tiempo para cada actividad bajo el cielo'. Y eso incluye hacerse el gracioso.

"Es importante que entiendas lo frustrante que es para la profesora competir contigo por la atención de la clase. ¿Recuerdas cómo te enojaste cuando tu hermana te interrumpió en la cena? Bueno, la profesora tiene un plan para cada día, y cuando tú estás hablando, ella no lo puede llevar a cabo.

"Ya eres lo suficientemente maduro para saber cuándo está bien hacer bromas con tus amigos y cuándo no lo es. Sé que conoces lo que es la conducta apropiada y creo que tienes la disciplina para hacerlo, solo que no la pones en práctica. Dado que puedes hacerlo cuando estoy contigo, parece que necesitas mi presencia para recordarte que debes quedarte quieto y prestar atención".

Si tus hijos adolescentes afirman que la profesora está en su contra, podrías contrarrestar esta afirmación al decir: "Tal vez la profesora esté equivocada y tú tengas la razón cuando afirmas que no tienes mala conducta. Pero debe de haber una razón para que ella continúe con su preocupación sobre tu proceder. La única manera de saber lo que sucede realmente es asistir a la clase contigo. Cuando tú y yo decidamos que ya no me necesitas, me iré. La Biblia dice: 'Pase lo que pase, compórtense de una manera digna del evangelio de Cristo. De este modo, ya sea que vaya a verlos o que, estando ausente, sólo tenga noticias de ustedes, sabré que siguen firmes en un mismo propósito, luchando unánimes por la fe del evangelio' (Fil. 1:27, NVI). Tengo absoluta confianza en que, con la motivación correcta, puedes ejercer la disciplina personal en cualquier situación. Y haré todo lo necesario para ayudarte a lograrlo, aunque suponga un inconveniente para mí y sea incómodo para ti". Te sorprenderás lo eficaz que resulta esta medida, y la recompensa será grandiosa... ¡para ambos!

SABIDURÍA DE LA PALABRA DE DIOS

Al ayudar a tus hijos (de cualquier edad) a examinar sus charlas molestas y a controlar sus lenguas, les das las armas para desarrollar disciplina personal y vivir sus vidas en sintonía con la Biblia. Ya que deben evitar algunas conductas, escribe este versículo en una tarjeta y entrégala a tus hijos. Anímalos a que lo memoricen:

Evita las palabrerías profanas, porque los que se dan a ellas se alejan cada vez más de la vida piadosa (2 Ti. 2:16, NVI).

17

Ausentismo

Estás muy atareada en el trabajo, cuando llama la secretaria del colegio de tu hija Bárbara. El profesor de la tercera hora informó que ella no había asistido a clase.

—¿Está enferma en casa? —te pregunta, mientras tu ritmo cardíaco se acelera.

—Gracias, veré qué sucede —respondes preocupada. Sabes que tu hija salió de casa para ir al colegio esta mañana.

Cuelgas y llamas a casa. El teléfono suena. Se activa el contestador automático. Tu hija no está en la escuela, tampoco está en casa.

Cuando los estudiantes logran cierto nivel de confianza con su escuela, muchos de ellos intentan "engañar al sistema" al faltar a clases, es decir, faltar a una o más clases sin una excusa válida o una nota de sus padres. El problema no radica solo en la instrucción escolar que pierden, sino en que utilizan el engaño, lo cual es más grave. Es necesario establecer límites que generen consecuencias y recompensas para este tipo de conducta.

Si un estudiante no está presente cuando se pasa lista y la escuela no ha recibido una nota o una llamada telefónica de los padres, el colegio suele llamar a la casa. Si el padre no sabe que su hijo ha faltado, el estudiante es considerado "ausente sin autorización" por ese día, y es posible que alguien sea enviado a buscarlo.

Este tipo de ausentismo se define como la falta voluntaria y sin justificación de un estudiante durante cierta cantidad de días, cada trimestre. En algunas ciudades, si tu hijo falta sin justificación durante diez o más días, en un período de seis meses, tanto tú como tu hijo serán citados ante un tribunal familiar para explicar la razón de las ausencias. Puesto que no deseas estar en esta situación, deberás conocer el registro de asistencias de tu hija. Si el colegio no te notifica cuando ella falta, la primera información que verás será otro número, distinto de cero, en la columna de "faltas injustificadas" en el boletín de calificaciones. Una vez que descubres el problema, debes actuar de inmediato.

¿QUÉ PODRÍAS HACER?

Obviamente, lo primero que debes hacer es hablar con el sospechoso principal —tu hija adolescente— en cuanto llegue a casa. Es probable que tenga toda clase de excusas, como: "La profesora no prestó atención. Nunca observa si estoy. Sí, estaba allí". Responder a esto es fácil: puedes llamar a la profesora.

Si el docente confirma la ausencia, puedes hacer una pequeña investigación mediante estas preguntas:

- ¿Hubo otros estudiantes ausentes?
- ¿Tiene mi hija problemas en la clase?
- ¿Tuvo otras ausencias?
- ¿Tiene problemas de disciplina?

Aunque estas preguntas sean difíciles de formular, debes oír la versión del docente.

Llama al subdirector, al consejero escolar y a cualquier guardia de seguridad de tiempo completo del colegio. Averigua si han observado algún cambio en tu hija que debas conocer. Aunque estos funcionarios no pueden divulgar los nombres de otros estudiantes, pueden utilizar esta oportunidad para contarte que han notado que tu hija pasa el tiempo con nuevos amigos.

Llegado a este punto, será tu responsabilidad saber quiénes son los *nuevos* amigos. Dedica tiempo con el personal del colegio para recabar toda la información sobre la percepción que estas personas tienen de tu hija. Mantén tu conversación con la atención centrada en tu hijo o hija.

Aunque este episodio de ausentismo escolar no sea un patrón de comportamiento, sino un acontecimiento único, averigua por qué faltó a clases y con quién lo hizo. Habla con tu hija sobre lo que hizo. Escúchala con un espíritu de calma y discernimiento, a fin de obtener un mejor conocimiento de la situación. Enuncia los límites y escribe las consecuencias si se quiebra este límite, así como las recompensas si lo respeta. Haz que firme este "contrato" para asegurarte de que ella entiende la seriedad del asunto. Dile que si falta otra vez sin justificación, habrá consecuencias más severas, como notificar a la policía. Además, le quitarás los privilegios en cuanto a las amistades si continúa faltando a clase con la misma persona.

Además, podrías considerar la posibilidad de hablar con los padres del otro estudiante para trazar la estrategia de una confrontación en conjunto y aplicar consecuencias coherentes. Una reunión con otros padres es una decisión personal, y muy acertada si los conoces. La mayoría del personal del colegio no se reúnen con más de una familia, pues prefieren centrar su atención en un estudiante en cada reunión.

La sabiduría del rey Salomón nos dice: "Es mejor ser dos que uno, porque ambos pueden ayudarse mutuamente a lograr el éxito" (Ec. 4:9).

¿QUÉ PODRÍAS DECIR?

Cuando hayas reunido toda la información posible, siéntate para una charla sincera con tu hija. Podrías decirle: "Bárbara, debo ser honesta contigo sobre cuán decepcionada me siento. Considero muy grave que faltes al colegio por tres razones. La primera es que has traicionado mi confianza y la de los profesores. La segunda es que has traicionado tu conciencia. La tercera es que has demostrado que eres capaz de engañar, y considero cualquier engaño como algo problemático e inaceptable.

"Sabes cuánto te amo. Pero ya no tendrás espacio para engañar. La escuela ha sido informada que, a menos que yo llame para confirmar tu ausencia legítima, ellos me llamarán inmediatamente cuando descubran que no estás en clase. Entonces, llamaré a la policía para que te busque como un ausente sin aviso, y me ausentaré del trabajo para buscarte personalmente.

"Además, tienes prohibida toda actividad social durante seis semanas. Sé que deseas que confíe en ti y, sinceramente, deseo hacerlo. Pero tú eres la única que puede recuperar la confianza perdida. Te amo demasiado para no intervenir. Confío en que recobraré mi confianza en ti".

Permite que tu hija sepa que quieres poder decir como Pablo: "Ahora estoy muy feliz porque tengo plena confianza en ustedes" (2 Co. 7:16).

SABIDURÍA DE LA PALABRA DE DIOS

No te sientas culpable por establecer límites en las actividades sociales de tus hijos adolescentes. Los límites que has fijado nacen de tu amor hacia ellos.

¡Una represión franca es mejor que amar en secreto! (Pr. 27:5).

18

Incumplimiento de la tarea

"Eh, a propósito...". Estas son las palabras que ningún padre desea oír de sus hijos adolescentes, especialmente pasadas las 8:00 de la noche. "Eh, a propósito, mañana debo entregar un proyecto de ciencia". Para empezar, esta *no* es la razón por la que algunos negocios están abiertos las veinticuatro horas, los siete días de la semana.

Es la última semana del semestre. Les has pedido a tus hijos, durante todo el semestre, informes de progreso, y como respuesta has recibido un "todo bien". Ahora se encuentran desesperados, y te piden ayuda para aprobar dos materias.

¿Qué debe hacer un padre? Tú deseas que les vaya bien en el colegio. ¿Los *auxilias* o te *niegas a hacerlo*?

LA TAREA ESCOLAR ES SU DEBER

La tarea escolar *es* el deber de nuestros hijos. Es normal que se quejen de que la tarea es excesiva y que no tienen el tiempo necesario para realizarla. Un padre siempre tiene la sabiduría necesaria para analizar objetivamente la situación. Sin embargo, tal vez sea necesario solucionar otros factores que no tienen relación con la tarea.

En esta situación, sería útil hacer un rápido inventario de la conducta de tus hijos durante el tiempo de la tarea. ¿Escuchan sus iPods? La cercanía del celular, ¿los tienta a escribir mensajes de texto? La computadora puede utilizarse para tareas escolares, pero también les ayuda a "tomarse un descanso" para surfear por Internet o *chatear* con sus amigos. Elimina todo dispositivo que pueda causarles retrasos o ser una distracción o tentación para socializar, en lugar de estudiar.

Incluso para la persona con el mejor poder de concentración, sería difícil completar una tarea en estas circunstancias. El hecho de que el centro de organización del cerebro en los adolescentes no está completamente desarrollado puede hacerles *creer* que han utilizado toda su energía con los deberes escolares cuando, en realidad, han dedicado más tiempo a socializar que a estudiar.

Las actividades extraescolares pueden ser otra razón por las cuales tus hijos no finalizan la tarea. Muchos adolescentes practican deportes, música, teatro o competiciones fuera del aula, además de participar en la iglesia. La tarea escolar puede ser extremadamente difícil con tantas actividades.

Como padre, tienes el difícil papel de decidir cuándo ayudar y cuándo no hacerlo, a fin de no reforzar malos hábitos auxiliando a tu hijo. Esta decisión se basará, en gran parte, en cuánto conoces las fortalezas y debilidades de tus hijos, junto con las bases que hayas sentado para el aprendizaje.

Tal vez algunos adolescentes tengan problemas con el aprendizaje. Puede que necesiten más tiempo para realizar la tarea o un entrenamiento especial para estudiar. Otros, quizá, necesiten un tutor.

¿Entienden tus hijos que la tarea escolar es su deber, su responsabilidad? ¿Les has ayudado a crear hábitos correctos en cuanto a la tarea? ¿Tienen deberes excesivos porque utilizan mal su tiempo en la escuela? ¿Cuál es el verdadero problema cuando se trata de la tarea escolar?

DESDE LOS PROBLEMAS CON LA TAREA HACIA HÁBITOS CORRECTOS DE ESTUDIO

Probablemente, como padre bien intencionado, le hayas comprado a tu hijo un escritorio con una lámpara. *Ahora tendrás mejores notas* —piensas. Sin embargo, más tarde cuando vuelves, encuentras a tu hijo tumbado en la cama rodeado de libros, con papeles desparramados en el piso y la música a todo volumen. La única actividad realizada en el escritorio ha sido el lanzamiento de varios objetos hacia este mueble.

También existe la posibilidad de que el escritorio se haya convertido en un centro de aparatos electrónicos. Observas que la computadora se usa para mantener redes sociales, música y mensajería instantánea —o, peor aún, para apuestas. El teléfono celular siempre está disponible para enviar y recibir textos, y el escritorio alberga apropiadamente videojuegos. Frustrado, levantas las manos y te preguntas: *¿Qué debe hacer un padre?*

Los diversos estilos de aprendizaje requieren diferentes formas de estudio. Lo más efectivo que un padre puede hacer es ayudar a sus hijos a conocer su estilo de aprendizaje y la forma apropiada de estudiar. Proverbios 22:6 nos exhorta: "Dirige a tus hijos por el camino correcto, y cuando sean mayores, no lo abandonarán".

Puesto que es posible que tus hijos tengan diferentes estilos de aprendizaje, puedes sacar el mayor provecho del tiempo de estudio si realizas algunas adaptaciones a la manera en que hacen la tarea. A ellos les gusta sentir que confías en que harán la tarea. En lugar de permitir que los deberes se conviertan en una lucha de poder, potencia sus habilidades al brindarles opciones que les ayuden a estudiar de forma más consecuente con su estilo de aprendizaje.

¿QUÉ PODRÍAS HACER?

* Establece límites.
  — Un tiempo designado de estudio.
  — Asigna un lugar para hacer la tarea. Si tus hijos no pueden trabajar de manera independiente, quizá sea una buena opción si se sientan cerca de ti.
  — Elige una manera predeterminada para evaluar el progreso. Tus hijos deben verte como un apoyo, en lugar de un fastidio. Habla con anticipación sobre lo que funciona mejor. Luego, sigue adelante con actitud positiva.
  — No permitas dispositivos electrónicos durante el tiempo de estudio (excepto aquellos que sean indispensables para completar una tarea).
* Crea un sistema de recompensas.
  — Los descansos pueden ser una forma de recompensa. Los adolescentes tienen gran habilidad para parecer ocupados durante un período extenso de tiempo. Fundamenta los descansos en el número de tareas cumplidas, en lugar del tiempo utilizado.
  — Define claramente qué actividades pueden hacer durante los descansos. Pueden comer algo, llamar o mandar mensajes a un amigo, o hacer alguna actividad física.
  — El período de descanso no es un buen momento para los videojuegos, porque es muy difícil que luego regresen a hacer la tarea.
  — Una pausa de diez a quince minutos debería ser suficiente.
* Decide cuáles serán las consecuencias si no respetan las pautas para la tarea.
  — Podrías dar un castigo a corto plazo por no cumplir con la tarea. Tú decides cuál será la consecuencia más efectiva por el incumplimiento de las pautas establecidas.
  — Un castigo a largo plazo es apropiado cuando las calificaciones escolares son más bajas que el estándar acordado mutuamente. Es

muy importante una evaluación sana y realista sobre las habilidades de tu hijo. Además, tal vez sería bueno reducir su actividad social hasta que haya pruebas concretas de progreso.

• Establece límites claros con respecto a la tarea escolar.

— Si el colegio de tu hijo ofrece acceso *online* a las calificaciones, hazlo con frecuencia.

— Como hemos mencionado anteriormente, retira todo dispositivo que pueda ser una distracción.

— Verifica la tarea escolar antes de que tus hijos vayan a la cama.

— Tal vez podrías hacerles algunas preguntas antes de exámenes importantes.

Recuerda, tu papel como padre es preparar, proveer y potenciar a tus hijos, en lugar de facilitarles la tarea.

¿QUÉ PODRÍAS DECIR?

Si deseas asegurarte de que tus hijos sepan que la tarea escolar *es* su deber, comunícales esta verdad con toda naturalidad: "Este es el fundamento que te prepara para el resto de tu vida, por eso es tan importante. La escuela es el centro del aprendizaje, y la tarea escolar es el entrenamiento. Las Escrituras se aplican muy bellamente a esta situación cuando Dios dice: 'Hagan lo que hagan, trabajen de buena gana, como para el Señor y no como para nadie en este mundo' (Col. 3:23, NVI). Creo en ti y en tu habilidad de aprender. Busquemos qué es lo que funciona mejor para la forma en que tu cerebro está diseñado.

"Hemos observado tu modo de aprender y hemos hecho algunos ajustes en la forma de hacer la tarea. Lo hicimos para ayudarte a progresar, a fin de que te vaya mejor en el colegio. Si decides no tomar seriamente esta responsabilidad, perderás el derecho de tu teléfono celular y de estar con tus amigos. Si, por el contrario, eliges usar lo que has aprendido para tomar buenas decisiones, tendrás la alegría de resultados más positivos en el colegio, y te ampliaremos tus privilegios sociales".

Si tienes un estudiante que se siente abrumado, las siguientes palabras serán un bálsamo sanador: "Sé que parece una montaña de trabajo a realizar. Intentemos *construir este castillo ladrillo a ladrillo*. ¿Qué debes hacer para la primera clase del día? Escribámoslo". Sigue ayudando a tu hijo para que vea las partes pequeñas, en lugar de solo el *conjunto*.

Tal vez debas sentarte con tus hijos en un ambiente neutral, quizá después de comer, para anunciarles que permitirás que ellos, individualmente, establezcan su propio entorno de aprendizaje. Puedes decir: "Me importan tú y tus calificaciones. Más importante aún, me importa tu aprendizaje. Por tanto, permitiré que elijas la forma de estudiar que funcione para tu estilo de aprendizaje. Podremos comprobar si funciona por el progreso en tu tarea escolar. Esto es un privilegio. Si no lo aprovechas, lo perderás. Tengo fe en que lo usarás sabiamente".

Si tienes éxito en este primer paso, pero tu hijo necesita apoyo adicional, puedes continuar con el siguiente paso mediante preguntas como estas:

- ¿Aprendes mejor cuando estás acompañado, o cuando estás solo?
- ¿Prefieres estudiar en la sala de estar cuando la familia está allí, cuando no lo está, o solo en tu cuarto?
- ¿Te ayuda cuando te formulo preguntas antes de un examen?
- ¿Cuándo recuerdas mejor: al ver algo o al hablar sobre ello?
- Cuando estudias, ¿te ayuda estar en movimiento? Intenta sentarte sobre una pelota de ejercicio y moverte despacio mientras estudias. Observa si el movimiento físico te ayuda a retener la información.

Esmérate en preparar y capacitar a tu hijo para que halle lo que funcione mejor; luego, anímalo a hacerlo. Ser exitoso en la escuela y en la vida consiste, simplemente, en encontrar lo que funciona y ponerlo en práctica. Tus hijos sentirán gran aliento por tu confianza en ellos.

SABIDURÍA DE LA PALABRA DE DIOS

Dios nos dice que su Palabra y mandamientos son lo más importante que enseñaremos. Sin embargo, Él nos muestra claramente que debemos enseñar su verdad de diferentes maneras. Cuando brindas estas diferentes posibilidades para el aprendizaje de tus hijos, la tarea escolar puede ser una experiencia positiva y tus hijos pueden disfrutar del proceso de aprendizaje.

Debes comprometerte con todo tu ser a cumplir cada uno de estos mandatos que hoy te entrego. Repíteselos a tus hijos una y otra vez. Habla de ellos en tus conversaciones cuando estés en tu casa y cuando vayas por el camino, cuando te acuestes y cuando te levantes. Átalos a tus manos y llévalos sobre la frente como un recordatorio. Escríbelos en los marcos de la entrada de tu casa y sobre las puertas de la ciudad (Dt. 6:6-9).

19

Bajas calificaciones

Diana, tu hija, comenzó el año escolar con optimismo. Pero su entusiasmo menguó y sus calificaciones bajaron, y te encontraste zozobrando en un mar de consternación. Una y otra vez le recordaste que hiciera la tarea, pero todo fue en vano. Y, si no se corrige el problema, Diana fracasará en el colegio.

¿QUÉ PODRÍAS HACER?

Una reunión con el profesor es esencial para investigar las razones por las cuales no hace la tarea. ¿Tiene tu hija demasiadas actividades? Si es así, deberá renunciar a alguna de ellas. ¿Tiene dificultades para entender la información? Si es así, posiblemente sean necesarias algunas clases privadas. ¿O acaso la tarea escolar no es su prioridad? Si es así, es necesario establecer un sistema de rendición de cuentas. Solicita información al docente acerca de la conducta de tu hija durante la clase.

Habla con tu hija para entender su punto de vista. Sugiérele que proponga una solución, y analícenla juntas. Los adolescentes pueden ser creativos ante un desafío. Esta solución puede funcionar, o no. En pocas palabras, es necesario que tu hija aprenda a administrar el tiempo y a establecer un orden diario de prioridades. Por supuesto, tienes la opción de conceder privilegios de acuerdo con la tarea finalizada, tal como la no utilización del televisor o del teléfono celular hasta que *estés satisfecha con* las tareas escolares terminadas.

Quizá puedas designar un tiempo específico para que realice la tarea, durante el cual no se permitirán llamadas telefónicas, visitas ni interrupciones de ningún tipo. Tal vez sea necesario que supervises los deberes escolares. Averigua cuáles son sus tareas, cuándo tiene exámenes, y qué debe estudiar. Ayúdala a encontrar su ritmo. Busca en tu memoria las motivaciones que te ayudaban a realizar la tarea.

Identifica las fortalezas y debilidades académicas de tu hija. Por ejemplo, a mí me encantan los rompecabezas y me gustaba el álgebra. Resolver ecuaciones se asemejaba a armar un rompecabezas. El hecho de tener deberes diarios fue lo que más me ayudó, pues me daba el impulso diario para estudiar. En otras materias, como historia, que no teníamos tareas diarias, tenía más dificultades, pues si teníamos exámenes que abarcaban muchos capítulos a lo largo del semestre, era difícil encontrar un ritmo sostenible de estudio.

Divide las grandes tareas o exámenes en unidades pequeñas. (Como reza el dicho: "¡Ladrillo a ladrillo se construye un castillo!"). Si descubres el estilo de aprendizaje de tu hija, hallarás las pistas para saber qué tipo de ayuda necesita.

Otra razón común para el fracaso escolar, sobre todo entre estudiantes brillantes o dotados, es el *agotamiento*. Estos jóvenes participan de programas acelerados en los que se espera que destaquen en materias más difíciles que lo que estudia el resto de sus compañeros.

Cada año, la presión por lograr los objetivos aumenta, lo cual culmina con programas de secundaria altamente competitivos diseñados para proporcionar becas para universidades incluso más competitivas. Trágicamente, la tasa de suicidio entre los estudiantes de alto rendimiento nos indica cuán intolerable puede ser el estrés.

Sería bueno que los padres tuvieran cautela de la excesiva cantidad de programas, competencias y presión sobre sus hijos. Observa los signos de estrés de tu hijo: dificultad para dormir o exceso de sueño, irritabilidad, retraimiento, autolesión, ansiedad constante o hábitos alimentarios no saludables (que abarcan desde el consumo excesivo de comida chatarra hasta desórdenes como la anorexia o la bulimia). Si observas estos signos, revalúa las actividades de tu hijo o hija.

Ofrécele la opción de abandonar algunas actividades, luego presta atención a la reacción. La reducción de actividades puede ayudar. Una madre comentó con toda franqueza: "Mi hija siempre fue brillante en inglés. Por eso, quedé atónita cuando quiso abandonar el programa para estudiantes destacados en inglés durante su tercer año de secundaria. Abrí la boca para prohibírselo terminantemente cuando el Señor me recordó: 'Tú abandonaste el programa para estudiantes destacados de álgebra en el mismo año de escuela'. Efectivamente lo había hecho, y esa decisión salvó mi cordura. Por tanto, le permití hacerlo".

En ocasiones, los adolescentes tienen dificultades con las calificaciones cuando atraviesan situaciones dolorosas. Pasé el peor momento de mi vida en el segundo año de secundaria. Había confrontado a mi padre debido a su infidelidad y me envió a un internado. En el primer trimestre del año, fallé en todas las materias excepto en una de ellas que saqué un siete. No estaba concentrada en el colegio ni en mis amigos. Mi atención se centraba en la necesidad de protección de mi madre, y mi corazón estaba sumido en la desesperación más profunda.

Agradezco que mi madre no me regañara por las bajas calificaciones. Yo sabía que mi corazón era lo que más le importaba. Y, puesto que ninguna de las dos sabía qué debíamos hacer con respecto a nuestra situación familiar, llevamos la carga juntas. Felizmente, durante ese proceso, me convertí en una auténtica cristiana y mi vida renovada en Cristo cambió mi corazón y mi perspectiva.

En aquel año, tuve durante algunos meses una tutora, una mujer maravillosa, quien sin emitir juicios de valor, me hizo sentir valorada. Ella me aseguró que, de alguna manera, lo lograría. Nunca le comenté detalles personales de mi vida, pero sentí que si hubiera querido, habría podido confiar en ella. Yo sabía que se preocupaba por mí. Su corazón amoroso fue de gran ayuda.

Uno de los mayores regalos que puedes hacerles a tus hijos consiste en ayudarles a conocer su personalidad, diseñada por Dios, y su estilo de aprendizaje. Cuando los adolescentes están confundidos y al borde del fracaso, tienden a perder de vista el hecho de que toda persona tiene fortalezas y debilidades. Si tu hija aprende mejor moviéndose, haciendo y tocando, anímala a que considere seguir una carrera que requiera movimiento físico. Si considera que la escuela es el camino para lograr sus objetivos personales, su perspectiva sobre el estudio cambiará mientras se ocupa de perfeccionar su estilo de aprendizaje. Tal vez podría estudiar sentada en una pelota de ejercicio.

Si a tu hijo le gusta hablar y escuchar, anímalo a que considere elegir una profesión en la que deba hablar en público. En lugar de hablar e interrumpir en clase, tu hijo puede canalizar este deseo en oportunidades para una carrera futura.

En general, los adolescentes no pueden ver más allá del *ahora*. Cuando les ayudas a entender cómo Dios los diseñó para su propósito, también les proporcionas una ventana para que vislumbren su futuro. Ellos necesitan saber que "ahora no es para siempre; lo mejor está por venir". A veces, un cambio en los métodos de estudio da como resultado calificaciones mejores. Aquellos que tienen *dificultades de aprendizaje*

—como dislexia o Trastorno por Déficit de Atención e Hiperactividad (TDAH)— podrían necesitar apoyo especializado. Consulta con un profesional para saber si existe algún trastorno de aprendizaje. Ayuda a tu hija a saber con toda certeza, como lo sabía el rey David, que "El SEÑOR llevará a cabo los planes que tiene para mi vida" (Sal. 138:8).

¿QUÉ PODRÍAS DECIR?

Si la esperanza es lo que motiva a tu hija, ella puede aprender casi cualquier cosa. Hace poco, conocí a una estudiante de secundaria que estaba muy desanimada debido a sus malas calificaciones en matemáticas.

—Conozco algo que podría cambiar tu situación. ¿Estarías dispuesta a dedicar un fin de semana, comenzando el sábado a la mañana, para mejorar en matemáticas? —le pregunté.

—Haría cualquier cosa —me respondió Cristina—, no puedo fracasar en esta materia.

—Comienza nuevamente por el principio del libro. Lee cada palabra de cada una de las primeras páginas donde se explican los conceptos básicos. Al final de cada capítulo, siempre encontrarás una prueba. Te encantará porque son sencillas. Asegúrate de analizar cada problema para que entiendas el principio matemático. A lo largo del libro resuelve ejercicio por ejercicio. Verás que comenzarás a entender álgebra.

Esta joven prometió intentarlo, con la semilla de esperanza más pequeña.

Tiempo después, recibí una carta de Cristina en la que me contaba muy eufóricamente que había subido su calificación de un ¡cinco a un diez! Ella había pensado que le faltaba inteligencia, que siempre se esforzaría sin lograr entender los principios detrás de los problemas. Sin embargo, este simple método de estudio le ayudó a captar los conceptos que no había comprendido.

Aprendí este método observando a mi compañera de habitación en la universidad. Ambas estudiábamos italiano. Ella siempre sacaba las mejores calificaciones. Las mías habían descendido a un promedio de siete antes del examen final. Cuando observé a Linda regresar al comienzo del libro y hacer los ejercicios página por página, la imité. Para mi asombro, hice el examen casi perfecto, y obtuve un sobresaliente en aquel semestre.

Si tienes un hijo que saca bajas calificaciones, dile lo siguiente: "Para el resto de estas seis semanas, se suspenden tus actividades sociales nocturnas durante la semana, incluyendo el uso del teléfono celular y el tiempo en la computadora, a menos que se relacionen con los deberes escolares. Cada noche debes dedicar como mínimo dos horas para estudiar, y luego veremos juntos lo que has hecho antes de ir a la cama. Una vez que hayas progresado, podrás reanudar gradualmente tus actividades sociales mientras tengas buenas calificaciones. Eres inteligente, por eso debemos encontrar una manera inteligente de estudiar. Quiero que reflexiones seriamente sobre por qué tus calificaciones han bajado, y me presentes un plan para mejorarlas. Después de la cena, nos sentaremos para discutirlo. Será un esfuerzo, pero con la ayuda de Dios podrás lograrlo". El Salmo 28:7 dice: "El SEÑOR es mi fortaleza y mi escudo; confío en él con todo mi corazón".

SABIDURÍA DE LA PALABRA DE DIOS

Si le explicas a tu hija que, al esforzarse, complacerá a Dios y a ti, le reducirás la presión que ahora siente.

> Trabajen de buena gana en todo lo que hagan, como si fuera para el Señor y no para la gente (Col. 3:23).

20

Trampas en el estudio

Mientras tu hijo está fuera de casa, su amigo llama para consultar las páginas para la tarea de historia. Cuando abres la carpeta para buscar la tarea, descubres un trabajo que, claramente, no le pertenece a tu hijo. Te sientes desanimado mientras repasas el trabajo. ¿Entonces Claudio copió el trabajo de otra persona? ¿Ha hecho trampa?

El engaño ha tomado proporciones epidémicas que van desde la descarga ilegal de música hasta mensajes de texto con información sobre un examen; desde drogas que mejoran el rendimiento hasta la descarga de artículos de investigación. Cuanto más se sucumbe a estos señuelos, más borrosa se vuelve la línea divisoria entre lo correcto y lo incorrecto.

Existe, como nunca antes, un porcentaje muy elevado de estudiantes en secundaria y en la universidad que hacen trampa en sus tareas. Las razones varían desde estándares morales en decadencia hasta la competencia cada vez mayor por conseguir becas; desde la presión por triunfar hasta la disponibilidad de "herramientas" para engañar.

Curiosamente, los estudiantes que engañan con más frecuencia son aquellos que logran las calificaciones más altas. Lo hacen con la esperanza de graduarse con grandes honores. Sin embargo, las calificaciones deshonestas solamente cosechan deshonra.

El plagio, considerado como delito académico, también está creciendo y debe tomarse en serio. A menudo, los profesores utilizan sitios Web y programas de *software* para saber si los estudiantes han hecho trampa.

Tristemente, mientras crece el número de adolescentes que hacen trampa, la mayoría de ellos afirma que no se sienten culpables por ello. Se sienten justificados con el engaño tecnológico, simplemente porque la información está disponible. No comprenden que esta abundancia de información viene acompañada de una enorme responsabilidad para administrarla de forma cristiana. "Si son fieles en las cosas pequeñas,

serán fieles en las grandes; pero si son deshonestos en las cosas pequeñas, no actuarán con honradez en las responsabilidades más grandes"
(Lc. 16:10).

¿QUÉ PODRÍAS HACER?

En primer lugar, averigua si tu hijo *realmente* está haciendo trampa. Lo
que un profesor puede considerar como engaño, otro puede fomentar
como una "tarea en conjunto". Si observas que la tarea se comparte,
podrías preguntar: "¿Crees que estás aprendiendo la materia lo suficiente
para un examen?".

- El seguro de sí mismo dice: "Ah, sí, no hay problema".
- El avergonzado dice: "Eh, eso espero".
- El que tiene actitud defensiva dice: "Sí, por eso ¡déjame solo!".

Escucha la reacción de tu hijo, pues podría indicar si tu hijo está
tomando atajos con la tarea. Si es así, la mejor "enseñanza" pueden ser
las consecuencias que vienen con el examen... a menos, por supuesto,
que el engaño se produzca también durante el examen.

Aunque no puedes vigilar la clase, la mayoría de los profesores ponen
automáticamente un cero cuando detectan a algún estudiante haciendo
trampa. Observa todos los ceros sin explicación en los informes de progreso de tu hijo. La mayoría de los planes de disciplina escolar tienen una
política contra esta práctica. Sería conveniente que supieras qué esperar
si se da una situación como esta.

Otra opción consiste en darle a tu hijo un cuestionario para que la
noche anterior al examen revise el contenido de estudio. Si observas sistemáticamente que está mal preparado, plantéate la posibilidad de revisar
diariamente su tarea. Una madre nos contó lo siguiente: "A Martín no le
va bien en los exámenes. Aunque haya estudiado, se pone tan nervioso
en esos momentos que siente la necesidad de mirar los exámenes de otros
compañeros. Cuando su profesora de séptimo grado observó lo que hacía,
le ordenó girar la silla hacia la pared. Sintió tanta vergüenza que decidió
cambiar. Antes de su siguiente examen, revisamos el contenido una y
otra vez, hasta que lo supiera del derecho y del revés. Como resultado,
no sintió tan fuertemente la necesidad de mirar los exámenes de otros".

En cuanto a la participación en clase, habla con los profesores sobre
tu hijo. Pregúntales cómo puedes ayudarlo en casa. Después de hablar

con ellos, evalúa todas tus posibilidades. Uno de los mejores modos de ayudarles a vencer la dependencia al plagio es ser el compañero a quien deba rendir cuentas. Mantente informado sobre todas las tareas a realizar. Ayúdale a establecer y seguir un horario de lectura. Esto preparará a tu hijo para sus informes escritos. Además, podrías:

- Conversar con él sobre lo que lee
- Revisar juntos los apuntes de clase o el libro de texto
- Examinarlo sobre la información a estudiar
- Pedirle que te lea su trabajo o que te dé una copia antes de entregarlo

Deja claro que el deber de tus hijos consiste en aspirar a ser los mejores estudiantes posibles. Desafíalos a que aprendan todo cuanto puedan. Anímales a que mantengan su integridad en la clase, para tener una conciencia limpia y así testificar a sus compañeros. Explícales que hacer trampa es equivalente a robar. En la esfera espiritual, el engaño puede dificultar sus oraciones y obstruir el favor de Dios en sus vidas. El Salmo 5:12 afirma: "Pues tú bendices a los justos, oh Señor; los rodeas con tu escudo de amor".

¿QUÉ PODRÍAS DECIR?

"Sabes que te amo y que siempre deseo lo mejor para ti. Mientras que este tipo de engaño puede parecerte insignificante, no lo es para Dios ni para mí. Comprendo que tu objetivo es obtener buenas calificaciones, lo cual es una meta apropiada. Sin embargo, no puedes aprobar el examen divino sobre la honradez si haces trampa en el colegio. Tus calificaciones sirven para el presente, pero tu integridad tiene importancia para la eternidad.

"Dios está mucho más interesado en que adquieras un carácter cristiano, que en que obtengas buenas calificaciones. Mi responsabilidad como padre es ver si tú tienes la misma prioridad. Así que, por ahora, se suspenden todos tus privilegios sociales hasta que soluciones esta falta de honradez y decidas cómo me demostrarás que has cambiado. Sé que, en tu corazón, deseas vivir una vida de integridad. Estoy dispuesto a ayudarte en todo lo que pueda". Luego, haz que tu hijo elabore un plan y que lo analice contigo.

Si sucede otro incidente de este tipo en el colegio, deberá hacer la restitución correspondiente. Por ejemplo:

- Te disculparás con tu profesor personalmente y por escrito.
- Las actividades sociales estarán prohibidas para que tengas más tiempo para estudiar.
- Sabes que vigilaré regularmente tu tarea escolar.
- Si utilizaste el plagio, le escribirás a la persona de la cual tomaste la información y le pedirás perdón, y recibirás el castigo, si el autor lo desea.

SABIDURÍA DE LA PALABRA DE DIOS

Léeles a tus hijos el siguiente proverbio que presenta tanto una recompensa como una consecuencia del engaño. Luego, pídeles que lo lean cada noche antes de apagar la luz.

La honestidad guía a la gente buena; la deshonestidad destruye a los traicioneros (Pr. 11:3).

21

Acoso escolar

Recibes un mensaje del colegio de tu hija que dice que "te presentes inmediatamente a la oficina". Por tu mente desfila toda clase de pensamientos: *¿Está enferma? ¿Tuvo un accidente? ¿Está en problemas?* Cuando llegas al colegio, ves una ambulancia yéndose a toda prisa. Buscas frenéticamente un lugar para estacionar y *corres* hacia la oficina del colegio, mientras otra madre oye sollozando la historia desgarradora que le relata el administrador.

"Como usted sabe, la hija de la señora Rodríguez, Ana, es la voladora del equipo de porristas, es decir, quien llega a lo más alto de la pirámide. Al parecer, algunas de las otras porristas están celosas de ella y la dejaron caer 'accidentalmente' durante el ejercicio acrobático esta mañana. Ana sufrió fractura de clavícula y deberá suspender sus actividades por esta temporada. Según la información recibida, fue un acto malicioso y premeditado para 'eliminarla de la competición', el cual fue ideado y liderado por su hija".

Quedas aturdida y horrorizada, destrozada por el enojo hacia tu hija, hacia ti misma por no haber actuado a partir de las señales obvias, hacia la situación, y con una profunda tristeza por Ana y su madre. Lágrimas de enojo, vergüenza, tristeza, miedo y frustración recorren tu rostro.

¿QUÉ PODRÍAS HACER?

"El acoso es la actividad hostil y deliberada, ya sea física o verbal, que tiene como objetivo perjudicar, provocar temor o crear terror".[1] Aquellos que sufren el acoso viven en continuo temor y a la espera de un futuro hostigamiento... o se convierten en acosadores para detener el dolor.[2]

Generalmente, los acosadores se aprovechan de alguien que aparenta ser más débil física o psicológicamente. Disfrutan haciendo daño a otros y reciben una sensación de recompensa, importancia o gratificación por maltratar a otros.

Límites en el colegio

El acoso por Internet se ha convertido en la forma más actual para acosar y lastimar a otros por medio de correos electrónicos, mensajería instantánea, mensajes de texto y redes sociales. La presión de la adolescencia, sumada a esta clase adicional de estrés, puede derivar en una tragedia. El *suicidio debido al acoso escolar* es la nueva denominación que describe a aquellos que, a raíz del constante acoso, deciden suicidarse. Infórmate sobre las chicas que acosan.

* Se las ve como *princesas acosadoras* que buscan poder.
* Físicamente, son agresivas y perversas.
* Emocionalmente, son manipuladoras y mentirosas.
* Socialmente, están dispuestas a buscar y destruir a todo aquel considerado débil, superior, amenazador o no agradable para los demás.
* Estas chicas pertenecen a una camarilla de muchachas que otorgan poder a los miembros del grupo y ejercen un estrecho control sobre otros.

Infórmate sobre los chicos que acosan.

* Se los ve como *gánster acosadores* que buscan poder.
* Físicamente, son violentos.
* Emocionalmente, carecen de empatía, y tienen la sensación de poseer derechos específicos.
* Socialmente, están dispuestos a lastimar a quien consideren inferior, vulnerable, discapacitado, fastidioso o de algún modo diferente.
* Ellos forman pandillas de muchachos acosadores que otorgan poder y ejercen el control mutuo.

Para más información sobre este tema, lee el capítulo 22, "Peleas" y el capítulo 41, "Violencia".

Con respecto al escenario de las porristas, algunas actitudes se han agudizado hasta convertirse en situaciones que ponen en riesgo la vida. Deben tomarse medidas rápidamente.

* Interviene inmediatamente, habla con el consejero escolar y la policía sobre programas de intervención para adolescentes.
* Establece límites que sean indudablemente justos; comunícalos claramente y aplícalos respetuosa y coherentemente.

- Aplica castigos que no solo se relacionen con el delito, sino que provean pautas de conducta, que sean reparadoras y que se vinculen con el nivel de arrepentimiento.

- Afianza la conducta responsable mediante la alabanza y el reconocimiento, así como con el aumento de responsabilidades y privilegios.

- Crea en tu hogar un ambiente seguro y sin acoso de ningún tipo, al cultivar un espíritu familiar que afirme: "Te amo, confío en ti, puedo oírte, sé cuánto vales, te respeto, creo en ti y estoy para lo que necesites".

- Instituye el nivel de tolerancia "cero" al pedir cuentas de las conductas ofensivas de tus hijos; aplica las consecuencias apropiadas para el nivel de agresión manifestado y brinda la oportunidad de restitución.

- Mantente alerta a cualquier contenido agresivo en videojuegos, películas y programas de televisión, así como relaciones interpersonales, música y videos musicales.

- Sé un modelo de amabilidad y respeto, expresa amor incondicional y escucha atentamente.

Deberás adoptar las medidas necesarias tanto para proteger a tus hijos adolescentes como para promover la reparación. El acoso se intensifica rápidamente. Tu objetivo no solo consiste en enseñarles cómo enfrentar de manera constructiva el conflicto y obtener ayuda en situaciones difíciles, sino también en que desarrollen la compasión y la empatía.

Debes estar alerta ante cualquier signo de *acoso hacia tu hijo o hija*. Estos pueden ser:

- deseos de faltar al colegio
- aislamiento de las actividades sociales
- apetito desordenado
- gran ansiedad, temor y depresión general
- actividades autodestructivas extremas
- correos electrónicos amenazadores o visitas a sitios Web sospechosos

Adopta las medidas correspondientes en caso de *acoso por Internet*.

- Utiliza controles y filtros parentales, programas de *software* y de rastreo *online*.
- Ofrécete a ver juntos los mensajes, guarda copias de los correos amenazadores en tus archivos y "bórrenlos" juntos, para que tus hijos

sepan que estás con ellos. En este proceso, habla y ora. (Antes del "borrado", comunica este acoso al colegio).

Debes estar alerta ante cualquier signo de *acoso por parte de tu hijo o hija.*

- Escucha sus conversaciones con amigos.
- Presta atención a su comportamiento.
- Observa la clase de ropa que usa. (En general, la uniformidad de colores es signo de pertenencia a una pandilla, grupo o banda; típicamente, el negro representa a lo oculto y al satanismo).
- Observa la manera en que usa el sombrero.
- Busca cualquier marca en su cuerpo.
- Observa todo garabato o dibujo recurrente.
- Vigila los correos electrónicos, mensajes de texto y participación en sitios de Internet.

Aplica las consecuencias necesarias si tu hijo o hija acosa a otros.

- Busca un tiempo y lugar adecuados para hablar en privado con él o ella.
- Ora, reflexiona y realiza un plan de lo que dirás.
- Enuncia con calma tus preocupaciones.
- Aplica castigos específicos, rápidos y coherentes con el tipo de agresión.
- Haz que tu prioridad sea su corazón. Si observas remordimiento genuino y arrepentimiento de corazón, podrías poner en práctica un plan de reparación con la persona acosada.
- Ayúdale a confeccionar una lista de acciones específicas de amabilidad hacia quienes fueron maltratados. Ora para que Dios haga que su corazón se vuelva hacia Él y hacia los demás.
- Organiza una reunión entre tu hijo o hija, la persona lastimada, sus padres y tú. Muéstrale a tu hijo o hija cómo Jesús desea que resolvamos personalmente nuestras malas acciones, en lugar de hacerlo por correos electrónicos, mensajes de texto o llamadas telefónicas. El encuentro cara a cara con la persona lastimada le dará la oportunidad de observar el dolor de la otra persona y de empezar a desarrollar sensibilidad y empatía.
- Recompensa las buenas actitudes y acciones mediante palabras de elogio, agradecimiento y ánimo, y a través de un aumento de la confianza.

Si tienes un hijo varón adolescente, ayúdalo a aprender cómo utilizar sus palabras para resolver los conflictos en lugar de crear más conflicto a causa de la confrontación física. Provee tutoría a largo plazo para ayudar a tus hijas adolescentes a quebrar el patrón de acoso que se manifiesta mediante el chisme, la mezquindad y las camarillas. Enséñales modelos bíblicos de comunicación, y recompensa su conducta responsable con más libertad y con palabras de elogio y edificación. Comprende la sabiduría que encierra Proverbios 9:12 (NVI) "Si eres sabio, tu premio será tu sabiduría; si eres insolente, sólo tú lo sufrirás".

¿QUÉ PODRÍAS DECIR?

Si tu hija adolescente se comporta como una *acosadora*, deberías confrontarla con la verdad y con la necesidad de cambio. "Años atrás, sentí mucha pena por ti porque te acosaban en el colegio. Fue tan injusto. Más tarde, vi cómo aprendiste a resistir la presión y a desarrollar fortaleza. Ahora, has llegado a una etapa de tu vida en la que haces lo que te hicieron a ti. No quieres que te hieran, por eso, eliges herir a los otros. Si continúas con esa actitud, nunca tendrás paz en el corazón. Te amo demasiado para mantenerme al margen y no actuar. He concertado una entrevista con alguien que entiende la clase de dolor que sientes y sabe cómo llenar tu corazón de esperanza genuina.

"Esta situación es muy seria porque, literalmente, has lastimado a otros. Esta reunión es esencial, pues me importas demasiado como para no asistir. Si decides no acompañarme, te quitaré todos los privilegios —auto, mensualidad, teléfono— todo ello. Nuestra primera reunión es el sábado a las 10 de la mañana. Aunque se requerirá de mucho esfuerzo, me siento muy entusiasmada sobre la sanidad que recibirás y el futuro que Dios tiene para ti. Te amo".

SABIDURÍA DE LA PALABRA DE DIOS

Los adolescentes pueden acosar o sufrir acoso de diferentes maneras. En cualquier caso, todo comienza en el corazón. Dedica tiempo para ayudar a tus hijos a que entiendan que sus palabras y acciones provienen del corazón. Cuando sus corazones estén en sintonía con el Señor, todo lo demás será más fácil.

Examíname, oh Dios, y conoce mi corazón; pruébame y conoce los pensamientos que me inquietan. Señálame cualquier cosa en mí que te ofenda y guíame por el camino de la vida eterna (Sal. 139:23-24).

22

Peleas

¡Qué increíble! ¡Tu hijo inició una pelea y le rompió la nariz a un compañero! La enfermera del colegio atendió al muchacho y el encargado de seguridad en el colegio inició un expediente policial. Ahora, tienes que recoger a tu hijo, el cual está suspendido hasta que te reúnas con el director.

¿QUÉ PODRÍAS HACER?

Tu mejor respuesta consiste en concertar una entrevista con el director cuanto antes. Aunque hables con tu hijo sobre lo sucedido y hasta sientas empatía por él, no es momento para rescatarlo. Él debe aprender que los golpes descontrolados de enojo lo lastiman más que a nadie y dan como resultado consecuencias indeseables.

Raras veces las peleas surgen de la nada. Lo más probable es que haya habido un conflicto latente durante algún tiempo. Tal vez el otro muchacho provocó a tu hijo con incitaciones, burlas, empujones o con obscenidades. Cuando hables con el personal del colegio, escucha atentamente su evaluación de la situación, además de las recomendaciones para resolver el conflicto. Ante todo, tu hijo debe asumir la responsabilidad total por su conducta. Si se enoja porque no se siente responsable, explícale en privado que su intento de resolver violentamente el asunto no te permite defenderlo.

Independientemente de otros factores, él tuvo otras opciones que, simplemente, no utilizó. Lo más probable es que tampoco las considere seriamente en el futuro, a menos que sufra una consecuencia dolorosa en el presente.

Si es posible, organiza una reunión cara a cara con el otro chico y sus padres. Tu hijo debe disculparse sinceramente y pagar los gastos médicos. Una actitud penitente puede ser muy útil para atenuar las consecuencias legales. Es poco probable que alguien quiera llevarlos al tribunal o ver a tu hijo en la cárcel. Lo que sí desearán es una disculpa y la seguridad de que no sucederá nuevamente. La disculpa debería ser una gran ayuda para calmar los ánimos entre los dos combatientes y, si los adultos demuestran que desean la paz, lo más probable es que los muchachos imiten esta acción.

Muchos adolescentes han ido a la cárcel, y muchos padres amorosos se han demorado en pagar la fianza. Una situación dolorosa puede provocar un giro en la vida de los adolescentes con problemas.

Tu hijo debe cumplir, con una actitud razonablemente buena, cualquier disciplina impuesta. (Y si lo acompañas cuando deba arreglar jardines, podrías sorprenderte al ver su buena disposición para hacerlo).

Deberías suspenderle inmediatamente todas sus actividades sociales y sería bueno que tu hijo utilizara su tiempo libre en casa para escribir todas las opciones que podría haber elegido para demostrar su enojo. Mientras tanto, confecciona tu propia lista. Luego, cada semana, conversen sobre cualquier sentimiento de enojo que haya albergado y las opciones positivas de canalizarlo. No tardes en agradecerle y elogiarlo cuando elija una opción positiva en lugar de una negativa. Reforzarás y fomentarás esta actitud si recompensas la buena conducta con una afirmación o una palmada en la espalda. Utiliza estos momentos para construir un vínculo más estrecho con él.

Si el enfrentamiento fue el resultado de una actividad pandillera, te enfrentas también a otro problema. Las pandillas se están propagando como un incendio descontrolado. El sentido de pertenencia, poder y secretismo, junto con una vida al límite hace que ciertos muchachos, que se sienten marginados, sean vulnerables a la atracción que ejercen estos grupos. Debes tener una política de tolerancia cero en lo que respecta a las actividades pandilleras. Los encargados de seguridad en el colegio son de gran ayuda cuando se necesita información legal relacionada con este tipo de violencia.

No pienses que tu hijo jamás podría ser arrastrado a la actividad pandillera. Debes estar alerta si pasa mucho tiempo fuera de casa con amigos indeseables, si usa cierta vestimenta y emblemas desconocidos o si emplea un dialecto, postura o gestos diferentes. Tal vez sea necesario que te conviertas en detective para descubrir su nivel de participación. Habla con él, pero no te sorprendas si no te responde, pues la lealtad es el atributo fundamental entre los miembros de las pandillas. Necesitarás ayuda del encargado de seguridad en el colegio o de la unidad de pandillas del departamento de policía para averiguar a qué pandilleros te enfrentas, cuán peligrosos son y quiénes son sus rivales. (Para más información, lee el capítulo 41, "Violencia"). Debes dar el ejemplo, cuando te provocan a ira, al *actuar* en vez de *reaccionar.* "Si es posible, y en cuanto dependa de ustedes, vivan en paz con todos" (Ro. 12:18, NVI). Toma las medidas necesarias para que tu hijo entienda su valor y su lugar único como miembro de tu familia. Castigar a un muchacho que está involucrado en actividades pandilleras puede ser en vano, pues será necesario ir a vivir a otro lugar o él tendrá que decidir que ese estilo de vida no le agrada. Puede ser útil asistir a sesiones de consejería sobre pandillas, donde tu hijo pueda ver fotos, tomadas de la morgue, de muertos en enfrentamientos pandilleros. Sobre todo, recuerda el poder de la guerra espiritual. Ora diligentemente y busca la salvación del Señor.

¿QUÉ PODRÍAS DECIR?

"Hijo, estaré a tu lado, no importa qué suceda. Sé que tenías el derecho legítimo de estar enojado. Si hubieras recurrido al entrenador, a cualquier funcionario del colegio, o a mí para hablar de este problema, podríamos haberte ayudado. Pero perder el control como lo hiciste te hace parecer el 'chico malo'. Ahora, ¡la gente cree que tú eres el mayor problema! ¿Qué piensas que habría sucedido si hubiera enfrentado a un alborotador en mi oficina como tú lo hiciste? Me habrían arrestado, y habría pasado algún tiempo en prisión; habría perdido mi empleo y la oportunidad de sostener a la familia.

"En ocasiones, todos sentimos enojo y ese no es el problema, sino la manera de expresarlo. Tu enojo estuvo fuera de control. No importa qué hagan para provocarte, debes *mantener* el control. ¿Te hace sentir bien cuando te descontrolas? (Probablemente, dirá que no).

"Uno de los principios básicos de las artes marciales muestra la relación entre la autoestima y el dominio propio: *El que no tiene dominio propio, no tiene amor propio.*

"Me comprometo a ayudarte a crecer en las áreas de autoestima y dominio propio. Gálatas 5:23 dice que lo lograrás cuando estés lleno del Espíritu de Dios. Por ahora, no tengo otra opción que limitar tu tiempo con amigos después del colegio y los fines de semana. Se suspenden todas las actividades sociales hasta que me asegure de que puedes controlarte. Te ayudaré a que aprendas el valor de actuar responsablemente con las personas, y haré todo lo necesario para que lo logres".

SABIDURÍA DE LA PALABRA DE DIOS

Las peleas y otras formas de violencia se originan en el enojo no resuelto. Ayuda a tus hijos adolescentes a entender que, para Dios, el enojo descontrolado es un "pecado", y que ellos *pueden* controlar este tipo de enojo.

No pequen al dejar que el enojo los controle; reflexionen durante la noche y quédense en silencio (Sal. 4:4).

23

Acoso sexual

Tu hija, normalmente extravertida, ha comenzado a mostrar repentinamente signos de ansiedad y retraimiento. Se resiste a asistir al colegio y a hablar de lo que sucede. La conducta temerosa de Martina no es propia de ella. Cuando le exiges una explicación, admite, avergonzada, que Joaquín la acosa sexualmente en el colegio.

¿QUÉ PODRÍAS HACER?

Tanto chicos como chicas adolescentes pueden acosar sexualmente a otros; así como también, pueden sufrir ellos mismos el acoso. Los alumnos son acosados sexualmente de muchas formas: físicamente, o a través de Internet, teléfono celulares, mensajería instantánea y sitios Web. La tecnología ha llevado al acoso sexual y a la crianza de los hijos a un nuevo nivel. Se considera acoso sexual cualquier comportamiento inoportuno de índole sexual.

Muchos adolescentes se exponen al peligro sin saberlo. Envían mensajes telefónicos sexualmente explícitos con fotografías eróticas. Se toman fotos y las publican en sitios Web. Lo que parece una travesura inofensiva es, verdaderamente, acoso sexual, y se considera pornografía, la cual constituye un delito. Los adolescentes ya no están seguros, ni siquiera dentro de sus casas.

La violencia en parejas adolescentes también crece como una epidemia y se define como el maltrato físico, sexual, verbal o emocional para *dañar, amenazar o controlar* a la otra persona en una relación de pareja. La mayoría de los adolescentes ha experimentado citas peligrosas o conoce a quien las padeció.[1] Además, el acoso ocurre, en mayor medida, en los establecimientos escolares o en los patios de las escuelas.[2]

Los signos más comunes a tener en cuenta son:

- lesiones físicas
- cambios de humor y personalidad

- malas calificaciones
- uso de drogas y alcohol
- aislamiento
- cantidad excesiva de mensajes de texto
- cantidad excesiva de mensajes instantáneos
- arrebatos emocionales

¿QUÉ PODRÍAS HACER?

Si tu hija es acosada sexualmente, tu primer desafío consiste en averiguar en detalle lo que sucedió. Su deseo de hablar sobre algo tan íntimamente doloroso puede fortalecer tu vínculo con ella. Toma seriamente todo lo que te diga y pídele que sea precisa. Pregúntale:

- ¿Quién participó del hecho?
- ¿Qué se dijo?
- ¿Qué se hizo?
- ¿Cómo respondiste a ello?
- ¿Dónde ocurrió?
- ¿Cuáles eran las circunstancias?
- ¿Con qué frecuencia ha sucedido?
- ¿Había alguien más cerca?
- Si fue así, ¿quién?
- ¿Con quién has hablado sobre ello?
- ¿Cuáles son tus temores?
- ¿Qué sientes hacia el acosador?
- ¿Cómo te sientes contigo misma?

Toma nota de todo lo dicho. No le asegures que mantendrás la historia en secreto. Dile que, dada la seriedad de la situación, debes informar sobre esta conducta a los administradores escolares, quienes tienen la obligación legal de investigar estas denuncias de una manera justa y completa. Prepara a tu hija para las preguntas de corte agresivo, especialmente, si se acusa a un miembro del personal. Cualquier incoherencia o falsedad aparente en las respuestas planteará serias dudas sobre la credibilidad de tu hija.

Adviértele que no invente algo solo para llenar una laguna en la memoria. Una vez que las autoridades toman participación, no hay marcha atrás. Por tanto, debe hablar únicamente sobre aquello de lo que tenga completa seguridad.

Tal vez tu hija no desee elevar una queja oficial. Muchos jóvenes, criados para ser gentiles, serviciales y confiados, no están en absoluto preparados para enfrentar una conducta abusiva u ofensiva. Sin embargo, el mundo es un campo de batalla donde los cristianos, tantos hombres como mujeres, deben mostrar coraje, inteligencia e ingenio para resistir las embestidas de maldad. Por esta razón, tal vez sería mejor que tu hija sea quien informe sobre la situación. Sin embargo, si la persona acosadora es un adulto, tienes el deber legal de informar a las autoridades; además, deberás ser un firme apoyo para ella.

Aunque cualquiera puede ser víctima de acoso sexual, medita sobre la posibilidad de que la conducta de tu hija pueda exacerbar la situación. A veces, la ropa provocativa, demasiado maquillaje o adornos inapropiados, como también una actitud de impotencia o vulnerabilidad podría envalentonar al abusador. Sin embargo, nada justifica el acoso sexual.

Junto con tu hija, evalúen la posibilidad de que esté enviando mensajes peligrosos sin saberlo. Sin acusar ni culpar, asegúrate de que ella comprenda cómo contribuye a ser un blanco para el acoso. Aunque la vestimenta inadecuada no justifica las acciones inapropiadas de los otros, tus hijos adolescentes deben responsabilizarse por la imagen que proyectan. Los jóvenes que intentan vestirse como símbolos sexuales o estrellas pop no deberían sorprenderse cuando otros responden sexualmente.

Evalúa la imagen que proyectan tus hijos.

- ¿Son extremadamente tímidos? ¿Caminan con la cabeza hacia abajo evitando el contacto visual, con libros sobre el pecho?
- ¿Dudan de hablar en clase incluso cuando conocen las respuestas?
- ¿Se disculpan constantemente?

Si estas características se aplican a tus hijos, en el pensamiento retorcido de individuos emocionalmente inmaduros, tu hijo o hija está incitando al acoso. Diles que los abusadores buscan a personas fáciles de abusar. Ayúdales a caminar y hablar con confianza. Entrénalos para que caminen con la cabeza bien alta (sin contacto visual con el abusador), hombros derechos y pisadas firmes. Enséñales a llevar sus libros de una manera menos vulnerable y a responder a los ataques verbales con una mirada silenciosa, pero firme. No necesitan cambiar de personalidad, sino solo desarrollar fortaleza.

Si tu hijo adolescente es quien acosa, quizá no te enteres de ello hasta que el colegio te lo notifique. Luego, una vez recuperado de la conmoción, habla con él para saber *exactamente* qué sucede. Formula las cinco preguntas claves: ¿Quién? ¿Dónde? ¿Qué? ¿Cuándo? y ¿Por qué?

Algunos muchachos no saben cómo acercarse a una chica sin acosarla ni acecharla. Si los hombres maduros tienen problemas para determinar el nivel de interés femenino —y así sucede— es aún más difícil para los adolescentes. Efectivamente, el interés de la chica es crucial: si ella está interesada, significa que él la corteja; si ella no está interesada, significa que él la acosa. El problema se agrava porque la chica no tiene que decirle al chico que él la ofende con su conducta para que esta sea considerada como acoso sexual, solo tiene que decírselo a alguien más.

Si el acoso no fue intencional y tu hijo siente remordimiento o vergüenza por la reacción de la chica, ayúdale a interpretar las señales femeninas sutiles y conflictivas. Si ella presenta una queja, él debe dejarla en paz. No debe hablarle, mirarla, ni hablar *de* ella con otras personas del colegio. Si lo hace, puede interpretarse como una represalia por parte de tu hijo, lo cual le causará más problemas. En el futuro, si él siente interés por una chica, sugiérele que se imagine conduciendo un auto por una calle con varias intersecciones, donde *ella* es quien controla los semáforos. Si la luz es roja, él debe detenerse. No puede avanzar. Si observa una luz verde, puede avanzar, pero solo hasta la próxima intersección, pues no puede continuar a toda velocidad entre una intersección y otra.

El primer semáforo es el contacto visual y la expresión. Cuando él se acerca o le habla, ¿acaso la chica lo mira a los ojos? ¿Le sonríe? En caso que no, significa una luz roja. Puede intentar conversar con ella sobre el colegio, pero no debe sobrepasarse. Si ella le mira a los ojos y le sonríe, no significa que esté enamorada, sino que quizá sea una persona amigable. No obstante, él tiene una luz verde para la nueva intersección, la cual consiste en obtener cercanía y el comienzo de una amistad.

- Si él intenta acercarse lo suficiente como para susurrarle, ¿ella le permite quedarse o le pide que retroceda?
- ¿Ella se queda y habla con él, o le da la espalda y habla con otra persona?
- ¿Inicia ella la conversación?
- ¿Le escribe notas?
- ¿Le hace algún gesto físico?

Si todas estas son luces verdes, él puede suponer que ella disfruta de su compañía, y que puede continuar por esa senda, dentro de los límites apropiados.

Límites en el colegio

Parte de tu trabajo como padre consiste en asegurarte de que entienda que no debe avanzar automáticamente en cualquier intersección que le conduzca hacia un territorio más personal. Recuérdale que las luces pueden cambiar de verde a rojo, y que debe detenerse cuando así suceda. Si es lo suficientemente maduro, puede preguntarle a ella por qué sucede eso, pero debería saber que la insistencia en querer cambiar la situación puede derivar en acusación de acoso. No obstante, si ha sido cuidadoso en cada intersección, habrá visto una señal de advertencia de una carretera cortada.

Si descubres que tu hijo ha acosado a una chica por el solo placer de hacerlo, *entonces* puedes aplicarle un castigo porque esa conducta es intolerable. Dale todos los sermones que quieras sobre el respeto hacia los demás y cómo su conducta influye en tu reputación, pero debes considerar otros factores que influyen; específicamente, sus amigos. Generalmente, esta clase de conducta sucede para entretener a una "audiencia". Cuando lo cuestiones, pregúntale quién más lo oyó o participó de ello. Si observas que los mismos nombres aparecen una y otra vez cuando tu hijo se mete en problemas, debes saber que te enfrentas con un problema grupal. Quizá puedas dividir al grupo de la siguiente manera:

- Ponte en contacto con los padres de estos muchachos para conocer sus opiniones y obtener su cooperación para frenar el acoso.
- Castiga a tu hijo, no permitiéndole pasar su tiempo libre con otros chicos problemáticos.
- Pide a sus profesores que los separen en clase.
- Pide al director que los separen en el almuerzo y durante otras actividades.
- Anima a tu hijo para que tenga otras amistades, como un grupo de la iglesia, un pasatiempo fascinante... o incluso un empleo.

Puede que estas medidas no funcionen porque los grupos sociales dentro del colegio son inflexibles. Pero, al menos, no le das luz verde para transitar el camino del acoso sin reflexionar sobre ello.

Es bueno contactar con el consejero escolar, tanto para tus hijas como para tus hijos. El mejor camino sería que tu hijo o hija tomara la iniciativa. No obstante, si el problema no se resuelve, tienes el derecho parental de informarle al consejero sobre tus preocupaciones.

¿QUÉ PODRÍAS DECIR?

A los adolescentes que han acosado sexualmente

Probablemente, tus hijos se ofendan violentamente por entrometerte en su vida social. Pero debes hablar con honestidad. "Créeme, Jeremías, estaré a tu lado sin importarme qué problema tengas. Sé que es un momento difícil. Y por eso debemos hablar. Bajo ninguna circunstancia debes tocar a María. No debes hablarle ni caminar junto a ella. No le hagas bromas ni cuentes chistes sobre ella. Si alguien te pregunta qué sucedió, simplemente responde: 'Todo lo que puedo decir es que me comporté inapropiadamente y no volverá a suceder'. [Haz que Jeremías repita cada frase contigo].

"Hijo, es necesario además que le digas a María estas palabras y que le pidas perdón. Intentaré hablar con sus padres para que la llames o te encuentres brevemente con ella. Estaré a tu lado. La Biblia dice: 'Los que encubren sus pecados no prosperarán, pero si los confiesan y los abandonan, recibirán misericordia' (Pr. 28:13).

"No deseo limitar tu tiempo libre con tus amigos, pero cuando cruzaste el límite en lo que respecta al sexo, elejiste sufrir las consecuencias. Durante un mes no tendrás actividades sociales después del colegio ni los fines de semanas.

"Deseo confiar en ti nuevamente. Si demuestras que eres digno de confianza, recuperarás, como recompensa, tus antiguos privilegios. Creo en ti, por eso espero que no me defraudes. No quiero que arruines tu vida, pero el acoso sexual ¡*sí lo hará!*".

A los adolescentes que han sido acosados

Ser acosado sexualmente provoca enojo y humillación. Realmente, tus hijos necesitan tu ayuda para identificar sus sentimientos y saber cómo responder apropiadamente a esta situación. "Cariño, lo que te sucedió está muy mal. Si en algún momento te preguntas *¿Qué hice para provocar esto?* debes saber que nadie es responsable por el comportamiento inapropiado de los otros.

"Me duele y me enoja que alguien te haya hecho algo tan degradante. Sé que probablemente sientas enojo y quisieras meterte en un agujero. Debes saber que tu enojo está totalmente justificado. La Biblia dice al respecto: 'Además, no pequen al dejar que el enojo los controle' (Ef. 4:26). Por eso, debes liberarte de ese sentimiento para que no te consuma. Jamás creas que es incorrecto denunciar el acoso sexual. Tú tienes la verdad, y la verdad te hará libre. Oremos juntos, durante algunos días, para que el Señor te revele la manera de ver y enfrentar esta situación. Luego, hablaremos nuevamente y veremos si Dios nos ha mostrado qué debemos hacer. Y también oremos por el acosador. Realmente, él necesita al Señor en su vida".

SABIDURÍA DE LA PALABRA DE DIOS

No importa lo que tú o tus hijos decidan hacer sobre esta situación de acoso sexual, lo más importante es la actitud del corazón. Aunque el enojo es una respuesta humana, el Señor pide que la suavicemos con amor. Si oran por las necesidades en la vida del acosador, tus hijos no muestran debilidad, sino fortaleza.

No dejen que el mal los venza, más bien venzan el mal haciendo el bien (Ro. 12:21).

Uno de los versículos más gráficos sobre el pecado sexual se encuentra en el libro de Proverbios. Si tu hijo se ha comportado como un acosador, ora para que atesore este texto en el corazón:

¿Puede alguien echarse brasas en el pecho sin quemarse la ropa? (Pr. 6:27, NVI).

Límites personales

24

Postergación de las tareas

Una vez más, te encuentras en una situación que conoces demasiado bien. Tú y tu familia están sentados en el auto, listos para salir. El motor está encendido. Hace calor. Todos están de mal humor. Ya sales diez minutos tarde, pero debes esperar a tu hija de dieciséis años... como siempre.

Tocas la bocina por cuarta vez. Luego, todos se animan cuando finalmente aparece por la puerta. Pero es una falsa esperanza que abandonarás rápidamente, porque ella dice con liviandad: "Huy, ¡me olvidé las gafas de sol!" y vuelve a meterse en la casa. Ya estás cansado y ¡estás convencido de que algo debes hacer!

La postergación es una de esas tendencias que algunos adolescentes tienen por naturaleza. Sabrás muy pronto si tu hija es uno de ellos porque siempre deberás recordarle que se levante, que esté lista, que junte sus cosas y, aún así, llegará diez minutos tarde. Esta tendencia es uno de los problemas que se agudizan en la adolescencia, cuando aumenta la responsabilidad de llegar a tiempo.

Tal vez ella deba llevar a sus hermanos menores al colegio o no pueda llegar tarde a su empleo. Superar este hábito es esencial porque cuando conduce un auto, es probable que vaya más rápido y se arriesgue más para compensar el tiempo perdido. Los investigadores sobre accidentes afirman que la causa principal de accidentes de tránsito es la imprudencia y la velocidad excesiva.

Hace algún tiempo, un artículo periodístico relató la historia de una joven que quedó parapléjica como consecuencia de un accidente automovilístico, cuando intentó pasarse el semáforo. Ella tenía prisa porque llegaba tarde. Al respecto, el artículo citó las siguientes palabras: "Sueño con el accidente cada vez que duermo. Lo revivo noche tras noche. No puedo evitarlo. Siempre termina de la misma manera: los frenos chirriantes, el horrible crujido, las vueltas sin control. Si solo hubiera salido de casa diez minutos antes, no habría sentido la presión de saltar ese semáforo. Estoy en silla de ruedas por esos diez minutos". ¿Cómo evitas una situación similar cuando se trata de tu hija?

¿QUÉ PODRÍAS HACER?

En este aspecto, el crecimiento y la maduración se producen cuando te apartas y permites que sucedan las consecuencias naturales. La tentación de auxiliar o ayudar a tus hijos solo demorará su aprendizaje sobre la responsabilidad. Pregúntate siempre: *¿Qué es lo peor que podría ocurrirle si llega tarde?* El crecimiento se produce cuando sufren directamente las consecuencias negativas por su hábito de posponerlo todo y las consecuencias positivas por llegar a tiempo.

Lo más probable es que tu hija desee corregir este mal hábito, como también tú lo deseas. Posiblemente, cuando ella era más joven, haya utilizado este hábito para posponer una situación incómoda, ejercer el control o crear emoción, pero ahora, su carrera para compensar el tiempo perdido es muy frustrante. Siéntate con ella para que te diga cómo piensa mejorar esta situación. Observa su agenda para ver si ciertos momentos del día son más problemáticos que otros. Por ejemplo:

- ¿Necesita levantarse quince minutos antes por la mañana? O tal vez deba ducharse antes de irse a dormir.
- ¿Acaso trata de hacer muchas cosas en el último momento? Averigua qué puede realizar con anticipación.
- Tal vez no tenga conciencia real sobre el tiempo necesario para trasladarse en auto. Si cada día la ruta está muy congestionada, debería usar otro camino.

Tal vez ya le hayas dicho todo esto, pero la situación no mejora porque ella suele malgastar su tiempo. Se entretiene hasta que mira el reloj y dice: "¡Ay, no! Tengo que irme en cinco minutos o ¡llegaré tarde!". Si este es el caso, ella debe controlar mejor el tiempo. Sería conveniente que adelantaras su reloj quince minutos. Aunque ella sepa que el reloj está adelantado, también sabe por qué. Tal vez la conmoción de ver el reloj adelantado, cada vez que levante la mirada, podría terminar con su tendencia de malgastar el tiempo.

Una persona de estas características, a quien conozco bien, mejoró su comportamiento cuando su compañera de cuarto decidió no esperarla más para asistir a las fiestas. Su puntual compañera se cansó de utilizar el enojo como motivación (de todos modos, no funcionaba). Decidió mantener una buena disposición, y anunciar claramente, con una hora de anticipación, el momento de partir. Amablemente (para cambiar su actitud) comunicó: "El carruaje sale esta noche a las 9:00". Luego, a las 8:55 anunció: "¡La carroza se va en cinco minutos!". Y a las 9:00, cuando la señorita Tardanza todavía no estaba lista para salir, la señorita Puntualidad dijo: "Me voy", y se fue. La primera vez que la señorita Tardanza se quedó sin asistir, se quedó atónita. La segunda vez, bueno, ella ya estaba lista y esperando. (Los milagros pueden suceder... con la motivación correcta).

Si tu hijo adolescente tarda en prepararse, probablemente se demore también en otras áreas. Pospone los proyectos a largo plazo hasta la noche anterior... no limpia su habitación en semanas... o meses.

Este antiguo proverbio es verdad: *primero formamos nuestros hábitos, y luego ellos nos forman a nosotros.* La postergación de las tareas puede convertirse en un hábito que influye en todas las áreas de la vida de tu hijo, y en un obstáculo de por vida. La buena noticia es que, con una inversión de veintiún días, él puede formar un nuevo hábito positivo que reemplace al negativo. Dedica tiempo a ayudarle a formar buenos hábitos.

Comienza con un proyecto a la vez para que no se sienta sobrecargado. Por ejemplo, delimita un proyecto escolar y traza una línea de tiempo realista con tarjetas de colores o un sistema que funcione para él. Cada noche, evalúen juntos el progreso y observen si este sistema funciona.

A menudo, los adolescentes adquieren este mal hábito porque no saben cómo dividir un proyecto en unidades más pequeñas, y asignar una cantidad adecuada de tiempo para completar cada etapa. Pídeles que recuerden momentos en los que no postergaron las tareas y anímalos a reflexionar sobre lo bien que se sintieron. ¡El éxito genera más éxito!

La paciencia es la clave de tu tarea. Como padre, tal vez seas el catalizador necesario para ayudar a tu hijo a abandonar este mal hábito y tener una actitud constructiva, creando así una habilidad positiva de por vida. El escritor de Hebreos dice: "Preocupémonos los unos por los otros, a fin de estimularnos al amor y a las buenas obras" (10:24).

¿QUÉ PODRÍAS DECIR?

"Santiago, veo que debes entregar un trabajo de investigación en cuatro semanas. Esta es una gran oportunidad de planificar la tarea para que no tengas que hacerlo todo en el último momento y terminar sintiéndote mal contigo mismo. Siéntate y divide el proyecto en fases; luego, elabora un esquema viable para completar cada fase. Revisaré el trabajo de cada fase cuando lo hayas terminado. Puedes pegar el esquema en el refrigerador para que ambos sepamos cuándo debes completar cada fase. La paz mental será tu recompensa cuando hayas terminado a tiempo el proyecto. Efesios 5:15-16 afirma: 'Así que tengan cuidado de cómo viven. No vivan como necios sino como sabios. Saquen el mayor provecho de cada oportunidad en estos días malos'. Cada momento que Dios nos da es un regalo precioso. Deseo ayudarte a que saques el mayor provecho de este regalo divino.

"Ten preparado el plan de estudio para el domingo por la noche. Si no lo has terminado para entonces, te prohibiré la televisión hasta que lo acabes. Y lo mismo se aplica a cada fase. Te sorprenderás de lo bien que te sientes al no estar estresado por haber entregado a tiempo. Te sentirás muy complacido contigo mismo y te apuesto que tu profesor se sorprenderá y prestará atención a tu tarea. Dime si tienes problemas para resolver cómo dividir el proyecto, y con gusto te ayudaré".

SABIDURÍA DE LA PALABRA DE DIOS

Los malos hábitos nunca son fáciles de abandonar. La postergación de las tareas no es la excepción. La Palabra de Dios ofrece un principio rector que puede ayudar a tus hijos adolescentes a comprender que hacer las cosas en el último momento no es lo adecuado según tu punto de vista y el de Dios.

Pues hay un tiempo y un modo para cada cosa, incluso cuando uno está en apuros (Ec. 8:6).

25

Problemas con el dinero

A tu hijo le quema el dinero en las manos o, en otras palabras, tiene unas ganas insaciables de gastarlo. En una semana gastó la mensualidad de un mes. Cuando intentas abordar este tema con él, te dice: "Papá, si voy al colegio con estos zapatos, ¡me veré como un tonto!". "¿Cómo puedo invitar a alguien a casa si no tengo música actual? ¡Nadie vendrá! Y todos se encuentran en la cafetería Carly para comer hamburguesas después del colegio. ¿Qué debo decirles: 'Lo siento, no puedo pagarla'? Y ¿cómo voy a conocer mejor a Estefanía si no puedo invitarla a salir? ¡Por favor, papá!". ¿Te suenan familiares esas frases? *Cristian, no tienes idea cuánto cuesta criar hijos adolescentes —piensas—, gastos del auto, del colegio, del grupo de la iglesia... y mucho más.*

Además, debes pagar la computadora, la cual se está convirtiendo, rápidamente, en el medio para realizar la tarea escolar o para ganarse la vida. Y mientras te sacrificas en ahorrar dinero para la universidad, tus hijos se quejan de ser marginados sociales por su falta de dinero. Te sientes sumamente presionado en querer ayudarlos, pero, al mismo tiempo, sabes que desean mucho más de lo que necesitan.

¿QUÉ PODRÍAS HACER?

Un empleo a tiempo parcial podría ser una solución obvia. Muchos adolescentes trabajan por necesidad. En algunos estados, los adolescentes pueden trabajar un número limitado de horas en áreas determinadas, como comercios minoristas o empresas de alimentación. El problema surge cuando los empleadores comienzan a exigir más horas de lo que un estudiante, empleado a tiempo parcial, puede trabajar cómodamente, o cuando sus calificaciones comienzan a bajar. A veces, los deportes, el trabajo de voluntariado, o las tareas extraescolares, todas ellas actividades importantes para la admisión a las universidades, impiden tener un empleo a tiempo parcial durante la semana.

Muchos negocios realmente necesitan una ayuda estable y confiable; por lo que, con poco esfuerzo, los adolescentes pueden ubicar un empleador que les provea un empleo por las horas que ellos puedan trabajar, incluso si solo están disponibles los sábados. Si tus hijos trabajan solo para sus gastos personales, deberías insistirles que no lo hagan los domingos, no solo porque es un mandamiento bíblico (Éx. 20:8-11), sino que tus hijos deben adorar juntos con la familia, fraternizar con otros adolescentes cristianos, y oír la sana doctrina. Si un empleador presiona a tu hijo para que trabaje más horas, hasta tarde, o durante los domingos, busca otras opciones.

Enséñale a tus hijos a ofrendar, al menos, la décima parte de sus ingresos para la obra de Dios, como se enseña en Malaquías 3:10: "Traigan todos los diezmos al depósito del templo, para que haya suficiente comida en mi casa. Si lo hacen —dice el SEÑOR de los Ejércitos Celestiales— les abriré las ventanas de los cielos. ¡Derramaré una bendición tan grande que no tendrán suficiente espacio para guardarla! ¡Inténtenlo! ¡Pónganme a prueba!".

Muchos padres dan a sus hijos una mensualidad para que experimenten lo que es la administración del dinero antes de su independencia total. La mayoría de los padres aceptan pagar ciertos gastos como vestimenta, comida y cuentas médicas. Antes del comienzo del año lectivo, tú y tus hijos deberían sentarse y acordar todos los gastos. A menudo, los adolescentes aprovechan los meses de verano para trabajar a jornada completa, si es posible, y guardan parte de sus ingresos para los gastos del año. Probablemente, no sea una buena idea pagarles por las tareas que deben realizar de todas maneras (por ejemplo, hacer la cama), o por obtener buenas calificaciones. Deberían saber que existen ciertas cosas que deben hacerse sin remuneración.

Los adolescentes necesitan aprender a priorizar y ahorrar como cualquier otra persona que trabaja para vivir. No es el fin del mundo si no pueden tener todo lo que desean. De hecho, eso los beneficiará. Si no aprenden a prescindir de ciertas cosas, jamás aprenderán a apreciar el valor que tiene el tiempo y el dinero de otras personas y nunca madurarán ni conocerán el secreto de la satisfacción del apóstol Pablo, o el gozo de ver cómo Dios provee para nuestras necesidades.

No que haya pasado necesidad alguna vez, porque he aprendido a estar contento con lo que tengo. Sé vivir con casi nada o con todo lo necesario. He aprendido el secreto de vivir en cualquier situación, sea con el estómago lleno o vacío, con mucho o con poco. Pues todo lo puedo hacer por medio de Cristo, quien me da las fuerzas (Fil. 4:11-13).

Dedica el tiempo necesario para que tus hijos establezcan hábitos positivos que duren para siempre. Muéstrales, con tu ejemplo, la importancia de ahorrar el 10% de tus ingresos. Enséñales, con números reales, que una pequeña cantidad de dinero puede convertirse, mediante el interés, en una cantidad significativa al cabo de algunos años. Tristemente, el mensaje actual es "gasta ahora y paga después". Estudien las vidas de misioneros piadosos como George Müller o la Madre Teresa para ver cómo Dios recompensó la fidelidad de estas personas al proveerles el apoyo financiero para su obra cuando carecían de recursos. Si tus hijos realmente sirven a Dios con sus actividades, Él proveerá los medios necesarios.

Cuando los adolescentes aprendan a ahorrar, conocerán la lección valiosa de la demora en la gratificación. Instala un programa de ahorro virtual y entrena a tus hijos para administrar su dinero y verlo crecer. El equilibrio entre el diezmo, el ahorro y el establecimiento de prioridades los guiará hacia un sendero de sabiduría en cuanto a la buena administración del dinero.

¿QUÉ PODRÍAS DECIR?

Si deseas ayudar a tus hijos para que aprendan el valor de contentarse con lo que tienen, y cómo administrar bien el dinero, podrías decirles: "Una buena manera de discernir lo que Dios tiene para ti es mediante su provisión financiera. Cuando Dios desea que hagas o tengas algo, Él te dará los medios para lograrlo. Oremos para que el Señor revele su voluntad para ti y para que confíes en que Él te lo dará. Debes entender el principio de sabiduría divina en Hebreos 13:5: 'No amen el dinero; estén contentos con lo que tienen, pues Dios ha dicho: «Nunca te fallaré. Jamás te abandonaré»'.

"Además, establezcamos un presupuesto semanal para ayudarte a administrar bien el dinero que Dios provee. Confecciona una lista de gastos mensuales, cuándo debes pagarlo y la cantidad de dinero requerida. Luego, suma los gastos y establece las prioridades.

"Ya que tus gastos pueden exceder tu mensualidad, realiza una lista de posibles formas de ganar dinero extra. Debes estar dispuesto a trabajar. Quizá debas eliminar algunos gastos. Pídele a Dios que provea medios extras, si así Él lo desea, pero agradécele por lo que te da y por lo que no te da.

"Una vez que tengas tu presupuesto y tu plan, entrégamelo, y hablaremos de ello. Si no logras equilibrar tus gastos con tus ingresos, deberé hacerlo por ti. Comprende que Dios da y quita para nuestro bien".

Te repito, incluye a tus hijos en las decisiones sobre sus prioridades. Determina la cantidad de dinero disponible para cada semana y ayúdalos a entender la importancia de decidir sabiamente sobre los gastos. Es fundamental planificar con anticipación.

Pídeles a tus hijos que tengan un calendario en el que, cada mes, señalen las actividades que costarán dinero. Una vez que el Señor haya recibido su parte, permite que ellos tomen algunas decisiones financieras, aunque no siempre sean sabias. Sabrás entonces cuándo intervenir y brindar ayuda. Cuando no tengan dinero para actividades recreativas, aprenderán rápidamente a ajustar sus gastos.

Tal vez sea difícil al principio, pero permíteles tomar sus propias decisiones.

SABIDURÍA DE LA PALABRA DE DIOS

Uno de los regalos más valiosos que puedes hacerles a tus hijos es enseñarles a sentirse satisfechos con lo que tienen.

Y este mismo Dios quien me cuida suplirá todo lo que necesiten, de las gloriosas riquezas que nos ha dado por medio de Cristo Jesús (Fil. 4:19).

26

Robos

Tu hijo sale apresuradamente de tu habitación. Preocupada, te diriges a la cómoda, abres tu billetera y descubres que los veinte dólares destinados para la cena han desaparecido. Te sientes desconsolada cuando oyes que Ricardo abre y luego cierra la puerta principal. Aceptas la posibilidad de que un intruso —un desconocido— te robe el dinero alguna vez, pero ciertamente no aceptas que haya sido alguien de tu familia. Sin embargo, sabes que tu hijo se llevó el dinero y que esta conducta empeorará si no la confrontas.

¿QUÉ PODRÍAS HACER?

El robo se manifiesta de muchas formas, como lo veremos ilustrado mediante los siguientes escenarios tomados de la vida real.

En el primer escenario, una madre descubrió, en repetidas ocasiones, que le faltaba dinero de su monedero. Por eso, contó el dinero cuidadosamente y marcó sutilmente cada billete. Días más tarde, cuando volvió a quedarse sin dinero, confrontó a su hijo. Le dijo cuánto dinero le faltaba y describió las marcas que había hecho en los billetes. Luego, le pidió que vaciara sus bolsillos. Ella verificó el dinero y le mostró los billetes marcados. Su hijo, al haber sido pescado *in fraganti*, admitió que lo había robado.

Esta madre sabía que su hijo sufría problemas más serios cuya raíz se hallaba en la mala relación con su padre. Al confrontarlo sobre el dinero robado, ella tuvo la oportunidad que necesitaba para insistir en que asistieran juntos a terapia. El muchacho estuvo de acuerdo.

Actualmente, cada vez más adolescentes roban, no solo de sus padres y amigos, sino de negocios y lugares donde comen y pasan el tiempo.[1] Muchos de ellos no creen que esté "mal", porque piensan que si desean algo, deberían obtenerlo. Por tanto, no sienten remordimiento por robar, sino por haber sido atrapados.

Límites personales

Si tu hijo tiene una actitud similar, considera la posibilidad de aplicar el castigo bíblico por el robo. Según Éxodo 22:4 y 9, tu hijo debe devolver el *doble de la cantidad robada*.

En el segundo escenario, encuentras prendas y joyas, con las etiquetas antirrobo todavía puestas, en la habitación de tu hija. O el vendedor se olvidó de quitarlas o los artículos fueron robados. En primer lugar, pídele sabiduría al Señor. Si tu hija roba habitualmente, ¿por qué lo hace? Habla con ella y escucha lo que te diga. ¿Puede mostrarte la factura de compra? Si asegura que alguien se las regaló, recuérdale que recibir objetos robados también es un delito. Si quieres llegar a la verdad, investiga todo lo que te diga y habla con cada persona que mencione, pues si tu hija robó los objetos, la verdad pronto saldrá a la luz.

Comprendo esta situación porque recuerdo que, de niña, robé un dulce de un negocio. Aunque negué totalmente el hecho, cuando mi madre vio el chocolate en mi rostro me llevó al negocio donde tuve que confesar el robo al administrador y pagar por ello. (¡Debí pagar el doble de su precio!). Sentí mucha vergüenza. Mi travesura con el dulce fue una lección que jamás olvidaré.

Hoy en día, si un adolescente roba en una tienda, las consecuencias son mucho más complicadas. Las pérdidas por robo son tan cuantiosas que muchos negocios informan automáticamente a la policía sobre todos los robos, no importa su magnitud o si fueron hechos por principiantes. No obstante, este hecho no debe disuadirte de llevar a tu hijo a ese negocio para que devuelva la mercadería. Además, la intervención de la policía puede ser la consecuencia que Dios utilice para llamarle la atención. Eclesiastés 8:11 (NVI) afirma: "Cuando no se ejecuta rápidamente la sentencia de un delito, el corazón del pueblo se llena de razones para hacer lo malo".

Es posible que tu hijo sea arrestado y fichado, dependiendo del valor de los artículos y del temperamento del encargado del negocio. Si el valor es ínfimo y es el primer delito cometido, quizá el ladrón en edad adolescente reciba solo una multa que, por supuesto, deberá pagar. Además, tal vez deba cumplir con un programa de libertad condicional o un programa para delincuentes sin antecedentes penales y, una vez cumplido satisfactoriamente, permitirá que su historial sea borrado cuando cumpla dieciocho años.

Estas son consecuencias aterradoras para padres e hijos, pero es esencial que les menciones estas posibles repercusiones desde el momento que comienzan a ir de compras. Probablemente, cualquier castigo que les apliques será menor que la aplicación de las leyes vigentes. Tu hija deberá disculparse con la víctima. Este hecho puede ser también una condición de la libertad condicional. La disculpa marca una gran diferencia para el dador y el receptor. Deja claro que cada vez que alguien roba un artículo de un comercio, también les roba a quienes compran, porque el robo hace subir los precios. Si actuó con un cómplice, tu hija tendrá prohibida su compañía. Es de vital importancia no encubrir el incidente... ¡no importan las consecuencias! No evites el castigo por robar que sufrirán tus hijos (pues, de otro modo, les enseñarás que pueden robar, que pueden *pecar* con impunidad). Proverbios 28:9 (NVI) afirma: "Dios aborrece hasta la oración del que se niega a obedecer la ley".

Cuando se hayan cumplido las cuestiones legales, haz que tu hija sugiera maneras específicas de recobrar tu confianza, para que recupere sus privilegios y experimente las recompensas por decidir responsablemente. Además, elaboren un plan para que gane dinero y pueda comprarse lo que desee en el futuro.

En nuestro tercer escenario, una madre se subió a su auto una mañana, y al girar la llave de contacto, la música ofensiva de *heavy metal* de la radio estalló en sus oídos. Luego, notó que el asiento estaba desplazado hacia atrás. Inmediatamente, esta mujer pensó en su hijo de más de 1,80 metros de altura, el cual *no* tenía su licencia de conducir. Cuando verificó el nivel de gasolina, comprobó que el tanque tenía un cuarto menos que la noche anterior.

Su primera reacción fue la de confrontar calmadamente al obvio sospechoso.

Si tus hijos adolescentes —con o sin licencia de conducir— toman tu coche para paseos nocturnos de recreación, explícales que, por haberse comportado de manera poco confiable, han impedido que les prestes el automóvil durante un período específico de tiempo, hasta que puedas volver a confiar. Haz hincapié en cuánto deseas recobrar la confianza en ellos (pero, por la noche, ¡guarda las llaves del coche!).

En la cuarta situación, la ley interceptó a una adolescente que bajaba gratuitamente música de Internet y la compartía con sus amigos. La industria musical demandó a la familia de la chica de quince años por cada canción. La muchacha fingió ser inocente cuando dijo: "Nadie te advierte ni te dice que es ilegal". Sin embargo, se *descubrió* que distribuía música ilegalmente, lo cual es una violación de la ley federal. La ignorancia de la ley no es excusa, y esta familia ahora "canta los *blues*" en el tribunal.

¿QUÉ PODRÍAS DECIR?

"Tobías, sé cuánto te gusta conducir, y sé que será divertido cuando puedas hacerlo legalmente, pero me siento herida y defraudada porque violaste la ley y traicionaste nuestra confianza cuando te escapaste con el auto. Si la policía te hubiera detenido, la multa te habría costado varios cientos de dólares. Un accidente habría puesto a toda la familia en serios problemas financieros porque no te encuentras registrado en el seguro, y podríamos haber sido demandados por cualquier persona lastimada. Más aún, cualquiera de estas situaciones habría retrasado tu licencia de conducir por un largo tiempo.

"Detesto lo que te has hecho a ti mismo, pero tienes terminantemente prohibido usar el coche y, debido a tu falta de criterio, está claro que no estás listo para conducir. Por tanto, no nos das otra opción que postergar la licencia de conducir hasta que demuestres la madurez necesaria para estar detrás del volante. Si en seis meses has podido lograrlo, podremos replantear la cuestión de la licencia. Por ahora, deseo que reflexiones seriamente sobre tus acciones, las consecuencias y la lección que sacas de todo esto. Dentro de unos días nos sentaremos y hablaremos de lo que has aprendido. Hijo, te amamos, y confiamos plenamente en tu habilidad para crecer a partir de esta experiencia".

En el caso de la adolescente que descargó música de Internet, podrías decirle: "Sabes que tomar algo de alguien sin pagar es equivalente a robar. Aunque otros lo hagan y no los atrapen, sigue siendo un robo. En nuestra casa no hacemos eso. Esto no es solamente una ley civil, también es una ley divina que figura en los Diez Mandamientos: 'No robes' (Dt. 5:19). Lamentablemente, las consecuencias de tus acciones ilegales repercutirán en toda la familia. Por tanto, debes confeccionar un plan para subsanar los daños durante los tres próximos años, y deseo que estés preparada para presentarlo a nuestro abogado el próximo lunes después del colegio. Además, escribirás una carta de disculpa para cada artista a quien le robaste música".

Cuando planees un castigo por una acción determinada, piensa en algo que produzca un cambio de corazón en tus hijos adolescentes. Tu objetivo como madre es tomar decisiones que fortalezcan la brújula moral de tus hijos. Jesús enfatizó la necesidad de ser digno de confianza en las pequeñas cosas. "Si son fieles en las cosas pequeñas, serán fieles en las grandes; pero si son deshonestos en las cosas pequeñas, no actuarán con honradez en las responsabilidades más grandes" (Lc. 16:10).

SABIDURÍA DE LA PALABRA DE DIOS

Dios desea que tu hijo deje de robar y comience a dar; para esto, Él tiene planes para ponerlo a trabajar.

El que robaba, que no robe más, sino que trabaje honradamente con las manos para tener qué compartir con los necesitados (Ef. 4:28, NVI).

27

Juegos con apuestas

Una compañera de trabajo está a punto de tener un bebé. En la oficina, todos apuestan un dólar en el pozo común, y predicen la fecha de nacimiento, el sexo y el peso. Riendo, pones un dólar y haces tus mejores predicciones. Hasta recuerdas una ocasión que ganaste y llevaste a comer a tu familia con ese dinero. ¡Qué gracioso!

Aquella noche, juegas un juego con tu hijo de ocho años.

—Grrr... deberíamos haber jugado por dinero—, te dice, tras ganar.

—¿Qué quieres decir? —le preguntas.

—Ganar no significa nada a menos que sea por dinero —te contesta, y sale de la habitación pisando fuerte.

Más tarde, esa misma noche, tú y tu esposo están hablando de la conducta de tu hijo de ocho años cuando tu hijo adolescente irrumpe en la conversación.

—Necesito que me hagan un adelanto de la mensualidad, y debe ser esta misma noche —informa abruptamente.

—Esta es la tercera vez en dos semanas, lo siento, no habrán más adelantos —responde tu esposo.

—*Debo* tener el dinero. ¿Es que no entienden nada? Desearía no haber nacido o, al menos, no en esta estúpida familia —dice violentamente, saliendo furioso de la habitación.

¿Qué está sucediendo en mi familia? —te preguntas, con asombro y desconcierto.

La mayoría de las personas define el juego con apuestas como el acto de arriesgar dinero sobre el resultado de una competencia o acontecimiento. Puede que las personas apuesten por diversión, como por ejemplo, adivinar la fecha de nacimiento de un bebé o el resultado de un partido de fútbol. Este acto agrega algo de inocente emoción a la semana y no se considera realmente como un juego con apuestas.

Entonces, ¿cuál es el problema real sobre los adolescentes y los juegos con apuestas?

La mayoría de estos juegos se realizan a través de Internet, y para empezar, esta práctica es ilegal en varios estados. En segundo lugar, los sentimientos de euforia y excitación pueden volverse adictivos: el cerebro de los adolescentes tiene tendencia a las adicciones. En la etapa de desarrollo en que se encuentran, el centro cerebral de las emociones es el responsable principal de las reacciones, y como a muchos les gusta "vivir al límite", se proponen buscar el peligro. La corteza prefrontal, que razona y predice el peligro, no está totalmente desarrollada, pero la habilidad para manejar tecnología y usar videojuegos sí lo está. Pueden navegar por múltiples sitios de Internet con facilidad. Se acostumbran a jugar para ganar y han adquirido bastante confianza en ciertas habilidades que los prepara para las apuestas en Internet.

Esta adicción comienza de manera sencilla. Juegan a las cartas con sus amigos, luego agregan fichas de póquer. Más tarde, juegan por dinero en efectivo y apuestan sobre eventos deportivos. Luego compran boletos de rifa, billetes de lotería y hacen apuestas en Internet. Pronto, todo lo que hacen tiene una etiqueta de precio. Jugar ya no es intrínsecamente satisfactorio. Necesitan el entusiasmo de una posible victoria con un premio en efectivo.

Los adolescentes más vulnerables a volverse adictos a las apuestas son aquellos que:

- tienen problemas en el hogar
- se sienten solos
- tienen baja autoestima
- desean atención y aceptación de sus compañeros
- necesitan dinero
- buscan la adrenalina del riesgo
- tienen miembros de su familia que juegan con apuestas
- buscan maneras de evitar el estrés

¿QUÉ PODRÍAS HACER?

Busca signos de advertencia. Pregúntate si tus hijos:

- ¿Piden frecuentemente adelantos de la mensualidad?
- ¿Roban dinero?
- ¿Prestan demasiada atención a los resultados de eventos deportivos?
- ¿Utilizan lenguaje o términos de juego con apuestas?
- ¿Necesitan ganar a cualquier precio?

- ¿Visitan sitios de apuestas *online*?
- ¿Son muy reservados sobre sus acciones y actividades?
- ¿Faltan al colegio y tienen bajas calificaciones?
- ¿Tienen otras adicciones como al alcohol, drogas o tabaco?
- ¿Sufren de enojo, frustración o depresión excesiva?
- ¿Has observado cambios adversos en su personalidad?

(Si identificas cinco o más de estas características, busca ayuda profesional para tus hijos).

Infórmate sobre los juegos con apuestas entre los adolescentes, y ten disponibles recursos para compartir con ellos.

Las investigaciones indican que los adolescentes son tres veces más propensos que los adultos a convertirse en adictos al juego. Los estudios también muestran que los adolescentes son hasta cinco veces más propensos que los adultos a tener problemas relacionados con las apuestas.[1]

Mientras evalúas la conducta de tus hijos, hazlo también con tu propia conducta. Muchas investigaciones demuestran que la participación paterna en las apuestas influye en los adolescentes. Tal vez consideren estas actividades como un tiempo especial para vivir en familia: visitar casinos, comprar billetes de loterías para regalos o apostar juntos. Los padres deben ser ejemplos de lo que luego pueden esperar de sus hijos. Ni siquiera es apropiado que se controlen o se moderen en las apuestas ante un adolescente que, en su etapa de desarrollo, carece de dominio propio, y puede formar hábitos adictivos. La abstinencia es la mejor opción y la más realista.

Habla con tus hijos. Como te sugerimos en el capítulo 14, "Los riesgos de Internet", debes establecer límites para el uso de la computadora y vigilar los sitios que visitan. Si descubres sitios de apuestas, deberías prohibirles el uso de la computadora excepto para tareas escolares, las cuales *deben* realizar en tu presencia. Si tienen acceso a las computadoras de amigos, pídeles a los padres de esos amigos que te ayuden a vigilar el uso. Debido a la naturaleza adictiva de los juegos con apuestas, cuanto antes controles esta situación, mejor.

¿QUÉ PODRÍAS DECIR?

"Sé que disfrutas de la pasión de los juegos. Yo también. Es importante encontrar cosas para divertirnos. Sin embargo, me preocupa tu interés en los juegos con apuestas y el problema que está creando en tu vida y en nuestro vínculo. Quizá pienses que tienes el asunto bajo control, pero tus acciones y el estrés que manifiestas dicen lo contrario. Estoy dispuesta a oír tus ideas para resolver este problema. Deseo que encuentres actividades que disfrutes, pero no aquellas que sean una amenaza para ti. "Piensa en cómo liberarte de este hábito, y lo discutiremos mañana por la noche. Sé que quieres librarte de toda la presión que sientes, y estoy convencido de que podemos conquistar este problema con la ayuda del Señor.

"Si observo que estás tomando decisiones que perpetúan este hábito, habrá serias consecuencias, como la reducción de tu mensualidad y limitaciones en el uso de la computadora y el tiempo para los videojuegos. Asimismo, si eliges responsablemente, quiero que sepas que saldremos a cenar y hablaremos sobre un plan para aumentar tus opciones y actividades".

Este es un gran momento para enseñarles a tus hijos que todo nuestro dinero le pertenece a Dios y que somos responsable ante Él de cómo gastamos *su* dinero. Una vez que el juego con apuestas se filtra en tu sangre, el dinero se convertirá rápidamente en tu dios. El anhelo por tener más dinero pronto reemplazará lo que sabemos que es la verdadera visión divina sobre el dinero. El rey Salomón, el hombre más rico del mundo, escribió: "Quien ama el dinero, de dinero no se sacia. Quien ama las riquezas nunca tiene suficiente. ¡También esto es absurdo!" (Ec. 5:10, NVI).

SABIDURÍA DE LA PALABRA DE DIOS

Es natural que los adolescentes deseen dinero para las cosas que quieren en la vida. Por eso, los padres deben enseñarles a ganar dinero de maneras responsables. Las apuestas son engañosas y pueden ser una trampa y una adicción.

Pero los que viven con la ambición de hacerse ricos caen en tentación y quedan atrapados por muchos deseos necios y dañinos que los hunden en la ruina y la destrucción. Pues el amor al dinero es la raíz de toda clase de mal; y algunas personas, en su intenso deseo por el dinero, se han desviado de la fe verdadera y se han causado muchas heridas dolorosas. Pero tú, Timoteo, eres un hombre de Dios; así que huye de todas esas maldades. Persigue la justicia y la vida sujeta a Dios, junto con la fe, el amor, la perseverancia y la amabilidad (1 Ti. 6:9-11).

28

Conflictos por la vestimenta

Te paras frente a la habitación de tu hija de dieciséis años y llamas a la puerta.
—Mariana, estoy lista para irme. Si vas a acompañarme al supermercado, debes venir ahora.

—Bien. Ya estoy lista —dice tu hija, mientras abre la puerta.

Quedas boquiabierta y abres los ojos con incredulidad para observarla. Mariana no lleva sostén; tiene puesta una blusa que deja ver los hombros y el ombligo, un *short* muy corto, sandalias y anillos en los dedos de los pies. No puedes imaginarla usando un atuendo como ese en la privacidad de tu casa, y mucho menos en público. Mariana contempla tu expresión y frunce los labios pintados, preparada para otra pelea sobre el uso del maquillaje y las prendas. Sabes que algo debes hacer.

El conflicto sobre la ropa sucede más frecuentemente con las chicas que con los chicos. En general, los muchachos desean que su vestimenta se adapte al grupo al que pertenecen. El colegio suele prohibir los estilos más extremos, incluyendo las camisetas con inscripciones obscenas, cadenas, la ropa rota y los pantalones de tiro extremadamente bajo. Por eso, las oportunidades que los chicos tienen para escandalizarte con su vestimenta son bastante limitadas.

Las chicas, por su parte, tienen diferentes motivaciones para comprar ropa. Cuando llegan a la adolescencia, utilizan, como criterio de selección, la ropa que les permita exhibir sus encantos físicos. De esta manera, te pondrán a prueba (y a las normas del colegio) con faldas cortas, *shorts*, camisetas sin mangas, blusas que dejan ver el ombligo y escotes profundos. Comprar ropa para el colegio puede convertirse en una lucha entre una madre inclinada hacia la decencia y una hija inclinada hacia la popularidad.

Además, el costo de las prendas también es un factor importante. A menudo, las prendas de moda pueden ser las más caras. Los adolescentes pueden ser extremadamente humillantes con respecto a la vestimenta de los demás. Algunas chicas creen que carecer de un guardarropa lleno de las mejores marcas afectará su posición social. Por esta razón, cada vez más escuelas públicas están adoptando la costumbre de exigir un uniforme como en los colegios privados. Muchos adolescentes los detestan, pero los uniformes son buenos niveladores, porque, cuando todos usan la misma vestimenta, nadie puede burlarse de las prendas de los demás. Además, los uniformes pueden reducir la tensión que sienten adolescentes (desaparece la presión de llevar marcas costosas para integrarse a un grupo).

Donde las pandillas representan un problema, los uniformes ayudan a eliminar el temor de usar accidentalmente los colores de cierto grupo. A los docentes les gustan los uniformes porque una clase con un atuendo apropiado muestra una apariencia prolija e intelectual, y eso da un sentido de orden. Los directores también los prefieren porque no pierden tiempo con estudiantes vestidos inapropiadamente. Los padres prefieren uniformes porque eliminan los problemas a la hora de las compras y de la vestimenta para el colegio.

Aunque al comienzo del año es necesario hacer un gasto importante de dinero, los uniformes han demostrado, sistemáticamente, que son una mejor opción en relación con otras vestimentas para el colegio. Existen escuelas que hasta tienen programas de prendas usadas, mediante los cuales los estudiantes graduados las dan a los alumnos que ingresan.

¿QUÉ PODRÍAS HACER?

Ayuda a tu hija a entender la santidad de su cuerpo con el pasaje de 1 Corintios 3:16: "¿No se dan cuenta de que todos ustedes juntos son el templo de Dios y que el Espíritu de Dios vive en ustedes?".

Si tus hijos asisten a un colegio donde la libertad de vestimenta es "sagrada" y tus expectativas sobre lo que usarán difieren ampliamente de las suyas, analiza el código de vestimenta del colegio antes de ir a la tienda. Es probable que se detalle muy específicamente lo que está permitido usar. El secretario administrativo del colegio es mucho más estricto a comienzo del año escolar que antes de las vacaciones.

Con el código de vestimenta, verifica con tus hijos lo que tienen en sus guardarropas y lo que necesitan. Incluye también en la lista de compras los artículos específicos que necesitan para actividades no escolares. Establece un presupuesto. Utiliza el periódico para encontrar ofertas, respira hondo y sal de compras con tus hijos adolescentes.

Límites personales

Si ellos tienen espíritu aventurero, puede ser divertido darles algo de dinero y la libertad para que compren ropa en una tienda de ropa de segunda mano. Ciertos estilos clásicos están siempre de moda y dan grandes oportunidades para la creatividad y originalidad, por no mencionar el ahorro. Tal vez descubran que buscar oportunidades de compras puede ser divertido y que existen tesoros escondidos en lugares insólitos.

¿QUÉ PODRÍAS DECIR?

Si Mariana aparece vestida con un atuendo escaso e inapropiado, puedes decirle: "Mariana, en muchas ocasiones he visto cómo utilizaste tu sano juicio y respeté tus decisiones, pero no puedo soportar que tengas tan poco respeto por ti misma al vestirte así. Cariño, no tienes idea de cómo luces así vestida, pues implícitamente transmites tu deseo de que otras personas sientan atracción hacia tu cuerpo, en lugar de tu ser interior. Al ofrecerte como un simple objeto para el placer lujurioso, te degradas a ti y a tu Creador.

"Primera Corintios 8:9 dice: 'Pero ustedes deben tener cuidado de que su libertad no haga tropezar a los que tienen una conciencia más débil'. Una de mis mayores preocupaciones es que la manera en que ahora te vistes demuestra un evidente descuido por el carácter moral de tus compañeros varones. Supondré que no entiendes lo difícil que es para ellos luchar por mantener la pureza sexual en sus mentes.

"Es importante para ti y para mí que te respeten. Querida, tienes diez minutos para cambiarte. Apúrate, así podremos irnos rápidamente". (Si se niega, dile: "Mariana, tal vez hoy no sea el mejor día. Podríamos intentarlo la semana que viene. Estoy segura de que nos divertiremos mucho juntas. Tengo muchas ganas de ir contigo a comprar el atuendo para el colegio").

Cuando ya estén en camino, podrías dejar claro, con un tono amable, algunas reglas básicas. "Muy bien, cariño, ya sabes lo que necesitamos y cuánto dinero tenemos. Te permitiré escoger las prendas. Todo lo que encuentres, que figure en la lista y que puedas usar para el colegio, lo pondré en el carro hasta que se nos termine el dinero. Luego, si quieres devolver algunas cosas y elegir otras, lo haremos. Tengo todo el día.

"Si encuentras algo más que realmente deseas y está de acuerdo con nuestros parámetros, puedes utilizar tu dinero para comprarlo. En esta salida, solo compraré yo las cosas en la lista para el colegio. Mariana, decidamos como personas adultas y comportémonos con madurez. Si discutes o gritas, daré por terminada nuestra compra y pagaremos únicamente lo que hayamos cargado en el carro. ¿Estás de acuerdo? ¿Crees que es justo? Bien. Entonces, cuando hayamos terminado, comamos juntas. Me encanta estar contigo, eres muy especial para mí".

SABIDURÍA DE LA PALABRA DE DIOS

Es común que existan diferencias de gustos dentro de una familia, especialmente entre padres e hijos adolescentes. Pero si el criterio de todos, en cuanto a vestimenta y maquillaje, está en sintonía con Dios, enfrentar estas diferencias no debería ser una experiencia estresante, sino enriquecedora.

Que la belleza de ustedes no sea la externa, que consiste en adornos tales como peinados ostentosos, joyas de oro y vestidos lujosos. Que su belleza sea más bien la incorruptible, la que procede de lo íntimo del corazón y consiste en un espíritu suave y apacible. Ésta sí que tiene mucho valor delante de Dios (1 P. 3:3-4, NVI).

29

Peinados extraños

Es sábado por la tarde, y estás atareado arreglando el jardín delante de tu casa. Echas un vistazo a la calle y divisas a un joven que camina, con aire arrogante, por la vereda. No lo puedes creer. Tiene su cabello anaranjado, rasurado por los lados. Además de sentir tristeza por los padres de ese muchacho, esperas que no sea amigo cercano de tu hijo adolescente. Cuando lo vuelves a mirar para ver si lo conoces, la pala se te cae de la mano temblorosa, mientras el muchacho camina directo hacia ti con una chispa de malicia en la mirada. "¡Hola papá! ¿Qué tal?" —te dice sonriendo; tú desfalleces.

¿QUÉ PODRÍAS HACER?

Probablemente sea necesario que enfrentes esta situación con tu hijo de una manera sutilmente distinta de lo que lo harías con tu hija, dependiendo de lo extremo del peinado y la necesidad escondida detrás de él. Pero, a decir verdad, muchas personas, entre los diez y los ochenta años, experimentan con su cabello y cambian constantemente de peinado. Para los adolescentes, este ejercicio puede ser beneficioso, porque aprenden a manejar su cabello y deciden qué les favorece más. En la mayoría de los casos, esta experimentación es benigna. Aunque sea desconcertante ver que tus hijos cambian del moreno al rubio y luego al azul, tu tolerancia es la mejor respuesta hacia sus experimentos. Parte de su identidad reside en hallar un estilo propio, y no pueden lograrlo si controlas minuciosamente su apariencia. Si tu hijo busca impresionar o realizar una declaración política, deberás conocer la necesidad interna que impulsa esta conducta y resolver el problema.

La realidad es que, probablemente, cada padre se sienta confundido en algún momento sobre las elecciones de sus hijos y piensen: *¿Qué está sucediendo? Quiero hacer lo correcto, pero esto es demasiado para mí.* Debes evaluar cuál será tu reacción si esto sucede. ¿Prestarás atención a las cosas importantes o a los detalles menores? Es decir, en el contexto general, ¿cuán importante es realemente su cabello? A menudo, oímos la máxima que dice: "Escoge tus batallas". Esta cuestión, ¿es realmente una causa de conflicto? En última instancia, no puedes controlar completamente a un adolescente. El propósito de esta etapa de la vida consiste en que los prepares para vivir independientemente de ti; que prepares a tu "cometa" para volar. A veces, esto significa que le des espacio para aprender, mediante la experimentación, en terrenos poco arriesgados, como el color y estilo de peinado.

Ahora bien, puedo oírte decir: "Mis hijos jamás conseguirán un empleo con este peinado. Nadie los tomará en serio". Tal vez tengas razón, pero ellos mismos se darán cuenta, y decidirán qué es más importante: tener dinero o un peinado exótico. Yo creo que decidirán por el dinero. Sin embargo, si los obligas a cambiar su apariencia externa para que tú te sientas satisfecho, no lograrás cambiar su corazón y sus pensamientos salvo con respecto a ti; pero no será un cambio beneficioso. En cuanto a la guía que puedes ofrecerles, quizás influyas en ellos, pero no puedes controlarlos.

Si crees que tu hijo se comporta así para desafiar tu autoridad, herirte o menospreciar tus deseos, entonces la situación necesita una respuesta más contundente. En cuanto a las consecuencias de esta conducta, podrías darle a tu hijo la opción de no salir, excepto para ir al colegio, o de raparse la cabeza y comenzar de nuevo. En este caso, podrá reanudar su vida social cuando su cabello haya crecido lo suficiente. Para entender y resolver el problema subyacente de la manera en que tu hijo te trata, puedes hacer preguntas discretas que revelarán, Dios mediante, lo que sucede en el corazón y abrirán la puerta para un diálogo sanador: "Panal de miel son las palabras amables: endulzan la vida y dan salud al cuerpo" (Pr. 16:24, NVI).

Otra opción consistiría en que tus hijos tuvieran un régimen de escolaridad domiciliaria hasta que crezca el cabello. El colegio podría brindarte ayuda, porque muchas escuelas tienen códigos de vestimenta que prohíben los peinados extremos. Si desean regresar con sus amigos, probablemente no tengan otra opción que volver al color original y acatar las reglas.

En muchos casos, el conflicto finaliza aquí porque solo querían ver tu reacción. El peinado extremo puede ser una prueba burda, no solo para los límites que hayas establecido, sino también para probar tu carácter. ¿Estallas, gritas, o te quejas furiosamente porque tu hijo se puso en la cabeza polvo de colores para bebidas, cuyo efecto durará hasta el próximo lavado? ¿Cómo reaccionas ante las sorpresas extravagantes? ¿Acaso su apariencia externa es más importante para ti que cómo se sienten contigo, o tú con ellos?

Por otro lado, quizás interpretes que esta situación es una señal de necesidad emocional y no un desafío a la autoridad. A menudo, los adolescentes sienten la necesidad de pertenecer a un grupo, e imitan a sus amigos. Si crees que esto es lo que sucede, podrías sacudir la cabeza y reír mientras haces un comentario neutral como este: "Bueno, ciertamente es un peinado interesante. Te has superado a ti mismo. Definitivamente, no pasarás inadvertido". Luego, sigue arreglando el jardín. Al margen de tus comentarios, existen muchas posibilidades de que tu hijo experimente tanto malestar por las miradas y comentarios negativos de otras personas, que pronto se quitará ese peinado cuando desaparezca la novedad.

¿QUÉ PODRÍAS DECIR?

Cuando hables con tu hijo sobre este tema, podrías decirle: "Sé que crees que soy antiguo y que no conozco lo que está de moda. También sé que deseas tomar tus propias decisiones respecto a tu apariencia. Me parece bien, siempre que uses un buen criterio y el sentido común. Dime, ¿qué te llevó a rasurarte la cabeza? ¿Qué te sucedía?".

Escucha atentamente la respuesta. Quizá te diga: "Solamente me estaba divirtiendo". Esa es una respuesta común cuando los padres están en desacuerdo con lo hecho. Entonces, investiga más a fondo: "Bueno, espero que no creas que debes hacer algo drástico para que te presten atención y para sentirte especial. Sabes que tu mamá y yo te amamos tal como eres. Sabemos cuánto vales, pues eres una persona única, creada por Dios. Y no tenemos problemas con que experimentes con el cabello, mientras no lo hagas porque te sientes mal y quieras cambiar tu identidad.

"Obviamente quieres que la gente te mire, pues tu peinado logrará eso. Pero quiero preguntarte algo seriamente: ¿Te sientes valorado como persona? ¿O sientes que te quieren por tu apariencia externa? En tu fuero interno, ¿crees que realmente tienes valor?".

Quizá te responda "No lo sé" o recibas una mirada vacía como respuesta. Pero, posiblemente, escuches una respuesta diferente si tus preguntas aciertan. Si tú sufriste una etapa en tu vida en la cual debiste luchar contra la baja autoestima, podrás comentarlo con tu hijo. Todos los jóvenes experimentan lo mismo. Piensa en un momento en el que intentabas agradar a la gente, pero los que querías impresionar ni siquiera sabían que existías. Si cuentas esta experiencia a tus hijos, puede que ellos comprendan mejor lo que sienten y se identifiquen contigo.

Luego, podrías decirle: "Me ha costado aprender que el valor real de una persona no se halla en el desempeño, en la apariencia externa ni en las habilidades. Dios te creó con un valor intrínseco que sobrepasa todas estas características, simplemente, porque Él te ama mucho y hará cosas grandes en tu vida".

Ahora, vuelve a la cuestión del cabello: "No deseo prohibirte las cosas inofensivas que quieres hacer, pero creo de corazón que este peinado no te dará lo que realmente deseas".

Anima a tus hijos a que dediquen tiempo para confeccionar una lista sobre los aspectos positivos y negativos de un peinado como este. Una vez terminada, pregúntales si existe algo en la lista con lo que no pueden vivir o que pueda dañar su reputación. La clave para enfrentar las modas adolescentes pasajeras reside en guiarlos para encontrar los motivos detrás de sus decisiones. Felizmente, la mayoría de estas modas se esfuman con el tiempo sin haber causado demasiado daño.

Al sabio de corazón se le llama inteligente; los labios convincentes promueven el saber (Pr. 16:21, NVI).

SABIDURÍA DE LA PALABRA DE DIOS

Si deseas que tus hijos vean al mundo y a las personas como el Señor lo hace, debes ser un ejemplo de compasión ante ellos. Busca los motivos detrás de cada nuevo peinado, y recuerda observar antes de rechazar sus actitudes.

La gente juzga por las apariencias, pero el SEÑOR mira el corazón (1 S. 16:7).

30

Piercing corporal

Tu hija aparece sin anunciarse en tu oficina.

—¡Hola, Ana! Qué linda sorpresa. ¿Qué te trae por aquí esta tarde? —le preguntas, mientras miras con inquietud a Graciela, la amiga de tu hija, a quien no conoces demasiado.

Todo lo que sabes de ella es que usa camisetas sin mangas, pantalones de tiro bajo y un molesto despliegue de aros en las orejas, uno en el labio y otro en la ceja.

—Hola, mamá. Solamente quería decirte que Graciela me acompañará a hacerme un *piercing* en el ombligo —declara tu hija.

Miras el ombligo de Graciela, el cual obviamente tiene un *piercing* y, consternada, vuelves a mirar a tu hija. Ana, no solo ha traído refuerzos para hacerte esta petición, sino que también ha elegido hacerlo enfrente de tus compañeros de trabajo, pues sabe que no montarás una escena.

El *piercing* corporal constituye uno de los conflictos más extremos en cuanto a la apariencia de los adolescentes. El *piercing* corporal es más que la perforación de los lóbulos de las orejas, ahora considerado como inofensivo. Hoy en día, esta práctica puede incluir aros y pendientes en los labios, lengua, frente, cartílago de la oreja, nuca, pezones, ombligo, genitales, etc.

¿QUÉ PODRÍAS HACER?

En relación al *piercing* corporal, presta mucha atención a los cambios de conducta y a la elección de las amistades. Si tus hijos desean o se hacen un *piercing*, intenta amablemente averiguar la razón de ello y de qué manera esta práctica se relaciona con su autoestima y las normas sociales. Responde con un intercambio de ideas en lugar de reaccionar con rechazo o enojo. Puedes aprender más de tus hijos si escuchas y mantienes abierta la puerta de la comunicación. Pídele al Señor que revele el motivo verdadero detrás del *piercing*, para saber si es superficial o importante.

Evalúa las posibles razones del *piercing* corporal:

- integrarse con sus compañeros
- hacer realidad un deseo de aventura
- satisfacer la curiosidad
- expresarse creativamente
- rebelarse contra las normas familiares
- manifestar un anhelo o necesidad
- enviar señales no verbales sobre el deseo sexual
- mostrar el dolor interno de manera externa

Es aconsejable revisar las pautas y límites que has establecido con tus hijos adolescentes para ayudarles a tomar decisiones saludables y constructivas en el área física, social y emocional. Ya sea que tengan un *piercing* o contemplen la posibilidad de hacerse uno, tu rol como madre es hacer lo mejor para tus hijos, en lugar de ser manipulado para satisfacer sus deseos. Quedarse callado no es una solución.

Investiga sobre este tema para conocer las leyes sanitarias de tu ciudad o estado. En algunos estados, es ilegal que un menor, con menos de diecisiete años, se haga un *piercing* corporal sin el consentimiento de sus padres. (La edad mínima para los tatuajes es de dieciocho años). Puede que tus hijos tengan amigos que conozcan negocios donde eluden estas leyes, pero adviérteles que estos lugares no están controlados por inspectores de salud y probablemente no sigan procedimientos sanitarios estrictos. Una posible infección como resultado de un *piercing* antihigiénico puede, literalmente, poner en riesgo la vida.

Ten en cuenta que muchos adolescentes necesitan que sus padres digan "no" por ellos. En muchos casos, los adolescentes realmente no quieren un *piercing*, pero la presión de sus compañeros parece tan abrumadora que no saben cómo negarse. Un "no" rotundo de sus padres puede ser un alivio. Tanto si te lo cuentan como si no, tu negación los libera y, al mismo tiempo, les permite salir bien parados con sus amigos. Quizá les agrade el hecho de culparte por prohibirles algo que secretamente tampoco deseaban.

Si las otras medidas fracasan o no deseas ser el único adulto que discrepa, tal vez debas buscar ayuda externa para que tus hijos reciban apoyo moral y espiritual ante la tentación. Quizá sea un hermano mayor a quien respeten. Pídele ayuda. A veces, no hay nada más eficaz que un hermano respetado que intervenga y diga: "¿Así que quieres un *piercing* en el ombligo? En el colegio, todos mis compañeros de la universidad creen que es muy burdo que las muchachas tengan *piercings*. Dejas de gustarles al instante". Es maravilloso lo que un miembro de la familia muy querido puede hacer, ya sea un hermano, hermana, abuelo, tío, tía o primo. Ellos son un elemento muy importante en la dinámica familiar. Proverbios 27:6 (NVI) nos recuerda: "Más confiable es el amigo que hiere que el enemigo que besa".

¿QUÉ PODRÍAS DECIR?

Si tu hija te toma por sorpresa frente a otras personas, puedes decirle calmada y suavemente: "Cariño, siempre me da gusto verte, pero no podrás hacer nada hasta que tengamos la oportunidad de hablar de ello. Ve a casa; te veré después del trabajo". Luego, márchate para evitar la discusión.

Cuando le preguntes por qué desea un *piercing* en el ombligo, tal vez te conteste que "*todas* lo tienen, por eso debo tenerlo". Podrías refutar esta teoría de la siguiente manera: "No *todas* lo tienen. No *todos* los adolescentes se lo hacen porque no *todos* los padres lo permitirán".

Dile: "Comprendo lo importante que es para ti integrarte al grupo de tus amigas. Pero como obviamente ya les agradas, no veo la necesidad de hacerte perforaciones en tu cuerpo que, de aquí a diez años, te arrepentirás. En el futuro, cuando seas adulta, lo que hagas será tu decisión. Pero tus amigas genuinas te quieren por lo que eres, no por lo que te pongas en el cuerpo. Y créeme, sinceramente, ¡a mí también me agradas! Por estas razones, me niego a tu petición".

Sugiérele lo siguiente: "Para que no creas que soy muy poco razonable y de mente estrecha, ¿por qué no hacemos por separado una lista de las ventajas e inconvenientes —las recompensas y consecuencias— de los aros y tatuajes desde nuestra perspectiva y luego conversamos sobre los resultados? Mientras tanto, confío en que respetarás mi respuesta de 'no'".

Guía a tus hijos hacia una conversación sobre las cualidades de los amigos verdaderos. Proverbios 27:17 afirma: "Como el hierro se afila con hierro, así un amigo se afila con su amigo". Deberías hacer hincapié en varias características sobre la amistad:

- Un amigo verdadero te ayudará a crecer. Los amigos te perfeccionan.
- Un amigo verdadero se compromete a ayudarte a hacer lo que sea mejor para *ti*, en lugar de hacer lo que todos hacen.

- Un amigo verdadero mira tu corazón, conoce tu necesidad de aceptación y te quiere por lo que eres, en lugar de valorarte porque perteneces a un grupo de moda.
- Un amigo verdadero te animará a hacer lo correcto (por ejemplo, si no hay otra razón, ¡no querrá que tus padres te castiguen!).

Menciona a un adulto a quien tus hijos respeten. El ejemplo que utilices podría ser el director de jóvenes de la iglesia, un profesor favorito, o un pariente que haya sido atento con tus hijos: "Fíjate en Diana, que es bella por dentro y por fuera. ¿Un *piercing* en el ombligo mejoraría su apariencia? Observa a la señora Martínez, que maneja su propia empresa. ¿La ves preocupada por un *piercing* atascado en su ropa? No tiene tiempo para eso". Piensa en otro adulto respetado (tal vez, el director del colegio o el pastor). "¿Crees que una perforación en su nariz sería apropiada?". Luego pregúntale: "¿Piensas que estará de moda un aro en la nariz cuando tengas treinta años? ¿Qué harás entonces?".

El hecho de considerar sus cuerpos como una mercancía o como un medio para obtener popularidad indica un problema serio de autoestima. Examina *por qué* tus hijos quieren hacerse un *piercing*.

Aprovecha esta oportunidad para enfatizar la importancia de tomar las decisiones más convenientes sobre sus cuerpos, en lugar de hacer cosas para ser aceptadas dentro de su grupo. Las muchachas, especialmente, necesitan apoyo para entender que ellas son dueñas de sus cuerpos. Sin embargo, algunas utilizan este argumento para hacerse *piercings*: "Es mi cuerpo, y ¡puedo hacer lo que quiera con él!". En este caso, quizá necesites recordarles que: "Ustedes no se pertenecen a sí mismos, porque Dios los compró a un alto precio. Por tanto, honren a Dios con su cuerpo (1 Co. 6:19-20).

Algunas personas argumentarán que las Escrituras no prohíben explícitamente esta práctica. Otros dicen que el pasaje de Levítico 19:28, que prohíbe a los israelitas hacerse cortes en el cuerpo, sería el principio bíblico para aplicar en este caso. Sin embargo, la cuestión cultural detrás de esta prohibición estaba relacionada con la creencia pagana de que ciertas marcas rituales en el cuerpo otorgaban poder sobrenatural. El Señor prohibió las perforaciones corporales en este contexto, porque Él es la única fuente verdadera de poder sobrenatural, y su pueblo no debía adoptar rituales paganos. Por eso, Él hizo la siguiente prohibición: "No te hagas cortes en el cuerpo por los muertos ni te hagas tatuajes en la piel.

Yo soy el Señor" (Lv. 19:28). Sin embargo, incluso en nuestra cultura, el *piercing* corporal puede transmitir una imagen ofensiva para algunos. En última instancia, buscar el bienestar de tus hijos es el mejor acto de amor que puedas hacer.

SABIDURÍA DE LA PALABRA DE DIOS

Todos deseamos que nuestros compañeros nos acepten, y esto es especialmente verdad para los adolescentes. Generalmente, la aceptación es el motivo que hay detrás de sus decisiones. Del mismo modo, también es el motivo de tu consternación. Sin embargo, si los adolescentes pueden actuar de manera autónoma, sin compararse constantemente con los demás, Dios creará en ellos un sentimiento de confianza.

Cada cual examine su propia conducta; y si tiene algo de qué presumir, que no se compare con nadie (Gá. 6:4, NVI).

31

Fascinación por el ocultismo

Tu hija, que hasta hace poco era una joven bien equilibrada, parece haberse transformado en otra persona de la noche a la mañana. Ahora, Caterina solo usa ropa y maquillaje de color negro. Ya no asiste a la iglesia, y sus calificaciones han caído estrepitosamente. No solo se ha vuelto huraña, sarcástica y reservada, sino que también ha cambiado de grupo de amigos... todos vestidos a lo "gótico". Caterina no quiere películas, revistas o música, a menos que contengan temas oscuros y perturbadores. El ocultismo la ha atrapado en toda su inocencia.

Se denomina *ocultismo* a toda práctica usada para "intentar obtener conocimiento o poder sobrenatural aparte del Dios de la Biblia".[1] La astrología, sesiones de espiritismo, lectura de la palma de la mano, brujería, adoración a diosas paganas y religiones de la tierra prometen a sus discípulos divulgar *conocimiento oculto*. Puesto que la curiosidad sobre las cosas prohibidas es una característica humana, la *curiosidad natural* es el anzuelo que usan los ocultistas para atrapar a adolescentes incautos.

Quizá tu hija te pregunte: "¿Qué hay de malo con el ocultismo? ¿Por qué estás en mi contra?". La respuesta principal es: "Porque Dios está en contra". No te equivoques, la participación en las ciencias ocultas te lleva a un reino explícitamente prohibido por Dios. En Levítico 20:6-7 (NVI), el Señor dice: "También me pondré en contra de quien acuda a la nigromancia y a los espiritistas, y por seguirlos se prostituya. Lo eliminaré de su pueblo. Conságrense a mí, y sean santos, porque yo soy el SEÑOR su Dios".

Wicca es un término actual para la brujería antigua y es la religión que crece más rápidamente entre los adolescentes de hoy en día. Los jóvenes que practican *Wicca* intentan justificar sus conductas con afirmaciones del estilo: "Tu verdad no es mi verdad". En otras palabras, intentan hacer que la verdad sea algo *relativo*, en vez de un principio moral absoluto. Creen erróneamente que pueden controlar su propio destino mediante diferentes prácticas y rituales ocultistas. La brujería y otros caminos hacia lo oculto se practican en oposición a la Biblia, la cual afirma claramente: "Nadie entre los tuyos deberá... ni practicar adivinación, brujería o hechicería; ni hacer conjuros, servir de médium espiritista o consultar a los muertos" (Dt. 18:10-11, NVI).

¿QUÉ PODRÍAS HACER?

Dedica tiempo para averiguar por qué los adolescentes participan de prácticas ocultistas. De hecho, las personas se sienten atraídas por una variedad de razones. Algunos adolescentes se sienten indefensos y desean pertenecer a un grupo más poderoso para obtener poder. Otros, están aburridos y desean ardientemente el entusiasmo y la intriga prometida por el espectáculo mediático del ocultismo. Por otra parte, existen personas que buscan sinceramente significado y propósito. En este mundo posmoderno, sin principios morales absolutos, la generación *"whatever"* [me da igual] simplemente quiere experimentar "algo". Por desgracia, algunos adolescentes buscan en los lugares equivocados... y *Wicca* es uno de ellos.

Pídele sabiduría a Dios sobre el ocultismo mientras aprendes detalles sobre prácticas y patrones de comportamiento ocultista. Por ejemplo, presta atención a la vestimenta. Una noche, después de hablar sobre el ocultismo a un grupo numeroso, una mujer manifestó su angustia porque su hija había comenzado a usar ropa negra... solamente negra. Su estado de ánimo se había vuelto "oscuro"; su espíritu, oprimido. Esta madre regresó a su casa y le *insistió* a su hija que se deshiciera del vestuario de estilo *solamente negro*. De hecho, esta madre ya se había reunido con un grupo de padres preocupados también por sus hijos, y estos padres también les habían pedido a sus hijos que eliminaran las vestimentas góticas y el rock duro.

El resultado fue absolutamente fascinante. Tras un mes de batallas sobre los "derechos" —mientras sus padres se mantenían firmes— los muchachos cambiaron a música *country*. Esta madre contó que, pasado un período de tiempo, la expresión de su hija cambió, pues ya no estaba triste ni retraída. Los otros padres, junto con sus profesores, observaron e informaron el mismo cambio, no solo en casos aislados, sino en el grupo entero. La clave fue la coherencia de estos padres amorosos que no cedieron terreno sobre límites innegociables.

Presta atención a las señales de advertencia. Observa cualquier cambio "oscuro", como vestimenta y maquillaje negro, actividades secretas y amigos retraídos. Busca objetos tangibles como el *Libro de las Sombras* o el diario *Wicca*, en el cual los adolescentes registran sus encuentros con el mundo espiritual, incluidos los encantamientos para "hacer que alguien los ame", dañar a alguien o invocar hechizos para provocar los cambios deseados. Dos signos adicionales de participación en prácticas ocultistas son los cuchillos ceremoniales y altares satánicos escondidos en sótanos, guardarropas o patios traseros.

No te engañes con un falso sentido de seguridad. Aunque el interés de un adolescente hacia el ocultismo parezca superficial, los padres deben tomarlo seriamente. Jugar con el ocultismo es peligroso. La asistencia esporádica a la iglesia no previene la participación en el ocultismo. Hasta los jóvenes que asisten regularmente a la iglesia pueden estar en riesgo. No creas que tus hijos no pueden caer en esta práctica porque tienes un "buen hogar". El enemigo busca, acosa e intenta destruir a la juventud, especialmente aquellos que podrían desbaratar sus planes.

Descubre lo que sucede con tus hijos adolescentes: investiga. Lee la letra de las canciones que escuchan cientos de veces: generalmente, están impresas en los cuadernillos de los discos compactos. Las letras de canciones relacionadas con el ocultismo hablan de destrucción, distorsionan la verdad y esclavizan al oyente. Por tanto, si encuentras letras que rechazan la bondad de Dios, corrompen el mensaje de Cristo o exaltan el espíritu de maldad, enfrenta inmediatamente la situación. Isaías 7:15 (NVI) exhorta a "elegir lo bueno y rechazar lo malo".

Presta atención a lo que estén dibujando. Busca en sus libros o cuadernos del colegio símbolos o emblemas del ocultismo que representan anarquía e injusticia. Los símbolos más conocidos son la esvástica o la cruz quebrada, pero también deberías conocer otras cruces, de alguna manera distorsionadas, como la cruz invertida, la cruz de confusión o la cruz de Nerón. Busca el hexagrama y la representación de Diana y Lucifer. Presta mucha atención a los símbolos de Satanás, como el pentagrama invertido (o *Bafomet*), el signo de los cuernos y por supuesto, el 666 o FFF, el símbolo de la bestia.

Ponte en contacto con ministerios que tratan temas de ocultismo o misticismo para que aprendas el significado de los símbolos que encuentres. Te ayudarán a reconocer otras pistas. Recuerda que "la verdad los hará libres" (Jn. 8:32). Busca ayuda de personas que tengan un conocimiento profundo sobre la guerra espiritual: tal vez un pastor u otro líder espiritual. Pídeles que comiencen a hacer guerra en nombre de tus hijos. Sin embargo, evita las iglesias y los líderes que no enseñan sobre la guerra espiritual porque no podrán ayudarte. Recuerda que cuando te enfrentas con lo oculto, te estás enfrentando directamente con el enemigo de nuestras almas.

Al principio, pide la cooperación de tus hijos para eliminar de la casa todo lo relacionado con el ocultismo: discos compactos, baratijas, juegos y hasta objetos de astrología. Años atrás, recibí como regalo una hermosa taza con mi signo del zodíaco, del tamaño perfecto para guardar lápices. Cuando comencé a entender lo que significa el ocultismo, no tuve intenciones de deshacerme de aquella taza, y ese deseo se convirtió en una gran batalla interna. *Si no puedo ser fiel en las pequeñas cosas* —pensé—, *¿cómo puede Dios confiar en mí para las grandes?* Sabía que debía tirarla a la basura (no obsequiarla a nadie más)… y finalmente lo hice. Solo entonces pude experimentar la paz inefable de Dios.

Si tus hijos no ven la necesidad de deshacerse de tales objetos, explícales que la sola presencia física de estos artículos se opone a Dios y permite que el enemigo entre a tu casa, con lo que expones a toda tu familia a la influencia demoníaca. Puesto que tu hogar debería estar dedicado al Señor que te salvó, dejar entrar al enemigo es un insulto hacia Él.

Hechos 19:19 (NVI) manifiesta: "Varios de ellos, que practicaban la hechicería, trajeron sus libros de conjuros y los quemaron en una hoguera pública". Si deseas que tu hijo experimente la liberación de la esclavitud del ocultismo, *debes eliminar de tu hogar todos los objetos relacionados con el ocultismo,* pues el Dios de la Biblia así lo exige.

Aprende a responder las preguntas que quizás formulen tus hijos. En realidad, muchas personas, incluso algunos cristianos, no conocen lo que la Biblia dice sobre el ocultismo. Por ejemplo:

- *"¿Qué hay de malo en buscar ayuda para comunicarme con un ser querido que ha muerto?".* Esta práctica no solo está prohibida por Dios, sino que también abre la puerta para contaminarse con demonios. Levítico 19:31 dice: "No te contamines al recurrir a los médiums o a los que consultan con los espíritus de los muertos".
- *"¿Qué sucede con la astrología y el horóscopo?".* El Señor mismo provee la respuesta en Jeremías 10:2 (NVI): "No aprendan ustedes la conducta de las naciones, ni se aterroricen ante las señales del cielo, aunque las naciones les tengan miedo".

- *"¿Qué piensas sobre el uso de encantamientos para protección?"*. Nuevamente, Dios da la respuesta en Ezequiel 13:20 (NVI): "Por tanto, así dice el SEÑOR omnipotente: Estoy contra sus hechicerías, con las que ustedes atrapan a la gente como a pájaros. Pero yo los liberaré de sus poderes mágicos, y los dejaré volar".

- *"¿Qué sucede con la adoración a la naturaleza?"*. La Biblia provee la respuesta en Éxodo 20:4-5 (NVI): "No te hagas ningún ídolo, ni nada que guarde semejanza con lo que hay arriba en el cielo, ni con lo que hay abajo en la tierra, ni con lo que hay en las aguas debajo de la tierra. No te inclines delante de ellos ni los adores".

- *"¿Qué me dices de la brujería?"*. La Biblia nos da la respuesta en Miqueas 5:12 (NVI): "Pondré fin a tus hechicerías y no tendrás más adivinos".

- *"¿Por qué está mal consultar a los muertos?"*. El verdadero problema radica en que las personas que participan del ocultismo utilizan prácticas apartadas de Dios para lograr conocimiento sobrenatural; en última instancia, depositan su fe en un lugar que el Señor prohíbe terminantemente. "Si alguien les dice: Consulten a las pitonisas y a los agoreros que susurran y musitan; ¿acaso no es deber de un pueblo consultar a sus dioses y a los muertos, en favor de los vivos?" (Is. 8:19, NVI).

- *"¿Qué piensas de los médiums?"*. La prueba fehaciente que demuestra si los profetas son de Dios es que deben tener la razón el 100% de las veces, el 100% del tiempo, y ningún médium está cerca de ello. Deuteronomio 18:20, 22 (NVI) declara: "Pero el profeta que se atreva a hablar en mi nombre y diga algo que yo no le haya mandado decir, morirá. La misma suerte correrá el profeta que hable en nombre de otros dioses… Si lo que el profeta proclame en nombre del SEÑOR no se cumple ni se realiza, será señal de que su mensaje no proviene del SEÑOR. Ese profeta habrá hablado con presunción. No le temas".

¿QUÉ PODRÍAS DECIR?

Cuando hables con tus hijos adolescentes, dedica tiempo a comunicarte, acercarte y escuchar. Puede que estén cegados a la verdad por causa de lo que otros les han dicho. Debes ser amable y sensible a sus opiniones.

Pregúntales: "¿Crees que la astrología es uno de los ejes del ocultismo? [Lo más probable es que digan "sí"]. Admito que es interesante pensar que puedes guiar tu vida con las estrellas. Si pudiera *demostrar* que las lecturas astrológicas no son verdaderas, ¿querrías investigar sobre el ocultismo conmigo?". (Dios mediante, ellos responderán de forma afirmativa).

La astrología presenta tres grandes problemas:

1. Desde el punto de vista científico, la astrología se basa en la creencia de que el Sol gira alrededor de la Tierra. Sin embargo, los científicos han comprobado que la Tierra gira alrededor del Sol.
2. Desde el punto de vista social, las lecturas astrológicas se basan en el horario y fecha de nacimiento; por lo que los gemelos deberían tener un futuro idéntico, ¡pero no es así!
3. Desde el punto de vista espiritual, la Biblia se pronuncia totalmente en contra de la astrología. Isaías 47:13-14 (NVI) declara: "¡Los muchos consejos te han fatigado! Que se presenten tus astrólogos, los que observan las estrellas, los que hacen predicciones mes a mes, ¡que te salven de lo que viene sobre ti! ¡Míralos! Son como la paja, y el fuego los consumirá. Ni a sí mismos pueden salvarse del poder de las llamas. Aquí no hay brasas para calentarse, ni fuego para sentarse ante él".

"Estoy realmente preocupado por el interés que demuestras ante algo muy peligroso. Te amo demasiado para verte camino a la destrucción. Con todo mi corazón, deseo que experimentes el gozo y la paz de una vida que agrada a Dios. Veamos qué podemos hacer al respecto, ¿está bien?

"Si observo que tomas decisiones que te llevan a las tinieblas del ocultismo, te prohibiré realizar ciertas actividades y estar con determinadas personas. Si, por otra parte, veo que te alejas de estas actividades, permitiremos que nuestro hogar sea el centro de actividades sociales para tus amigos".

Muéstrales a tus hijos cómo confiar en Dios y solo en Él. La inversión de tiempo en esta actividad de discipulado será tu mejor recurso para ayudarlos. Todo lo que digas, hagas y muestres como modelo, en cuanto a las verdades de Dios sobre este tema, tendrá un efecto para la eternidad.

El amado apóstol Juan escribió: "Y sabemos que el Hijo de Dios ha venido y nos ha dado entendimiento, para que podamos conocer al Dios verdadero. Y ahora vivimos en comunión con el Dios verdadero porque vivimos en comunión con su Hijo, Jesucristo. Él es el único Dios verdadero y él es la vida eterna" (1 Jn. 5:20).

SABIDURÍA DE LA PALABRA DE DIOS

La curiosidad no mata solamente a los gatos; también destruye a muchos adolescentes que incursionan en el ocultismo, sin saber que los conduce a las tinieblas y a la muerte. La Palabra de Dios es clara acerca de los peligros del ocultismo y de todos sus engaños.

¡Qué aflicción para los que dicen que lo malo es bueno y lo bueno es malo, que la oscuridad es luz y la luz es oscuridad, que lo amargo es dulce y lo dulce es amargo! (Is. 5:20).

32

Pornografía

Debes recoger a tu hijo del primer viaje misionero y ansías que te cuente todas sus experiencias. Sonriendo, caminas hacia el estacionamiento. Agustín y sus amigos son los últimos en salir del autobús... y a diferencia de ti, ellos no sonríen.

El pastor de jóvenes te busca a ti y a los padres de los amigos de tu hijos y les dice: "¿Tienen unos minutos? Necesito hablar con ustedes". Confundidos, se dirigen hacia la oficina. Los muchachos miran hacia abajo y, por ello, sabes que esta entrevista no te dará buenas noticias. Tomas asiento esperando descubrir qué travesura han hecho.

Sin embargo, resultó que no fue una travesura infantil en absoluto. Estos jóvenes *extraordinarios*, llamados "líderes" de su clase, compartieron fotos pornográficas con sus amigos en el viaje misionero. Te enteras de los hechos, pero también ves la historia escrita en los rostros de los muchachos que ahora han perdido la habilidad de hablar. "¿De dónde conseguiste esas fotos repugnantes? ¿En qué estabas pensando? Estás castigado... *para siempre*". Confiscas el teléfono celular de tu hijo y, con gran tristeza, cada uno de ustedes se dirige a su casa.

Tu mente da vueltas y más vueltas *¿Cuándo comenzó? ¿Fue en casa de Samuel? Su padre parece ser de los que compran revistas tipo* Playboy. *O tal vez fue Andrés. ¿Será porque no tiene padre?* Ahora sientes un dolor punzante de cabeza. *¿Cometí alguna clase de error?* La culpa ya se instaló. Te sientes herida, desilusionada, enojada, avergonzada y temerosa del futuro de tu hijo. ¿A quién acudir? ¿Qué hacer?

Mandas a tu hijo, con los ánimos por el suelo, a la habitación, y le dices que hablarán más tarde. En tu cuarto, mientras alternas entre el llanto y la oración, buscas el rostro de Dios y te preguntas qué debes hacer. *¿Es este un episodio único, o tu hijo está atrapado en la pornografía... con trece años?*

En realidad, lo que necesitas alejar de tu hijo no es algo que esté *allá afuera*: es algo que se ha infiltrado en tu hogar, a un solo clic.

Un breve análisis de la progresión del material pornográfico de los últimos cincuenta años revela una situación alarmante. En el pasado, los adolescentes podían conseguir material pornográfico únicamente a través de los adultos, mientras que ahora pueden obtenerlo desde sus computadoras o teléfonos celulares, lo cual es mucho más aterrador. Los videos musicales, las revistas para adolescentes y los anuncios enfocados en los adolescentes envían mensajes pornográficos de diferentes intensidades. Muchos de estos mensajes muestran a la mujer como objeto sexual para usar y abusar.

Aunque los padres pongan medidas preventivas, los adolescentes pueden exponerse inocentemente a las ventanas que se abren de repente en Internet, las fotos en los mercados, la música en el coche de un amigo o hasta en las vallas publicitarias. La Coalición Nacional de Protección del Niño y la Familia estima que la primera exposición a la pornografía del 80% de los jóvenes ha sido por accidente.[1] El llamamiento a los padres, en este aspecto, se encuentra en Romanos 12:2: "No imiten las conductas ni las costumbres de este mundo, más bien dejen que Dios los transforme en personas nuevas al cambiarles la manera de pensar. Entonces aprenderán a conocer la voluntad de Dios para ustedes, la cual es buena, agradable y perfecta".

¿QUÉ PODRÍAS HACER?

Los padres del relato, al comienzo de este capítulo, se reunieron e idearon un plan constructivo y colectivo para los muchachos. La pornografía es adictiva, y estos jovencitos estaban atrapados en ella. Se le pidió a un padre, que se sentía cómodo hablando de este tema con los adolescentes, que comenzara un estudio bíblico sobre los peligros de la pornografía. Este padre también presentó la visión de Dios sobre este problema: "¿Puede alguien echarse brasas en el pecho sin quemarse la ropa?" (Pr. 6:27, NVI).

Estos muchachos (ahora hombres) te dirán que Dios permitió que los descubrieran para salvarlos de una adicción de por vida a la pornografía. Gracias a un padre amoroso que les enseñó las verdades de Dios en la Biblia, comenzaron a comprender cuán tentadora y abrumadora es la pornografía. Actualmente, estos hombres les dicen a los muchachos y adolescentes: "*Cada día* deben decidir no mirar pornografía en televisión, películas, sitios de Internet y revistas. El deseo nunca se va. Cualquiera puede caer en esta adicción, incluso las personas que conocen al Señor. Cada día de su vida, deben *decidir* alejarse de la pornografía". El testimonio de estos hombres es impactante. Los adolescentes notan en seguida la transparencia e importancia del mensaje. Como padres, su responsabilidad es criar a sus hijos para que sean hombres y mujeres piadosos. No pueden abdicar esa responsabilidad. Pueden combatir de manera colectiva esta cultura. En la Biblia, Job, el hombre justo, estableció el parámetro para la pureza sexual cuando dijo: "Hice un pacto con mis ojos, de no mirar con codicia sexual a ninguna joven" (Job 31:1).

- Establece límites, comunícalos claramente a tus hijos y explica las *razones*.
- Mantén la computadora en un lugar abierto de tu casa, accesible para todos.
- Instituye, como política familiar, conocer las contraseñas electrónicas de todos, incluso las de todas las redes sociales.
- Instala filtros y controles: muchos de ellos están disponibles.
- Verifica los sitios que tus hijos han visitado. La disposición con que lo hagas es muy importante. Si lo haces con un espíritu de amor, guías y enseñas. Si lo haces con un espíritu legalista de querer controlarlos, puede que genere resentimiento y enojo por parte de tus hijos.
- Comprende que la pornografía es una trampa que trasciende las fronteras y que se filtra en las iglesias. No seas inocente al creer que tus hijos están inmunes porque pertenecen a un grupo juvenil. Tanto las muchachas como los muchachos son vulnerables a los tentáculos de amplio alcance de la pornografía.
- Debes saber que la computadora portátil o el celular, que un amigo trae a tu casa, podría ser otro camino para que se filtre la pornografía en tu casa mediante el acceso a Internet. Averigua otras maneras en los que los adolescentes tienen acceso a la pornografía.

Además, las muchachas pueden volverse adictas, por ejemplo, a las novelas románticas. Puede que, al principio, el libro sea bastante inocente, relatando una sencilla historia de amor, pero el enemigo acecha en los corazones, mentes y almas de las adolescentes. No se detendrá ante nada. Como madre, debes vigilar lo que leen tus hijas. Probablemente, ciertas historias y libros de amor tengan títulos que parecen seguros, pero gradualmente las arrastran hacia la pornografía. Quedan muy pocos límites morales en nuestro mundo. La expresión "Las apariencias engañan" nunca fue más cierta. Las tapas y títulos de los libros, en apariencia inocentes, ocultan mensajes insidiosos, además de contener mensajes explícitos que arrastran a las chicas hacia las relaciones sexuales, lesbianas e incluso las así llamadas "vampíricas".

Un grupo de padres, que organizaron una feria de libros en una escuela cristiana, nos dijeron: "Es angustiante saber que ya nada, excepto la Biblia, es sagrado. Aunque pedimos al proveedor solamente libros, relatos y biografías cristianos, tenemos, de todos modos, un comité de padres y profesores que revisan cada libro antes de que comience la feria. Gracias a Dios por este comité… nuevamente, un título que parecía inocente, en realidad, enmascaraba suciedad descarada que estaba designada para atraer a las muchachas hacia el lesbianismo, la masturbación y el sexo antes del matrimonio. La pornografía escrita es tan explícita e insidiosa como la pornografía gráfica". En 1 Tesalonicenses 4:3 leemos: "La voluntad de Dios es que sean santos, entonces aléjense de todo pecado sexual".

¿QUÉ PODRÍAS DECIR?
Habla abiertamente con tus hijos adolescentes. Estas dificultades no desaparecerán, sino que empeorarán. Los límites y los filtros pueden ser útiles, pero lo más importante es que utilices tus palabras para guiar a tus hijos a comprender que existen serias consecuencias si ven pornografía, y dulces recompensas si permanecen mental y emocionalmente puros. "No puedes taparles los ojos a tus hijos. Debes enseñarles a mirar. Así como les enseñas a conducir, debes hablarles sobre la seguridad, y enseñarles a ser consumidores críticos que no piensan que todo lo que aparece en Internet es verdadero o apropiado".[2]

"Te amo. Me preocupo profundamente por lo que ves, oyes y hablas. Me importa el tipo de imágenes que entran a tu mente, porque sé que influirán en tu corazón, mente y espíritu. Tal vez no te sientas a gusto cuando hables por primera vez de estas cosas conmigo, pero, por favor, debes saber que siempre estaré contigo. Oirás palabras y bromas, verás imágenes y estarás expuesto a cosas que son contrarias a lo que deseamos en nuestra familia. Cuando te sientas incómodo con lo que veas u oigas, puedes comunicárnoslo para que hablemos de ello hasta que entiendas lo que significa. Luego, veremos lo que dice la Palabra de Dios al respecto".

Límites personales

Una madre de hijos ya adultos nos cuenta su testimonio: "Mis hijos hablaban conmigo de todos los temas. En ocasiones, tenía que ocultar la rabia que sentía ante el nivel de suciedad que había penetrado en el mundo de mis hijos. Aprendí a escuchar sin mostrar mi reacción; pues de otra manera, mis hijos ya no acudirían a mí. Separamos la verdad de lo ficticio: la verdad de Dios en vez de las mentiras del mundo. Aprendí que, como madre, hay que prepararse y prevenir la situación. Mientras hablábamos sobre esos incidentes, cimentamos una relación más profunda. Mis hijos aprendieron a confiar en mí y, actualmente, me dicen: 'Mamá, sé que puedo contar contigo para lo que sea'. Ahora, con hijos propios, ellos buscan cultivar una atmósfera de comunicación abierta en la cual puedan navegar a través de estas guerras culturales".

El regalo más importante que podemos darles a nuestros hijos consiste en estar ahí... en caminar a su lado a través de este laberinto de inmoralidad. Ellos necesitan que estés presente y disponible para escucharlos con el corazón, ver su dolor, tomar sus manos en las tuyas, tranquilizarlos con tu amor, animarlos con tus palabras y sostenerlos con tu fe. Con *límites saludables para tus hijos adolescentes*, puedes guiarlos por este laberinto para que salgan ilesos. Gálatas 6:7 afirma: "No se dejen engañar: nadie puede burlarse de la justicia de Dios. Siempre se cosecha lo que se siembra".

SABIDURÍA DE LA PALABRA DE DIOS

Ora para que tus hijos llenen sus corazones y mentes con las cosas de Dios, y anímalos a memorizar el siguiente versículo:

Y ahora, amados hermanos, una cosa más para terminar. Concéntrense en todo lo que es verdadero, todo lo honorable, todo lo justo, todo lo puro, todo lo bello y todo lo admirable. Piensen en cosas excelentes y dignas de alabanza (Fil. 4:8).

33

Abuso de drogas o alcohol

Una noche, un hombre se presenta mostrándote una placa, se identifica como agente de narcóticos y te dice que tu hijo fue reconocido como consumidor. ¡Seguramente está equivocado! Tú has establecido claramente los límites: prohibiste el tabaco, las drogas y el alcohol. Sin embargo, este detective quiere hablar con tu hijo Santiago sobre su proveedor de drogas. Tras una "entrevista" poco cooperativa con tu hijo, el detective se va. Ahora te acechan las dudas, el fracaso y desaliento… y sientes que te ahogas en un mar de preguntas sin responder.

Puesto que incluso en el "mejor hogar" los chicos ceden a esta tentación, tu objetivo principal es, en primer lugar, evitar que esto suceda. Pero, si ocurre, debes frenar este comportamiento antes de que resulte fatal.

Generalmente, los padres comienzan a observar una espiral descendente en la personalidad de sus hijos: caída abrupta de las calificaciones, ausentismo y "amigos" hasta ahora desconocidos. Por tanto, los padres que ven estas señales tienen todo el derecho de registrar la habitación y los objetos personales de sus hijos. Una vez que el chico se enfrenta a la evidencia, deben establecerse reglas básicas y estrictas. Si esta estrategia no funciona, probablemente sea necesario un tratamiento domiciliario. Y si esto tampoco es efectivo, la batalla por la restauración puede durar años.

El alcohol y el tabaco son las puertas de acceso para la mayoría de los consumidores de sustancias. Aunque son legales para los adultos y están socialmente aceptadas (hasta cierto grado) en los adolescentes son peligrosamente seductoras y atractivas. En última instancia, es posible que el uso ilegal de estas sustancias en menores de edad dé como resultado el uso ilegal, cuando sean adultos, de drogas más fuertes.

¿LO SABÍAS?

Hoy en día, cada vez menos adolescentes fuman porque conocen mejor los peligros. ¡Los chicos sí escuchan! Esta es una buena noticia debido a varias razones. El tabaco contiene sustancias químicas que dañan el cerebro del adolescente. Los adolescentes son más propensos que los adultos a usar el tabaco como trampolín para el abuso de otras drogas más potentes. Las investigaciones demuestran que los chicos que fuman están en mayor peligro de consumir alcohol u otras sustancias. Los adolescentes reciben mensajes contradictorios con respecto a la marihuana. Los padres que fumaron marihuana de adolescentes deben saber que esta droga contiene el 500% más de THC (el ingrediente activo de la marihuana) que cuando ellos fumaban. El THC eleva los niveles de dopamina y puede influir negativamente en la producción cerebral de este neurotransmisor.[1]

Los adolescentes que fuman marihuana hoy son más propensos a volverse adictos a ella y sufrir los efectos colaterales a corto plazo como pérdida de memoria, problemas de concentración y falta de coordinación; todos relacionados con la marihuana.[2]

El alcohol es la droga que más probablemente dañe a un adolescente… El número de adolescentes que bebe alcohol es tres veces mayor de los que fuman marihuana… El abuso del alcohol también afecta la codificación de recuerdos nuevos.[3]

La "droga de elección" para la mayoría de los adolescentes de clase media y alta consiste en tomar, simplemente, los remedios del botiquín de sus padres. Organizan "fiestas de remedios" en las que intercambian y mezclan medicamentos, buscando nuevas sensaciones de euforia.

Luego, pasan a las drogas de "diseño", siendo la más usada la MDMA (metilenedioximetanfetamina), conocida también como XTC o éxtasis. Esta droga potente "combina la energía que brindan las anfetaminas con algunas alucinaciones del LSD… Los consumidores de esta droga experimentan gran energía y un deseo de tocar y abrazar… No obstante, uno de los efectos no deseados es que los consumidores rechinan los dientes y se muerden los labios y la lengua".[4]

¿QUÉ PODRÍAS HACER?

Comprende que el ejemplo paterno es el arma más poderosa. Cuando un padre fumador le dice a su hijo que no fume, el impacto disminuye severamente. El papá debe preguntarse: "¿Es mi adicción más importante que mi hijo? Por su bien, *dejaré de fumar*". Es necesario que seas de inspiración para tus hijos.

Del mismo modo, ¿tienes una vitrina bien provista de licores? ¿Está en un lugar de fácil acceso para tus hijos? (No creas que ignoran dónde guardas la llave). Si los padres creen que está bien que sus hijos beban en algunas ocasiones, la ley discrepa con ellos. Por ejemplo, en Texas, si permites que un menor de edad beba en tu hogar, *tú* podrías ser arrestado.

Habla a menudo con tus hijos sobre lo que esperas de ellos y las consecuencias que surgirán si no cumplen con las reglas. Un experimento equivale a una vez… una segunda vez ya no es un experimento. Establece reglas claras en esta área. Recuérdales que la *recompensa* por elecciones responsables será más libertad; pero la *consecuencia* de elecciones irresponsables será la disminución de la libertad. Esto significa que, una vez que conozcas en qué *situaciones* tus hijos están "consumiendo", debes restringir su libertad a ellas. Por ejemplo:

- Si solo beben con *ciertas personas,* prohíbe el contacto con ellos.
- Si solo beben en *ciertos lugares*, prohíbe a tus hijos que vayan allí. Si no puedes hacerlo, adapta tu agenda para acompañarlos a esos lugares.

Si no conoces el grado de abuso de drogas de tus hijos, debes convertirte en detective. Investiga la motivación con las siguientes preguntas: (1) ¿Lo hiciste por curiosidad? (2) ¿Fue para uso recreacional en grupo? (3) ¿Lo hiciste porque tus amigos te presionaron? La comunicación fluida es fundamental para evaluar la situación y decidir el curso de acción a seguir.

Tus hijos deben saber que apoyas incondicionalmente las leyes civiles que prohíben el uso de drogas. Sin sermonearles, explícales el principio bíblico de someterse a las autoridades (1 P. 2:13). En situaciones difíciles, algunos padres llaman a la policía cuando sus hijos irrespetuosos traspasen el límite de las drogas.

Antes de que la situación se agrave, comunícales, con calma y claridad, que deben respetarte en lo que respecta a las sustancias ilegales o deberás llamar a la policía, porque lo que hacen no solo es ilegal, sino que también pone en peligro sus vidas y las vidas de otras personas. Sin embargo, esta estrategia no debería hacerse como un juego de poder, sino con un corazón apenado. Tus hijos *deberían verte angustiado frente a esta decisión.* Con la participación de la policía, ellos deben entender que te han obligado a actuar, puesto que, si han elegido consumir, han escogido la consecuencia que ello origina.

Investiga los efectos que producen las drogas, pide a Dios que te dé sabiduría como padre y que prepare los corazones de tus hijos para que oigan la verdad sobre el daño que se están haciendo. Luego, siéntate con ellos y muéstrales lo que has descubierto.

¿QUÉ PODRÍAS DECIR?

Claramente, debes afirmar que tú no puedes controlar sus vidas, pero sí deseas confiar en ellos para que tomen las decisiones correctas. Puedes decir: "Lo mejor que puedes hacer por ti mismo es tomar decisiones que dejarán abiertas las puertas para tu futuro. Cada decisión incorrecta —y ésta es especialmente mala— cierra la puerta de una manera en que, tal vez, nunca vuelva a abrirse, no importa cuánto lo desees. ¿Te sientes satisfecho al desperdiciar los sueños que tienes para tu futuro?".

Los adolescentes tienen un gran radar para captar la honestidad y la transparencia. Si creen que eres honesto en el interés hacia ellos y que les muestras las consecuencias reales de lo que puede suceder si beben alcohol o consumen drogas, es muy probable que te oigan.

"Espero que sepas cuánto te amo. Me duele profundamente saber lo que has estado haciendo. Estoy en contra de ello pero, sobre todo, tengo miedo por ti. Sé que no puedo controlar lo que haces. Por favor, examina lo que estás haciéndote. No lo digo para restringir tu vida, lo digo para protegerte. Sé que lo haces, en parte, por tus amigos. Deseo que tengas amigos. Pero no creo que este grupo se beneficie ni te beneficie. Tal vez no tengan toda la información. Examinémosla juntos". Luego, consulta la tabla al final de este capítulo que detalla los efectos perjudiciales de numerosas drogas. Hablen juntos de ello. Permíteles hacer preguntas, como tú también a ellos.

"¿Conoces el elevado costo del tabaco?".

- Cada año, más de 400.000 estadounidenses mueren prematuramente debido al uso crónico de los cigarrillos.[5]
- Se gastan cerca de 90 mil millones de dólares en servicios médicos relacionados con el tabaquismo.[6]
- El 80% de los fumadores se volvió adicto a la nicotina en la adolescencia.[7]
- Cerca de la mitad de los adolescentes fumadores también consume alcohol en exceso.[8]

"¿Sabes de qué manera la marihuana daña físicamente el cuerpo?".

- Destruye las células cerebrales.
- Daña la memoria a corto plazo.
- Causa letargo y cambio de personalidad.
- Disminuye la motivación y el período de concentración.

Con respecto a la marihuana, cuéntales a tus hijos cómo "el 62% de los adultos que fumaron marihuana antes de los quince años han consumido cocaína en algún momento de sus vidas".[9] La marihuana tiene más agentes cancerígenos que el tabaco. Disminuye la motivación y puede reducir el tiempo de reacción hasta el 40%, lo cual hace que un conductor drogado sea tan peligroso como alguien alcoholizado".[10] Hablen sobre los inhalantes. Inhalar pegamento puede dañar las facultades mentales, pues causa pérdida del control que lleva al comportamiento violento. Pueden causar asfixia y daño cerebral a largo plazo. Afectan al sistema nervioso central y pueden causar la muerte.

Analicen juntos los efectos de la cocaína. Es altamente adictiva, especialmente en la forma de *crack*. El Dr. David Walsh afirma que "la cocaína es peligrosa física y psicológicamente, porque afecta a los neurotransmisores… Además, aumenta la serotonina, lo cual puede llevar a un estado de confianza exagerada… lo que deriva en mayor energía. Los tres neurotransmisores contribuyen al infame estado de euforia de la cocaína".[11] Esta droga tan peligrosa interfiere en el control cerebral del corazón y la respiración, lo cual causa angina de pecho, palpitaciones, arritmia y hasta la muerte.

Una de las causas de muerte más reciente entre los adolescentes es la combinación de heroína con medicamentos legales de sus padres. Estos experimentos pueden ser letales.

Los estimulantes o anfetaminas están al alcance de los adolescentes porque se venden como supresores del apetito. No obstante, este hecho no los convierte en sustancias más seguras. Pueden producir temblores, pérdida de la coordinación, trastornos en la piel, delirios, paranoia, daño cerebral permanente y la muerte por insuficiencia cardíaca o derrames cerebrales.

También están los calmantes: tranquilizantes y barbitúricos. Estas drogas pueden causar depresión respiratoria, estado de coma y muerte, como le sucedió a Michael Jackson.

Cuando hayas presentado toda la información a tus hijos, toma sus manos y ora pidiendo sanidad, paz y sabiduría para ti y tus hijos, a fin de poder trabajar juntos para que retomen la senda correcta y detesten "todo camino falso" (Sal. 119:128, NVI).

SABIDURÍA DE LA PALABRA DE DIOS

La presión de los amigos es muy influyente y puede usarse constructiva o destructivamente. Si retas a tus hijos para que desarrollen un carácter cristiano, ellos también pueden influir en otras personas. En última instancia, Dios nos hace responsables —ya seamos hijos, hijas, padres— de las decisiones. Recuérdales a tus hijos adolescentes que pueden hacer tropezar a otros por las concesiones que hagan, como también pueden evitar que tropiecen, si mantienen sus convicciones. Romanos 14:21 afirma: "Es mejor no comer carne ni beber vino ni hacer ninguna otra cosa que pudiera causar tropiezo a otro creyente".

Ustedes no han sufrido ninguna tentación que no sea común al género humano. Pero Dios es fiel, y no permitirá que ustedes sean tentados más allá de lo que puedan aguantar. Más bien, cuando llegue la tentación, él les dará también una salida a fin de que puedan resistir (1 Co. 10:13, NVI).

¿CUÁLES SON LAS CUATRO CLASIFICACIONES BÁSICAS DE LAS DROGAS?[12]

Generalmente, las drogas se clasifican en cuatro grupos, según su efecto en el organismo.

1. Las drogas depresoras producen un efecto de tranquilidad y ralentizan el sistema nervioso central.

Los tipos frecuentes son... alcohol, sedantes (somníferos), tranquilizantes (Valium), barbitúricos (calmantes y solventes orgánicos [pegamento para aviones a escala, gasolina y aerosoles]).

Los efectos psicológicos son... poca concentración, pensamiento distorsionado, carencia de juicio y agresividad.

Los efectos físicos son... adormecimiento, discurso incoherente, falta de coordinación, temblores, falta de energía, coma, visión defectuosa, disminución del pulso y de la presión arterial, depresión respiratoria y muerte.

La Biblia se refiere a quienes...

... se tambalean por causa del vino, trastabillan por causa del licor; quedan aturdidos con el vino, tropiezan a causa del licor. Cuando tienen visiones, titubean; cuando toman decisiones, vacilan (Is. 28:7, NVI).

2. Los estimulantes son drogas que excitan las funciones orgánicas y aceleran el sistema nervioso central.

Los tipos frecuentes son... cocaína, *crack*, metanfetamina y anfetaminas (*"speed"* o "estimulantes").

Los efectos psicológicos son... nerviosismo, mayor energía, confianza exagerada en uno mismo, euforia temporal, irritabilidad, temor e intensificación de los impulsos sexuales y de todas las emociones.

Los efectos físicos son... hiperactividad, inquietud, insomnio, pérdida del apetito, boca seca, mal aliento, comezón nasal, dilatación de las pupilas, habla rápida y confusa, sudores, dolor de cabeza, mareo, aumento de la presión arterial y del ritmo cardíaco, psicosis y muerte.

El libro de Proverbios describe a aquellos que viven sin sabiduría, y son víctimas de su propia insensatez. Igual que la persona que toma estimulantes...

Por eso le sobrevendrá la ruina; ¡de repente será destruido, y no podrá evitarlo! (Pr. 6:15, NVI).

3. Los alucinógenos son drogas que alteran y distorsionan la realidad.

Los tipos frecuentes son... LSD, marihuana, PCP ("polvo de ángel") y mescalina.

Los efectos psicológicos son... alucinaciones, sensibilidad intensificada, ataques de ansiedad, menor inhibición, y experiencias extracorpóreas.

Los efectos físicos varían según la droga. El LSD actúa como un estimulante; la marihuana actúa como una droga depresiva (aunque las reacciones difieren según el individuo): insomnio, pérdida del apetito, aumento de la energía, aumento del ritmo cardíaco y de la presión arterial, ojos fijos en un punto o movimiento rápido e involuntario de los ojos, habla confusa o bloqueada, mayor tasa de accidentes y violencia, desorientación y muerte.

Aunque la Biblia no se refiere directamente a los alucinógenos, sí habla del efecto alucinógeno del alcohol, el cual es aterrador y alarmante.

Límites personales

Tus ojos verán alucinaciones, y tu mente imaginará estupideces. Te parecerá estar durmiendo en alta mar, acostado sobre el mástil mayor. Y dirás: "Me han herido, pero no me duele. Me han golpeado, pero no lo siento. ¿Cuándo despertaré de este sueño para ir a buscar otro trago?" (Pr. 23:33-35, NVI).

4. Los narcóticos... son drogas que reducen el dolor y mejoran el estado de ánimo.

Los tipos frecuentes son... opio, morfina, codeína, heroína, metadona y meripidina.

Los efectos psicológicos son... euforia temporal, sentidos adormecidos, letargo y confusión.

Los efectos físicos son... alivio del dolor, párpados caídos, pupilas contraídas, reacciones y habilidades motoras ralentizadas, adormecimiento, falta de coordinación, reflejos lentos, boca seca, estreñimiento, cicatrices o abscesos en los puntos de inyección y muerte.

Cuando sientas dolor, en lugar de buscar drogas, busca al Señor, depende de Él y busca su dirección para aliviar el dolor.

Y a mí, que estoy pobre y adolorido, que me proteja, oh Dios, tu salvación (Sal. 69:29, NVI).

FIGURA 33-1

Nombre de la droga	Clasificación de la droga	Efecto deseado (cómo se administra)	Peligros	Qué buscar
Alcohol (cerveza, vino, licor, trago, bebida)	Depresor	Intoxicación, alteración sensorial, reducción de la ansiedad (se ingiere)	Adicción, sobredosis tóxica, psicosis tóxica, náuseas, cefalea y malestar, daño cerebral, estomacal y hepático, síndrome alcohólico fetal, dependencia, desvanecimientos, agresión, depresión, síndrome de abstinencia, accidentes por disminución del juicio y del control del coche, síndrome de abstinencia peligroso	Olor a alcohol en prendas o aliento, relajación, embriaguez, somnolencia, reflejos lentos, ojos vidriosos, movimientos no coordinados, dificultad para hablar, conducta confusa, sueño excesivo

Nombre de la droga	Clasificación de la droga	Efecto deseado (cómo se administra)	Peligros	Qué buscar
Amyl y Butyl Nitrito (incienso líquido, *poppers*, aromatizadores de ambiente, limpiador de cabeza de video, limpiador de cuero)	Estimulante, Vasodilator	Euforia (se inhala)	Daño cardíaco y a los vasos sanguíneos, puede agravar los problemas cardíacos	Se venden en botellas marrones pequeñas etiquetadas como "limpiadores de cabeza de video", "aromatizante de ambiente" o "aromas líquidos"
Análogos de narcóticos sintéticos (*China white*, heroína sintética, MPTP, MPPP, PEPAP, Éxtasis, MDA, MDMA, Eva, MMDA, MDEA, XTC, TMA, STP, PMA, DOB)	Narcótico (opiáceo) analgésico	Euforia, excitación (se inyecta, se fuma, se inhala)	Adicción, enfermedad de Parkinson causada por MPTP (temblores incontrolables, babeo, deterioro en el habla, parálisis), daño cerebral permanente, sobredosis, muerte	Letargo (algunas personas experimentan energía en lugar de letargo) marcas de agujas sobre la piel, jeringas, agujas, cucharas, pipas, pupilas puntiformes, piel fría y húmeda
Anfetaminas (*Adderall, Bifetamina, Dexedrina, Dextroa-fetamina*: fetas, anfes, anfetas, potencia, chica, *black beauties, hearts, LA turnaround, truck drivers, uppers* [estimulantes], *speed, white crosses, Bennies*, pastillas recetadas para adelgazar)	Estimulantes	Estado de alerta, energía (se inyecta, se ingiere, se fuma, se inhala)	Adicción, aumento de presión cardíaca y sanguínea, metabolismo elevado, conducta impulsiva, nerviosismo, olor corporal extraño, sequedad de labios y de boca, ausencias, exabruptos verbales, ritmo cardíaco irregular y acelerado, pérdida del apetito y de peso, malestar y dolor estomacal, náuseas y vómitos, diarrea, insomnio, mareo, cefalea, desnutrición, ataques de apoplejía, delirios, alucinaciones, irritabilidad, perturbación, agresión, paranoia, psicosis tóxica, violencia, depresión, trastornos de la piel, úlceras, temblores, pérdida de la coordinación, ansiedad, agitación, delirio, pánico, tolerancia, ataques, insuficiencia cardíaca, muerte	Pastillas, cápsulas, locuacidad, desvelo, debilidad, dificultad para hablar, pérdida del apetito y del sueño, irritabilidad, ansiedad, pérdida de peso, hiperactividad

Límites personales

Nombre de la droga	Clasificación de la droga	Efecto deseado (cómo se administra)	Peligros	Qué buscar
Barbirtúricos (*Amytal, Nembutal, Seconal, Fenobarbital*: Lengüetas, chaquetas amarillas, depresivos, azules, rojos, amarillos, pájaros rojos, *Phennies, Tooies*)	Depresores, hipnótico sedante	Reducción de la ansiedad, euforia (se ingiere, se inyecta)	Retraimiento severo, dependencia, posibles convulsiones, psicosis tóxica, defectos de nacimiento, disminución de la inhibición, disminución del pulso y de la presión arterial, poca concentración y fatiga, confusión, dificultad en la coordinación, memoria y juicio, depresión y paro respiratorio, muerte	Cápsulas, tabletas, agujas y jeringuillas
Benzodiacepina (grupo) (Además de flunitrazepam; *Atvian, Xanax, Valium, Librium, Halcion*: candy, sedantes, pastillas para dormir, tranquilizantes)	Depresores, drogas sedantes con receta médica	Relajación (se ingiere, se inyecta)	Dependencia, excitación inusual, euforia, sedación, adormecimiento, alucinaciones, pérdida de la memoria, hipotensión, contracción muscular, temblores, agresión, obsesión, discapacidad motriz, abstinencia potencialmente mortal, ideas suicidas, coma	Cápsulas, tabletas, agujas y jeringuillas, frascos de pastillas
Buprenorfina (Suboxone, Subutex)	Narcótico (analgésico opiáceo)	Detiene los síntomas de la abstinencia de opiáceos (sublingual, bajo la lengua para disolver)	Adicción, dificultad respiratoria, estreñimiento, cefalea, insomnio, malestar estomacal, sudores, baja presión arterial	Pastillas, frascos
Cocaína (coca, nieve, talco, rock, merca, blanca, polvo, falopa, crack, dosis, C, *Charlie*, nieve, dama blanca, línea, base)	Estimulante, anestesia local o tópica	Estimulación, excitación, euforia (se inyecta, se fuma, se inhala)	Adicción, desnutrición, depresión, violencia, convulsiones, daño nasal, dolor torácico, ataque cardíaco, ataque, psicosis, apoplejía, daño cerebral o pulmonar, dependencia, ritmo cardíaco elevado, temperatura y presión arterial elevada, agitación, delirio, pánico, agresión, paranoia, muerte	Ampollas de vidrio, pipas de vidrio, polvo blanco cristalino, rocas cristalinas, hojas de afeitar, jeringuillas, cucharas, marcas de agujas sobre la piel, sorbetes, espejos, billetes enrollados
Cocaína (pasta base) (base, pasta base, *crack, rock*, C, dinamita, esnifada)	Estimulante, anestesia local o tópica	Efectos más cortos e intensos que la cocaína	Pérdida de peso, depresión, agitación, hipertensión, alucinaciones, psicosis, tos crónica, temblores	Ampollas de vidrio, pipas de vidrio, hojas de afeitar, jeringuillas, cucharas, marcas de agujas sobre la piel

Abuso de drogas o alcohol

Nombre de la droga	Clasificación de la droga	Efecto deseado (cómo se administra)	Peligros	Qué buscar
Codeína (*Empirina con Codeína, Fiorinal con Codeína, Robitussin A-C, Tylenol con Codeína*: Capitán Cody, Niño de clases, con glutetimida: puertas y cuatros, toneladas, *Hot cakes con miel*)	Narcótico (opiáceo) analgésio	Euforia (se inyecta, se ingiere)	Adicción, estreñimiento, pérdida del apetito, náuseas, daño orgánico, sobredosis, muerte	Jarabe para la tos con codeína, pastillas, jeringuillas, marcas de agujas sobre la piel
Dextrometorfano (Presente en algunos medicamentos para la tos y el resfriado, como *Robitussin Coricidin*: DXM, CCC, Triple C, *Skittles*, Robo, *Poor Man's PCP*)	Alucinógeno (dosis altas de medicamentos antitusivos de venta libre)	Conciencia perceptual intensificada, alteración de la percepción del tiempo, alucinaciones visuales (se ingiere)	Hiperexcitabilidad, efectos disociativos, desde percepciones visuales distorsionadas hasta efectos disociativos totales, letargo, dificultades del habla, sudores, hipertensión, incremento de la presión arterial, daño hepático, toxicidad en sistema nervioso central, toxicidad cardiovascular, muerte súbita	Medicamentos en forma líquida, pastillas o cápsulas para la tos y el resfriado
Esteroides anabólicos-androgénicos (entrenadores de peso, medidores de glucosa, candy gimnasio, jugo, Arnold, *Stacker*)	Hormona sintética	Aumento de la fuerza y de la masa muscular (se inyecta, se ingiere, aplicación tópica)	Acné, irritabilidad, agresión, desarrollo mamario masculino, enfermedad cardiovascular, apoplejía, coágulos de sangre, daño hepático, ictericia, retención de líquido, aumento de presión arterial, aumento del colesterol LDL, disminución del colesterol HDL, insuficiencia renal, temblor	Pastillas, jeringuillas, agujas
Estimulantes de venta libre (euforizantes, *speed*)	Estimulante, supresor del apetito, descongestionante	Estado de alerta, energía, pérdida de peso (se inyecta, se ingiere)	Mismos efectos que las anfetaminas, más hipertensión, problemas cardíacos, ansiedad, cefaleas, aumento de presión arterial, fatiga que lleva al agotamiento	Cápsulas, comprimidos, agujas, jeringuillas

175

Límites personales

Nombre de la droga	Clasificación de la droga	Efecto deseado (cómo se administra)	Peligros	Qué buscar
Fentanilo / Análogos del Fentanilo (*Actiq, Duragesic, Sublimaze*: Apache, Niña de China, *China white*, fiebre de baile, Polvo de China, Asesino 8, Lotería, Amigo, Bote, TNT)	Narcótico	Euforia (se inyecta, se fuma, se inhala)	Adicción, pérdida de peso, estreñimiento, pérdida del apetito, problemas cardíacos, congestionamiento pulmonar, aborto, defectos de nacimiento, marcha inestable, contaminación por jeringas no estériles (hepatitis, sida), sobredosis, muerte	Comprimidos para el dolor en pacientes con cáncer, jeringuillas, marcas de agujas sobre la piel
Flunitrazepam (*Rohypnol*: la pastilla o píldora del olvido, Valium mejicano, ropy, primun, roche, rueditas, R2, Rocha, *roofies, roofinol,* cuerda, droga para violaciones en citas)	Depresor	Pérdida de la memoria (se ingiere, se inhala)	Problemas visuales y gastrointestinales, retención urinaria, pérdida del conocimiento, desorientación, vulnerabilidad a agresiones sexuales, pérdida de memoria durante el efecto de la droga, muerte	Comprimidos blancos pequeños, pueden ser triturados e inhalados
GHB (*Gamma-hidroxibutirato*: Éxtasis líquido, líquido X, biberones, oro bebible, G, droga para violaciones en citas)	Depresor	Euforia, intoxicación, (se ingiere)	Adormecimiento, mareo, náuseas, amnesia, alucinaciones, reducción de la presión arterial, disminución en la frecuencia cardíaca, convulsiones, pérdida de consciencia, pérdida de reflejos, coma y muerte; síndrome de abstinencia: insomnio, temblores, ansiedad, transpiración, ataques, síntomas graves de abstinencia	Comprimidos, cápsulas, polvo blanco que puede mezclarse con alcohol o bebidas saborizadas
Heroína (H, dama blanca, alquitrán negro, goma, *cheese*, lenguazo, dope, brea, bonita, chiva, arpón, polvo blanco, caballo, azúcar negra, pasta, carne, cura, gato)	Narcótico (opiáceo) analgésico	Euforia (se inyecta, se fuma, se inhala)	Adicción, pérdida de peso, estreñimiento, pérdida del apetito, problemas cardíacos, congestión pulmonar, aborto, defectos de nacimiento, marcha inestable, contaminación por jeringas no estériles (hepatitis, sida), sobredosis, muerte	Polvo o sustancia marrón o negra, pipa, jeringuillas, cucharas, marcas de agujas sobre la piel; heroína "cheese" mezcla de heroína y Tylenol PM

Nombre de la droga	Clasificación de la droga	Efecto deseado (cómo se administra)	Peligros	Qué buscar
Inhalantes (aerosol, pintura, disolvente para pintura, disolventes, gasolina, pegamento, gases, fluidos para transmisión, laca, bala, mona, activo, pega, líquido corrector, reventadores, aerosoles, cola de carpintero, olla del mendigo, propulsor, gas de la luna, medusa, bola rápida, colonia, toncho, mercurio, *sprays* protectores de tejidos, *sprays* de aceite vegetal, gas de la risa, *poppers*, crema batida en aerosol o en dosificadores, "*whippets*", "*huffing*")	Estimulante	Intoxicación (se inhala)	Asfixia, náusea, vómitos, daños al cerebro y al sistema nervioso central, mareos, respiración ruidosa, falta de coordinación, pérdida del apetito, intoxicación, irritabilidad, pérdida de la audición, depresión, pérdida de conocimiento, calambres, debilidad muscular, daño cardiovascular y al sistema nervioso, dependencia, insuficiencia cardíaca, muerte súbita	Olor a producto químico en el aliento, latas, bolsas de papel o de plástico, manchas de pintura en rostro, manos y ropa, enrojecimiento, úlceras, sarpullidos alrededor de la nariz y boca, intoxicación, dificultad en el habla, somnolencia, poco control muscular, nariz enrojecida y secreción nasal, piel enrojecida
Ketamina (especial K, vitamina K, la keta, la K especial, súper KC, Nuevo éxtasis, ketalar, ketaject, Súper K, Kit Kat, tranquilizante para gatos, verde)	Depresor, anestésico disociativo, alucinógeno	Alteración sensorial, relajación (se inyecta, se inhala, se fuma)	Delirio, amnesia, náuseas, vómitos, funciones motoras dañadas, aumento de presión arterial, taquicardia, depresión, retrospección, problemas respiratorios, paranoia, pérdida del conocimiento, muerte	Polvo blanco o líquido inyectable, jeringuillas, cucharas, marcas de agujas sobre la piel
LSD (*dietilamida de ácido lisérgico:* ácido, gota, gel cap, Batman, electrolito, secante, LSD-25, papel secante con ácido, cuadrados, micropunto, ácido, cristal de ventana, papel)	Alucinógeno	Introspección, distorsión de los sentidos, euforia, experiencia mística o religiosa (se ingiere y se absorbe por los tejidos de la boca)	Intensifica la psicosis, pánico, confusión, superstición, retrospección ya existentes, posible daño cerebral, reacción psicológica fuerte, alteración del juicio, desórdenes mentales persistentes	Cápsulas, comprimidos, micropuntos, cuadrados de papel secante, conducta impredecible, inestabilidad emocional, comportamiento violento

Límites personales

Nombre de la droga	Clasificación de la droga	Efecto deseado (cómo se administra)	Peligros	Qué buscar
Marihuana (cannabis—resina concentrada llamada hachís o hash, Ganja, gángster, canuto, *Mary Jane,* caño, chala, canuto, cohete, pito, china, chocolate, aceite, cáñamo, hierba, hierba mala, peta, petardo, porro, mota, mafu, pasto, maría, café, juana, juanita, hierba, bastoncillos tailandeses, indica, fumar, tuca, faso, María, cartuchos, churros, *yoints*, THC	Depresor, alucinógeno	Euforia, relajación, incremento de la percepción sensorial, (se ingiere, se fuma)	Cáncer, bronquitis, conjuntivitis, defectos de nacimiento, destrucción de las células cerebrales, entrada a otras drogas, daño al sistema inmunológico, daños severos al sistema cardiovascular, infección respiratoria frecuente, inhibición de la motivación, alteraciones del humor, dificultad en la memoria a corto plazo, daña la concentración, dependencia, alteración de la percepción, ansiedad, pensamiento y reacciones lentas, adicción	Papeles de liar, pipas, pipa de agua, plantas verdes o grises disecadas, materiales para plantas, semillas, bolsas plásticas, olor a cáñamo quemado, pinzas, boca seca, hambre, reducción de la concentración o coordinación, risas
MDA, MDE, MDMA, MMDA *(metilenedioximetanfetamina:* droga del amor, E, éxtasis, STC, X, Adán, droga del abrazo, frijoles)	Alucinógeno (neurotóxico con base de anfetamina)	Igual que el LSD (se ingiere, se inyecta, se inhala o se usa como supositorio)	Neurotóxico, igual que el LSD, distorsión del tiempo, sensación de distancia y alejamiento, ansiedad, síndrome catatónico, paranoia, daño cerebral, confusión, depresión, episodios psicóticos; los efectos físicos pueden durar semanas, aumento de la frecuencia cardíaca y de la presión arterial, erupción de acné, daño hepático, pérdida del apetito, fatiga	Producido ilegalmente: variedad de píldoras con diferentes estampas o diseños
Mescalina (peyote) (peyote, botones de peyote, cactus)	Alucinógeno (más suave que LSD)	Igual que el LSD (se ingiere, se fuma)	Igual que el LSD, cambios extremos de humor, distorsión de los sentidos y percepción, depresión profunda	Botones en forma de discos, masticables, se remojan en agua y se beben, o se pulverizan y se colocan en cápsulas

Nombre de la droga	Clasificación de la droga	Efecto deseado (cómo se administra)	Peligros	Qué buscar
Metacualona (*Quaalude, Sopor, Parest:* 714S, diablos rojos y azules, amarillos, *ludes, mandrex, quad, quay, spoors, candy, rainbows,* Q's, *downs*)	Depresores, hipnótico-sedativo	Euforia, afrodisíaco (se inyecta, se ingiere)	Coma, convulsiones, insomnio, dependencia, ansiedad severa, aumento de la apnea del sueño, paro respiratorio, paro cardíaco repentino	Cápsulas, comprimidos, agujas y jeringuillas
Metadona (Dolofina)	Narcótico (opiáceo) analgésico	Euforia, prevención del síndrome de abstinencia en los opiáceos (se ingiere) efectivo para el dolor crónico	Adicción, estreñimiento, pérdida de apetito, náuseas, aumento de la apnea del sueño, paro respiratorio, daño orgánico, sobredosis, paro cardíaco repentino, muerte	Disquetes descartables, (en general, de color blanco o cereza), comprimidos
Metanfetamina (*Desoxyn:* cristal, *crystal meth,* tiza, batú, Cris, Cristina, cruz blanca, vidrio, anfeta, canela, *crack* mejicano, polvo amarillo, tina, blanca, met, meta vidrio, *go fast, ice* [hielo], *tweak, speed, dope, raw, Strawberry Quick* [droga con sabor a fresa])	Estimulante	Euforia, estado de alerta, pérdida del apetito (se inyecta, se ingiere, se fuma, se inhala)	Irritabilidad debido a la falta de sueño, enfermedad provocada por debilitamiento del sistema inmunológico, pérdida dentaria, compulsión sexual, ataques, apoplejía, narcolepsia, hipertermia, toxicidad cardíaca, deterioro renal, toxicidad hepática	Comprimidos, polvo, rocas cristalinas, jeringuillas, cucharas, marcas de agujas sobre la piel; la metadona mezclada con sabor a fresa enmascara el sabor ácido; medicina para el resfriado con pseudoefedrina y productos caseros utilizados para elaborar ilegalmente la metanfetamina
Metilfedinato (*Ritalina, Concerta, Metadate, Methylin, Focalin*— tratamiento para ADHD [Trastorno por déficit de atención con hiperactividad]; Coca para niños, cocaína de dieta, sabelotodos, cocaína del pobre, Jif, MPH, R-*ball*, droga inteligente, Vitamina R)	Estimulante	Euforia, estado de alerta, pérdida del apetito (se inyecta, se ingiere, se inhala)	Dependencia, dolor torácico, ataque cardíaco, ataque, apoplejía, daño cerebral o pulmonar, ritmo cardíaco acelerado, aumento de temperatura y presión arterial, agitación, delirio, pánico, agresión, paranoia, muerte	Cápsulas, comprimidos, agujas y jeringuillas

Límites personales

Nombre de la droga	Clasificación de la droga	Efecto deseado (cómo se administra)	Peligros	Qué buscar
Morfina (*Roxanol*, Duramorph: Señorita Emma, mono, polvo blanco, casa blanca, mojo, morf, morfo, M & C)	Narcótico (opiáceo) analgésico	Euforia (se inyecta, se ingiere, se fuma)	Adicción, estreñimiento, pérdida del apetito, náuseas, daño orgánico, sobredosis, muerte	Cápsulas, comprimidos, líquido, agujas y jeringuillas
Opiáceos (*OxyContin, Lortab, Oxycodona HCL, Vicodina, Percocet, Percodan, hidrocodona*: vike, Watson-387, O.C., killer)	Analgésico narcótico (recetado como analgésico)	Relajación (se ingiere, se inhala, se inyecta), algunos lo usan para obtener energía	Adicción, letargo, náuseas, vómitos, ansiedad, euforia, somnolencia, insensibilidad al dolor, hipotensión, ojos llorosos, moqueo nasal, paro respiratorio, sobredosis, muerte	Cápsulas, comprimidos, agujas y jeringuillas, contracción de la pupila (excepto el *Demerol* que dilata la pupila)
Opio (láudano, elixir paregórico: gran O, oro negro, polvo de Dover)	Narcótico (opiáceo)	Euforia (se ingiere, se fuma)	Adicción, estreñimiento, mareo, desmayo, letargo, náuseas, vómitos, ansiedad, euforia, aletargamiento, insensibilidad al dolor, confusión, reacción alérgica severa (sarpullido, erupción, tumefacción), dificultades para orinar, contracción de la pupila, ojos llorosos, moqueo nasal, ritmo cardíaco lento o acelerado, apoplejía, temblores, paro respiratorio, sobredosis, muerte	Líquido, comprimidos, pipa
Óxido nitroso (gas hilarante, gas de la risa, gases, botella azul, cartuchos, *whippits, nitrous, hippy crack*)	Depresor, anestésico por inhalación	Euforia, relajación (se inhala)	Daño renal o hepático, neumopatía periférica, aborto espontáneo, violencia, náuseas, vómitos	Recipiente de lata con gas, globo con válvula
PCP (Cristal, tea, THC, polvo de ángel, cerdo, píldora de la paz, combustible de cohete, ozono, locura)	Alucinógeno anestésico disociativo	Distorsión de los sentidos, estimulante (se inyecta, se ingiere, se fuma)	Conducta psicótica, violencia, coma, distanciamiento, respiración superficial, entumecimiento, náuseas y vómitos, babeo, pérdida de equilibrio, mareo, terror, psicosis, convulsiones, juicio alterado, dependencia, confusión, ataques, salivación excesiva, conducta esquizofrénica, paranoia	Polvo blanco cristalino en sobres de papel metálico; puede mezclarse con líquido, también presenta la forma de comprimido o cápsula

Abuso de drogas o alcohol

Nombre de la droga	Clasificación de la droga	Efecto deseado (cómo se administra)	Peligros	Qué buscar
Psilocibina (hongos mágicos, setas, flor de la pasión)	Alucinógeno (más suave que el LSD)	Igual que el LSD (se ingiere)	Igual que el LSD, e insomnio, temblores, insuficiencia cardíaca y pulmonar, nerviosismo, paranoia, retrospección	Se come crudo, seco, en la comida o cocido en el té
Tabaco/Nicotina (cigarrillos, cigarros, colillas, clavos de ataúd, pitillo)	Estimulante, toxina	Relajación (se fuma, se inhala por la boca)	Pérdida del apetito, adicción, cáncer [pulmón, mandíbula, boca] defectos de nacimiento, enfermedad crónica pulmonar, enfermedad cardiovascular, aumento de presión arterial y del ritmo cardíaco, apoplejía, tabaquismo pasivo, muerte	Cigarrillos, cigarros, papeles para enrollar, tabaco suelto para mascar, escupidera

*Para más información sobre drogas, consulta el Instituto Nacional sobre el consumo de drogas, drogas consumidas habitualmente, Washington, DC: NIDA, n.d., http://www.drugabuse.gov/es/inicio.

181

Límites sociales

34

Chismes

Tu hija adolescente está en la sala de estar hablando desde su teléfono celular, y no puedes evitar oír partes de la conversación. En reiteradas ocasiones, escuchas el nombre de su mejor amiga, pero de manera despreciativa. Más tarde, otra amiga llama y el mismo nombre surge nuevamente, aún de manera negativa. Luego, comienzan los mensajes de texto, actividad que dura la mayor parte del día. Finalmente, le pides ver el teléfono y te lo da con reticencia. En la quietud de tu habitación, lees la cadena de palabras cáusticas e hirientes de traición hacia una muchacha a quien considerabas la *mejor* amiga de tu hija. Después de orar, le pides a tu hija que venga a tu habitación.

A pesar de ser cristianos, no siempre seguimos las palabras de Jesús: "Si tu hermano peca contra ti, ve a solas con él y hazle ver su falta. Si te hace caso, has ganado a tu hermano" (Mt. 18:15, NVI).

Si habláramos de nuestros problemas directamente con las personas y dijéramos la verdad con amor, tendríamos menos problemas "personales". El miedo de confrontar o herir los sentimientos de otros no es una razón aceptable para violar el principio de Mateo 18. Aunque debemos tener en cuenta los sentimientos de los demás, deberíamos comprender que, probablemente, los heriremos de todas formas si hablamos con alguien más, en lugar de hacerlo directamente con la persona en cuestión. Porque queremos ser "amables" y no deseamos herir sus sentimientos, no decimos lo que realmente sentimos y causamos un daño mayor. La Biblia nos exhorta a hablar "la verdad con amor" (Ef. 4:15).

Las muchachas son vulnerables al pecado de la murmuración debido a su tendencia de usar palabras para comunicarse. Ellas hablan, cuentan sus sentimientos y usan las palabras para vincularse con los demás. Estas palabras pueden ser amables y constructivas y pueden usarse para construir puentes entre ellas, o pueden ser frías, críticas y condescendientes, y destruir los vínculos. Cuando se las confronta, "las chicas generalmente culparán de su conducta a algo o alguien más. Imaginemos que tu hija es acusada de difundir un rumor. En lugar de admitir su conducta, exigirá saber quién la acusó como la fuente de información; como si el soplón fuera la persona realmente culpable, ella olvida convenientemente que fue ella quien contó los chismes".[1] Quienes trabajan con chicas adolescentes saben que el chisme y la resolución de conflictos son, por lo general, las causas principales de frustración. Cuando un adulto o padre responsable establece un vínculo con una adolescente, ella normalmente admitirá que murmura, que teme lo que otras chicas digan, y que desea vencer ese hábito, pero no sabe cómo hacerlo.

El aspecto positivo es que, con un sólido apoyo grupal y asesoramiento metodológico, las chicas aprenden a rendirse cuentas mutuamente. Si sienten la motivación de cambiar, necesitarán estrategias constructivas y personas comprensivas que las ayuden en el proceso. Como madre, puedes ser una de ellas.

Cuando las muchachas llevan las charlas y su cuchicheo hacia el siguiente nivel, al agregar un espíritu de maldad, se convierten en acosadoras virtuales. Un acosador virtual es aquel que usa los medios electrónicos (correos electrónicos, redes sociales, mensajes de texto, mensajería instantánea, salas de *chat* y teléfonos celulares) para chismear. La acosadora virtual es maliciosa y caprichosa; es la *"Reina de la maldad"*.

¿QUÉ PODRÍAS HACER?

Enseña a tus hijos adolescentes a:

* examinar sus corazones antes de intentar resolver un problema
* mostrar una actitud cristiana cuando se dirigen a las personas
* verificar sus motivos antes de comenzar una conversación
* fomentar la confianza en los vínculos al hablar sincera, honesta y amorosamente con las personas
* aprender que la restauración de los vínculos y la resolución de problemas debe ser nuestro deseo sincero, cuando obedecemos el principio de Mateo 18

Si tu hija es el *blanco de los chismes*:

- Escucha atentamente lo que te diga. Si expresa vergüenza y humillación por los chismes sobre ella, no reacciones exageradamente, persiguiendo a las *chismosas*, porque una reacción como esa, solo causará el descrédito de tu hija a los ojos de las atacantes.

- Asimismo, no restes importancia a sus sentimientos con frases como: "No te preocupes, estás exagerando; estoy segura de que no es gran cosa". Para ella, ¡*realmente* lo es!

- Busca, amorosamente, un punto intermedio. Muéstrale sus propios sentimientos, y ayúdala a que los ponga en orden. "Veo que esto realmente te hiere. Lo siento tanto, cariño. Sé que eres una persona amorosa y digna de confianza. Creo en ti, y estoy aquí para ayudarte". Tus palabras le muestran que sientes su dolor y que estás en contra de la murmuración.

Si tu hija es la *responsable de los chismes*:

- Deja bien claro que su conducta es totalmente inaceptable.
- Habla con ella sobre el poder de las palabras. Luego, busquen el tiempo para meditar en los siguientes pasajes sobre la murmuración y la lengua, analícenlos juntas y pídele que los ponga por escrito, con las instrucciones (límites), los aspectos negativos (consecuencias) y los positivos (recompensas) mencionados en cada pasaje: Sal. 17:3; 141:3; Pr. 12:18; 16:28; 26:20-22; Ef. 4:29; 2 Ti. 2:16. El hecho de buscar lo que la Palabra de Dios dice sobre la murmuración ayudará a tu hija a comprender que el Señor desea que nos tratemos con amor, respeto y verdad. Le demostrará también que vale la pena buscar el punto de vista de Dios sobre otros temas.
- Ora para que ella experimente un cambio de corazón, y que se sienta responsable del dolor que ha causado (arrepentimiento).
- Haz que tu hija busque a la(s) chica(s) *sobre las cuales* ha murmurado para que pida perdón (resolución).
- Haz que tu hija busque a las chicas *a* quienes les contó los chismes para confesarles que ha murmurado, pedirles perdón y aclarar la situación (restitución).
- Si el corazón de tu hija se ha endurecido en cuanto al poder de sus palabras hirientes, léele algunos de los mensajes que escribió. El objetivo consiste en que oiga el poder de sus palabras para que su corazón cambie. Si es necesario, vuelve a leerlos, pero esta vez reemplaza el

nombre de la chica por el de tu hija, como si se hablara de ella. El libro de Proverbios habla muy claramente sobre el poder de las palabras: "La lengua puede traer vida o muerte" (Pr. 18:21).

¿QUÉ PODRÍAS DECIR?

En privado, habla con tu hija y dile: "Parece que tienes serios problemas con Carla. ¿Has hablado con ella al respecto?". Tal vez tu hija te responda que no quiere herir los sentimientos de su amiga. En ese momento, explícale lo siguiente: "Es doloroso hablar de los amigos a sus espaldas, mucho más hiriente que hablar con ellos en persona. En este caso, sería mejor que hablaras cara a cara con Carla sobre lo que te molesta".

Dile a tu hija:

- "No intentes hablar con Carla si estás enojada. Ora primero y luego elige cuidadosamente tus palabras. Tu objetivo es no herirla".
- "Cuando hables, hazlo en primera persona. En lugar de atacar a Carla diciéndole '*Tú* me heriste', con lo cual la pondrás a la defensiva, dile: '*Yo* sentí dolor cuando dijiste… *Yo* estuve enojada porque…'. Debes lograr que ella entienda, mediante la tristeza de tu voz, que hay algo que no está bien entre ustedes".
- "Encuentra una manera de resolver el problema que funcione para las dos. Luego, confiésale que manifestaste sus sentimientos con otras personas y pídele perdón".
- "Ora con Carla, y pídele a Dios que restaure la relación que tenían".
- "Finalmente, deberás ir a las amigas con quienes hablaste sobre ella, decirles que te equivocaste en hablar mal de Carla y pedirles perdón. Descubrirás que confiarán en ti y te respetarán mucho más".

Para que tu hija recuerde con más facilidad, anímala a que utilice el "Método Sándwich", descrito en el Capítulo 3:

- "Comienza con el 'Pan de agradecimiento': 'Carla, aprecio tu amistad y disfruto de tu compañía'".
- "Agrega la 'Carne del asunto' y habla del problema. Comienza una oración en primera persona: 'Y porque te amo, necesito decirte que me dolió cuando tú…'".
- "Finaliza con el 'Pan de estímulo' y una estrategia para resolver cualquier diferencia futura: 'Cuando nos enojemos, hagamos la promesa

de que hablaremos de ello, en lugar de hablar y murmurar con otras personas'".

• "Si decides herir a alguien con tus palabras, ya sea en papel, por mensaje de texto o de voz, o de *cualquier* manera, enfrentarás serias *consecuencias*. No podrás usar el teléfono celular ni la computadora; tampoco podrás estar con amigas. Por otro lado, si observo que deseas comportarte realmente como una amiga, resolver las diferencias como cristiana, y usar tus palabras para edificar a otros, ampliaremos tus privilegios".

SABIDURÍA DE LA PALABRA DE DIOS

Todos hemos sido heridos por palabras imprudentes, y debemos tener cuidado de no herir a otros con nuestras palabras. La Biblia es muy clara sobre el increíble poder de la lengua y el daño que puede causar cuando violamos los límites que Dios ha establecido para el uso de las palabras.

La comunicación nunca es absolutamente exacta; por tanto, no debemos sacar conclusiones basadas en información indirecta, sin importar la fiabilidad de la fuente. La mayoría de los problemas pueden abordarse, a este nivel, sin la intervención de otra persona. El poder para sanar o destruir se encuentra en la lengua; por eso, debemos ser sabios con la lengua y recordar que Dios nos hace responsables por cada palabra que sale de nuestra boca.

La lengua que brinda consuelo es árbol de vida; la lengua insidiosa deprime el espíritu (Pr. 15:4, NVI).

35

Mentiras

Un sábado, contestas el teléfono y una mujer te dice: "Hola, soy la mamá de Laura. ¿Hablo con la mamá de Clara? Hablé con mi hija, y me temo que, cuando tu hija te dijo que había pasado la noche aquí con Laura, no fue verdad. ¡Laura me dijo que había pasado la noche en *tu* casa! En realidad, descubrí que ambas fueron a una fiesta cervecera en la casa de Claudio cuando sus padres no estaban en la ciudad".

Después de agradecer la llamada, cuelgas el teléfono conmocionada, pero en tu fuero interno, no estás realmente sorprendida. Te has dado cuenta de que, en relación a sus salidas o actividades, tu hija ha mentido en numerosas ocasiones. Ahora, ya no puedes creer nada de lo que te diga. Te sientes deprimida, enojada; pero también profundamente preocupada.

La mentira es la ofensa más grave porque ataca la esencia de cualquier vínculo. Ninguna otra desobediencia puede cubrirse sin una mentira ocultadora. Ningún adolescente dirá: "Oye, mamá, voy a una fiesta cervecera a la casa de Claudio mientras sus padres están ausentes. No sé cuándo regresaré a casa".

Los padres sienten pavor de descubrir la mentira (generalmente, existe un patrón de comportamiento, ya que las mentiras no vienen solas) porque desean creer que, sencillamente, sus hijos no les mentirán. De hecho, deberías otorgarles el beneficio de la duda... hasta que la evidencia demuestre lo contrario. Si comienzas a observar incoherencias, no debes mirar para otro lado. Comienza a investigar (por más doloroso que sea) hasta descubrir la deshonestidad y revelar la verdad.

¿QUÉ PODRÍAS HACER?

En primer lugar, alégrate de hallar la verdad. Algunos padres nunca descubren qué sucede delante de sus ojos, hecho que los incapacita para guiar o proteger. Una madre de una adolescente de dieciocho años nos comentó: "Estoy agradecida por la buena relación que tengo con mi hija, porque ella confía en mí. Sin embargo, también me cuenta lo que otras amigas hacen a espaldas de sus padres. Estas muchachas siempre se salen con la suya, porque sus padres jamás las cuestionan ni verifican qué hacen. Es difícil saber qué decir cuando estoy con estos padres".

En este caso, poco puedes decir sin traicionar la confianza de tu hija. Además, si estos padres pasan por alto la evidencia obvia, es poco probable que te escuchen.

Conozco otros padres que oran para que sus hijos *sean* descubiertos cuando mienten o hacen algo indebido. El punto clave no radica en ser severos con ellos, sino en protegerlos del engaño de creer que pueden hacer cualquier cosa equivocada sin sufrir las consecuencias. Es verdad el antiguo dicho que dice: "Siembra un pensamiento y cosecharás una acción; siembra una acción y cosecharás un hábito; siembra un hábito y cosecharás un carácter; siembra un carácter y cosecharás un destino".

Existen patrones de mentira que son difíciles de detectar, como las mentiras sobre cosas pequeñas e intrascendentes. Si esto es lo que sucede, debes buscar el propósito de las mentiras. En mi caso, cuando era adolescente, mentía mucho. No me siento orgullosa de ello, pero me ayuda a entender cómo se cae en esa trampa. Durante algún tiempo, no sentí culpa por ello, pues era parte de mi vida hasta que tuve más de treinta años… hasta que descubrí la raíz de mi inclinación a mentir.

Recuerdo que una noche estaba sentada en mi auto pensando sobre esto. Realmente quería cambiar, pero no comprendía por qué lo hacía. Mientras meditaba sobre mis primeras mentiras, comprendí que siempre estaban relacionadas con el deseo de proteger a mi madre. Mentía para generar "paz" en nuestro hogar. Mentía por la lealtad hacia mis seres queridos, y no sentí culpa durante muchos años.

Solo después de mi conversión pude comprender que la verdad es una de las características de Cristo. Jesús no solo dijo la verdad, sino que era la Verdad encarnada. Por tanto, yo necesitaba honrar la verdad y aceptar las consecuencias de hacerlo. Lo que más me ayudó fue repetir la siguiente oración: "Señor, permite que vea el pecado como tú lo ves. Que pueda odiar el pecado como tú lo odias".

Proverbios 6:16-18 (NVI) no se anda con rodeos para enunciar las siete cosas que son *detestables* para el Señor. "Una lengua mentirosa" es una de ellas.

En la mayoría de los hogares existe una figura de autoridad que tiene el derecho de establecer las reglas. Desdichadamente, esa autoridad legítima puede convertirse en un dictador exigente. Pero incluso en una dictadura benévola, los adolescentes pueden sentir impotencia. Es ahí donde comienza la manipulación.

A menudo, la manipulación es una herramienta utilizada por una persona más débil para controlar, mediante el engaño, a una persona más fuerte. Una parte integral de la manipulación es la mentira. Cuando los padres encuentran pruebas de mentiras continuas, deben examinar si su sistema de reglas deja a los adolescentes tan impotentes que la mentira es un intento de ejercer alguna medida de control o independencia. Si este es el caso, los padres podrían considerar la posibilidad de permitir que sus hijos tomen más decisiones, pero después de haber establecido las consecuencias adecuadas que demuestran que mentir no es la mejor manera de obtener lo que se desea.

Algunos adolescentes mienten para no sufrir los resultados no deseados por actividades no autorizadas o cuestionables, como la travesura de la fiesta cervecera. Otros intentan realizar actividades sin el conocimiento de sus padres en un intento de independizarse. La necesidad de trascendencia es otra razón para mentir. En este caso, un alumno podría mentir sobre sus calificaciones escolares, jactarse de ciertas dotes atléticas o de proezas inexistentes.

Cuando hayas determinado lo que crees que es la verdadera razón del patrón de conducta de tu hija, realiza la siguiente autoevaluación.

- ¿Sienten tus hijos miedo de ti?
- ¿Eres demasiado estricta o rígida?
- ¿Eres intransigente, poco razonable o inaccesible?

(Consulta un observador sabio y objetivo, que te conozca a ti y a tus hijos, para obtener una opinión imparcial).

Cuando estés preparada para hablar con tus hijos sobre la situación, comienza por apelar a sus conciencias. Expresa tu profunda desilusión porque alguien, que tanto amas, te ha engañado, alguien en quien habías depositado tu confianza. Explica que las semillas de desconfianza han sido sembradas en todos sus vínculos. No puedes sino desconfiar de sus amigos por haber apoyado la deshonestidad.

Como consecuencia, tus hijos no disfrutarán de la libertad ni privacidad que tuvieron. Tú o alguien más vigilará todas las actividades hasta que se haya restablecido la confianza. Comprende que es responsabilidad de tus hijos adolescentes trazar un plan para recobrar tu confianza, presentar un esquema que sea aceptable para ti y llevarlo a cabo fielmente.

¿QUÉ PODRÍAS DECIR?

Podrías decirle algo así: "Sé que mentir parece una manera viable de salir de una situación difícil, pero termina por destruir los vínculos. Si continúas con tus mentiras, perderás las relaciones que más amas. Cuando ya nadie pueda confiar en ti, ni siquiera tú misma, *perderás* tu dignidad. Sobre todo, el engaño afectará el gozo de tu relación con Dios, y no deseo que eso te ocurra.

"Nuestra confianza en ti es la base de tus libertades dentro de nuestra familia. Es tu decisión diseñar una estrategia para ser confiable nuevamente y recobrar esas libertades. Hasta ese momento, no podrás asistir a ninguna fiesta. Estoy aquí para ayudarte de todas las maneras posibles, pero no puedo convertirte en alguien confiable. Debes hacerlo tú misma. Cuando estés lista para analizar un plan que creas que ayudará, házmelo saber y hablaremos de ello.

"Puesto que soy tu madre, no te mentiré. No seré perfecta, pero siempre seré honesta contigo porque te amo. Puedo perdonar cualquier error que cometas, pero no toleraré las mentiras continuas".

SABIDURÍA DE LA PALABRA DE DIOS

¿Qué adolescente no desea ser libre? Dile a tus hijos: "Mentir te esclavizará, pero la verdad te hará libre".

El Señor aborrece a los de labios mentirosos, pero se complace en los que actúan con lealtad (Pr. 12:22, NVI).

36

Préstamos

Las prendas desaparecen del guardarropa. Las batas se esfuman del perchero. El maquillaje vuela del cajón. Los pendientes y collares saltan de una habitación a otra. Las revistas se marchan de casa. *Quizá mi casa sea el blanco de ladrones* —reflexionas— *¿o hay un fantasma suelto por aquí?* No, tu hija Bárbara toma "prestado" las cosas. Mientras ella se sirve libremente de todo objeto que desea, al resto de la familia solo le queda amenazarla —o suplicarle— que devuelva lo prestado. Dejan bajo llave todo aquello que no quieren perder.

A veces, este tipo de actitud sucede cuando los adolescentes sienten carencias. En otros casos, toman prestado porque son perezosos, egoístas o desconsiderados. Además, lo hacen sin permiso, pero con toda la intención de reintegrarlo tras haberlo usado. Sin embargo, esta conducta irrita en gran manera a los demás integrantes de la familia.

Sin duda, tus hijos adolescentes pensarán que abordar este tema es ridículo, pues no entienden que exista un problema. Es probable que no puedas razonar eficazmente con ellos porque no lo consideran un problema hasta que les afecta directamente. Descubrirás que esta es una ocasión donde deberás *ser firme* sin importar lo que piensen de ti. Será necesario que hagas cumplir, respetuosa, pero firmemente, las reglas sobre las cosas prestadas ¡y seguir adelante!

¿QUÉ PODRÍAS HACER?

Algunos padres creen que los hermanos deberían compartir entre ellos sus pertenencias porque son miembros de la misma familia y dependen uno del otro. Este trato es bueno cuando es verdaderamente voluntario, pero, muy a menudo, existe un hermano que se aprovecha de la generosidad del otro. Podrías encontrar que un hermano es pisoteado porque el otro se aprovecha de él.

Ayuda a tu hija a comprender que tomar prestado sin permiso equivale a robar. Proverbios 20:17 afirma: "El pan robado tiene un sabor dulce, pero se transforma en arena dentro de la boca". Dile claramente que está prohibido usar la propiedad ajena. Si tus hijos tienen habitaciones separadas, deberían saber que no pueden entrar a la habitación de sus hermanos sin permiso o cuando la persona está ausente.

Generalmente, cuando los hermanos comparten la habitación (o uno es significativamente más joven que el otro), las líneas territoriales se vuelven borrosas. Sara, una adolescente de dieciséis años, que compartía la habitación con Susana, su hermana menor, frecuentemente observaba, cuando llegaba a casa, que su hermana menor había usado o perdido sus joyas o cosméticos. Las advertencias que la madre le había hecho a Susana eran ineficaces para aminorar el atractivo de las posesiones de la hermana mayor.

Sara comenzó a sentirse cada vez más frustrada y enojada al tener que reemplazar los objetos que Susana había arruinado. Finalmente, los padres le compraron a Sara un baúl grande para que colocara todo lo que parecía interesar a Susana. Luego, Sara colocó un candado y puso la llave en su llavero.

A medida que los adolescentes maduran, deben aprender que el respeto por las posesiones ajenas significa acatar los límites establecidos. Ya sea que un objeto haya costado tiempo para fabricarlo o dinero para comprarlo, el respeto por la propiedad es equivalente a valorar el tiempo y el dinero.

Por lo tanto, un disuasivo eficaz para esta conducta destructiva consiste en imponer una multa. Si tus hijos no reciben una mensualidad y no tienen acceso al dinero, podrían "pagar" la deuda con ciertos trabajos en la casa. Entre las reglas básicas para tomar prestado, se encuentran las siguientes:

• No se tomará prestado sin permiso *previo*.
• Todos los artículos prestados con permiso deben ser devueltos al propietario en excelente estado y en el tiempo convenido. Romanos 13:8 afirma: "No deban nada a nadie, excepto el deber de amarse unos a otros".
• Todo lo que se devuelva después del tiempo pactado dará como resultado una multa en dinero (por ejemplo, cinco dólares), que deberá

pagarse al dueño, o en un trabajo en la casa a realizarse en un período específico de tiempo.

• El que pide prestado deberá reemplazar todo artículo dañado.

• El que pide prestado se hará cargo de todo artículo perdido, hurtado o destruido.

• Todo lo tomado sin permiso se considerará un artículo robado y estará sujeto a los castigos antes mencionados, con la multa adicional de diez dólares, pagaderos al propietario.

• No habrá más préstamos si no se respetan las reglas.

Estas reglas no son más que un punto de partida. Tus hijos deben incorporarlas para que se conviertan en algo natural, y el problema desaparecerá. Si debes recordarles las reglas una y otra vez, significa que no están funcionando. Quizá tengas que ajustarlas para que sean útiles en tu hogar. Nos las descartes del todo, hasta que hayas averiguado primero si se hacen cumplir de forma coherente y uniforme. Generalmente, la aplicación errática de las reglas es la razón de su incumplimiento.

Si tus hijos toman prestado objetos de otros miembros de la familia, es probable que también pidan prestado a sus amigos. Presta atención: ¿Salen a comer con frecuencia, cuando sabes que no tienen dinero? (*Tal vez* ellos pidan prestado a los amigos). La habitación de tus hijos, ¿está llena de prendas ajenas? (Quizá pertenezcan a alguien más).

Formula preguntas para iniciar tu investigación. Probablemente tu hija admita que las prendas son de Julia, pero afirmará que a su amiga no le importa porque "tiene montones de cosas". De hecho, quizá Julia se haya dado cuenta o no le importe, pero la madre que paga las prendas seguramente le pregunte: "¿Dónde está el conjunto que te compré la semana pasada?". Cuando ella le responda que tu hija Bárbara lo tiene, puedes estar segura de que su madre le insistirá a Julia que se lo pida. Si luego recibe un bulto arrugado para lavar y planchar, quizá se encuentre en la incómoda situación de ponerse en contacto contigo para pedirte que reemplaces la prenda o que pagues la cuenta de la lavandería. Cuando se llega a este punto, tu hija ha llegado demasiado lejos.

En una situación como esta, verifica que todo objeto prestado se devuelva rápidamente en *excelente estado* —por ti, si es necesario— y que el dinero prestado se reembolse por completo. Luego, tu hija tiene que devolverte el dinero.

¿QUÉ PODRÍAS DECIR?

"Bárbara, te daremos lo que verdaderamente necesitas, y también algunas cosas que deseas. Pero me preocupa tu costumbre de tomar cosas prestadas. Si no te damos lo que necesitas, simplemente dímelo. "No quiero que tus amigas te vean como una ventajista. Quiero que respetes la propiedad ajena, y que seas justa y pagues lo tuyo. Actualmente, tienes la reputación de no respetar a los demás ni tampoco sus posesiones. Cuando no devuelves los objetos prestados, haces que tus amigas, incluso tu familia, desconfíe de ti. "A partir de ahora, no tomarás nada prestado sin hablar primero conmigo. Usarás prendas de tu guardarropa. Y cuando salgas con tus amigas, pide solamente lo que puedas pagar. Si aún así decides pedir prestado, suspenderé tu mensualidad. Sé que puedes cambiar, y deseo hacer todo lo posible para ayudarte. Tienes demasiado que ofrecer a los demás como para permitir que este hábito se interponga entre tú y tus amigas... y entre tú y tu familia".

SABIDURÍA DE LA PALABRA DE DIOS

Aunque las Escrituras fomentan el acto de dar, el tomar prestado puede convertirse rápidamente en una trampa que puede dañar las amistades y otros vínculos. Explícales este pasaje a tus hijos:

El que pide prestado es sirviente del que presta (Pr. 22:7).

37

Amigos cuestionables

Tu hija adolescente ha comenzado a relacionarse con amigos cuyas actitudes y comportamientos te preocupan. Tienen un mal desempeño escolar y usan vestimentas y peinados exagerados y antisociales. Son reservados con respecto a sus actividades, y cuando vienen a tu casa es solo para recoger a Cintia, tu hija, y luego marcharse. Al parecer, sus padres no ejercen demasiada autoridad sobre ellos y crees que estos amigos animan a tu hija a desafiar las reglas.

¿QUÉ PODRÍAS HACER?

Habla con tus hijos sobre la importancia de escoger bien las amistades. Proverbios 13:20 afirma: "Camina con sabios y te harás sabio; júntate con necios y te meterás en dificultades". Exploren juntos lo que significa la amistad (Pr. 17:17) y cómo es el trato entre los amigos. Filipenses 2:4 exhorta: "No se ocupen sólo de sus propios intereses, sino también procuren interesarse en los demás".

Busca oportunidades para conocer en profundidad a los nuevos amigos de tu hija. Observa si es posible construir vínculos positivos con ellos. Actúa amigablemente y sin prejuicios. Trata de hallar cualquier punto en común para conectarte con ellos, ya sea que se trate de computadoras, actividades creativas o ideologías. Quizá te sorprenda la buena predisposición que demuestran.

A menudo, los adolescentes que tienen relaciones hostiles con sus padres entablan buenos vínculos con los padres de sus amigos. Todos los adolescentes valoran a sus amigos y necesitan consejeros con interés genuino, ¡aunque pertenezcan a una generación anterior y tengan canas! Tal vez nunca sepas cuán profunda será tu influencia positiva en sus vidas. Toma esta oportunidad para ministrarlos, pues este acto podría cambiar el curso de sus vidas, además de salvar a tu hija de la influencia negativa que puedan ejercer.

Pídele a Dios que te conceda un interés genuino por los amigos de tus hijos. Cuando tengas la oportunidad, comienza a indagar amablemente sobre ellos. Lo mejor sería que formularas preguntas específicas sobre cada integrante del grupo. Medita en las preguntas que quieras hacer. Sería útil preparar una lista de preguntas (solo para ti) en cuanto a los amigos por quienes sientas interés. Repite las preguntas en voz alta antes de formularlas a tus hijos, pues es importante que no suenen prejuiciosas. No hagas todas las preguntas de una vez; haz que sean parte de tu relación con ellos. Si las formulas con el objetivo de comprender, es probable que tu hija te cuente libremente las razones de su elección.

Evita el sermón. No intimides a los amigos de tus hijos con tu fe, intentando ganar discusiones sobre la Biblia o demostrando cuán moralmente superior eres. Al respecto, Jesús dijo: "El amor que tengan unos por otros será la prueba ante el mundo de que son mis discípulos" (Jn. 13:35). Pídele a Dios que te revele las necesidades que Él puede satisfacer a través de ti. Considera a estos jóvenes como potenciales hermanos y hermanas en Cristo.

Si tu hija se siente atraída hacia uno de esos muchachos, será necesario incluso más cautela. Si le prohíbes verlo, harás que sienta más atracción y la incentivarás a que te desafíe. En lugar de ello, permítele que observe cómo le tiendes una mano. Sin embargo, es importante que establezcas límites claros sobre cuándo y dónde pueden verse. Por ejemplo, pueden hacerlo en tu casa y estar con tu familia, pero no pueden salir solos hasta que lo conozcas bien y confíes en él.

Si es tu hijo quien se siente atraído por una muchacha de personalidad cuestionable, tienes la oportunidad de ejercer aún más influencia de la que piensas, si así lo decides. Madres, dominen su antipatía por esta alma rebelde y recíbanla con los brazos abiertos. Anima a tu hijo para que la traiga a casa, en lugar de tener citas con ella, al menos hasta que puedas confiar en que tu hijo resistirá la tentación de estar de un modo inapropiado con ella. Sé cálida y cortés. Sonríe y conversa. No digas nada que sea remotamente crítico. Luego, sucederá una de estas tres cosas:

- La ganarás con amor.
- No le gustará tu estilo de vida y se irá.
- Tu hijo decidirá que puede encontrar alguien mejor y romperá con ella.

Cualquiera de estas opciones es mejor de lo que probablemente obtengas con una fría desaprobación.

Nunca olvidaré a una mujer que conocí en una conferencia que di sobre el perdón. Durante el tiempo de preguntas y respuestas, esta madre habló sobre su hijo. Contó que, de muchacho, comenzó con un estilo inmoral de vida con una muchacha conocida por su promiscuidad.

Ella podría haber cerrado la puerta de su corazón y dejado afuera a la pareja debido a la gran tristeza por las decisiones de su hijo y por el enojo de no haber detectado a tiempo a esta "seductora". Pero no lo hizo. Su actitud fue la de un inusual amor cristiano. Esta madre no solo tendió una mano a su hijo, sino que también lo hizo con esa mujer. Miró más allá de sus faltas y vio su necesidad por el Señor. Periódicamente, la madre le hacía pequeños regalos a esta mujer en los que incluía versículos de las Escrituras. Los invitaba a cenar y mantenía abierta la comunicación. Ella ponía en práctica el amor de Jesús, quien dijo: "¡Ama a tus enemigos!" (Mt. 5:44).

Finalmente, el amor de esta madre llevó a esta muchacha al Señor. Y, con el tiempo, su hijo siguió el mismo ejemplo y se hizo cristiano. Más tarde, contrajeron matrimonio y entregaron su hogar a Dios.

En cuanto a los "nuevos amigos" de tu hija, utiliza las "reuniones" con ellos para hallar sus atributos positivos y amables: encontrarás algunos, aunque debas buscar en lo profundo de su ser y, desde allí, construir una relación.

Al entablar un vínculo con ellos, supervisa sus actividades. Si tu casa se convierte en "el" lugar donde reunirse, tu hija se sentirá agradecida, y tú sabrás dónde está y qué hace.

Sin embargo, no sucumbas ante la complacencia y los dejes sin vigilar en una parte separada de la casa, pues te sorprenderás de manera no grata al descubrir por qué tu casa se ha convertido en "el" lugar donde reunirse.

¿QUÉ PODRÍAS DECIR?

Tal vez podrías decirle a tu hija: "Me gustaría conocer a tus amigos. ¿Por qué no los invitas a comer pizzas y ver una película una de estas noches? No tengas miedo, no voy a avergonzarte, pero sí quiero conocerlos. Quiero hacerlo porque son importantes para ti y porque te agradan. ¿Qué crees que les gusta hacer?".

Puede ser que después de todo lo que hayas hecho, descubras que uno de sus amigos sea un mentiroso incorregible, abusador de tu confianza o que tiene menos conciencia que la mitad de un guisante. En ese caso, tendrás motivos para decirle a tu hija: "Le di a José todas las oportunidades, pero parece que lo que más le interesa es tomarme por tonta. No lo soy, y te amo demasiado para dejar que desperdicies tu vida con él. Sus elecciones no me dejan otra opción que decir que ya no es bienvenido. Continuaré pidiendo a Dios que lo ayude, pero no puedo ver nada bueno en tu relación con él". Si hasta ahora has sido sincera en tus esfuerzos, tu hija entenderá, y hasta se sentirá indignada ante la hipocresía de José.

SABIDURÍA DE LA PALABRA DE DIOS

Los amigos son una parte esencial en la vida de los adolescentes. Quiénes son esos amigos es incluso más importante. Ayuda a tus hijos a comprender la importancia de elegir sabiamente la compañía que tienen... sus influencias, modelos y formadores.

No se dejen engañar por los que dicen semejantes cosas, porque "las malas compañías corrompen el buen carácter" (1 Co. 15:33).

38

Fiesta en la casa de un amigo desconocido

Es viernes por la tarde, cuando tu hijo te llama al trabajo.

—Papá, ¿puedo ir a una fiesta esta noche en la casa de Claudio?

—¿Claudio? ¿Quién es Claudio? No lo conozco —le respondes.

—Ah, él es un amigo del colegio. ¡Por favor! Todos mis amigos estarán allí: Sebastián, Daniel y Javier. Tú los conoces y son buenos. ¡Por favor! Debo saber si me dejas ir para que Sebastián pase a recogerme. Hice todas mis tareas, y dijiste que te sentías muy orgulloso de mí por mis excelentes calificaciones en física. ¡Por favor, papá!

Realmente, quieres hacer lo correcto. Pero, ¿quién es Claudio?

¿QUÉ PODRÍAS HACER?

Mateo 10:16 nos exhorta: "Miren, los envío como ovejas en medio de lobos. Por tanto, sean astutos como serpientes e inofensivos como palomas".

Reproducimos aquí una experiencia relatada por un padre de Kansas:

Nuestro segundo hijo, ansioso por poner en práctica su vida social en el octavo grado, nos pidió permiso para ir a una fiesta en la casa de un amigo, un viernes por la noche. Mi esposa y yo le preguntamos: "¿Estarán allí los padres?". Obtuvimos un "sí" automático por parte de nuestro hijo.

Después de dejarlo en la casa de ese amigo, comenzamos a tener dudas sobre el nivel de supervisión de aquella fiesta. Decidimos llamar. Un muchacho contestó el teléfono, y le pedí hablar con el padre. Lo oí preguntar, apartando su voz del teléfono: "¿Alguien tiene voz gruesa?". Otro tomó el teléfono e hizo un pobre intento de imitar la voz de un adulto. Colgué, miré a mi esposa y ambos dijimos: "Vamos para allá".

Cuando llegamos a la casa, lo primero que vimos fue a nuestro hijo "besándose apasionadamente" con una muchacha, justo en frente de la ventana del comedor. Tocamos el timbre, recogimos a nuestro hijo y nos fuimos rápidamente con nuestro jovencito enojado y avergonzado. Tras aquel incidente, nuestro hijo comprendió que tomábamos en serio lo relacionado con su vida social. Pasó el resto de la semana en casa, y durante los siguientes seis meses, verificábamos con otros padres toda la información que nos daba.

Si deseas evitar que esto suceda en tu familia, cuando tus hijos adolescentes deseen ir a una fiesta, deberías comenzar por pedirles que te comuniquen telefónicamente con algún adulto responsable, alguien que conozca a los padres del adolescente que organiza la fiesta. Obtén toda la información preliminar que puedas sobre el estilo de vida y valores de esa familia. Además, muchos colegios secundarios ofrecen el llamado Compromiso Parental. Este es un contrato opcional que garantiza que los padres no permitirán alcohol, tabaco ni drogas en las fiestas que sus hijos ofrezcan en su casa. Los alumnos cuyos padres han firmado este compromiso aparecen en una posición destacada en la guía de los estudiantes. Esta información de fácil acceso te brinda referencia rápida, además de ser un buen lugar para comenzar tu investigación.

El siguiente paso consiste en llamar a la casa donde se ofrece la fiesta y hablar, al menos, con uno de los padres del adolescente. No creas a tu hijo si te dice que la fiesta estará supervisada (¿Acaso te lo *diría* si fuera el caso contrario?). Tus hijos deberían entender, con anterioridad, que si no puedes comunicarte con uno de los padres anfitriones antes de la fiesta, no podrán ir. La próxima vez te darán más información. Hablar con uno de los padres te brindará una clara idea de su sentido de la responsabilidad. Tal vez sea embarazoso, te lleve tiempo y sea un inconveniente en el momento de preguntar, pero quizá te ahorre una mayor vergüenza e inconveniente más tarde.

Específicamente, podrías preguntarle:

- "¿Estarás en la fiesta?"
- "¿Te quedarás toda la noche como acompañante?"
- "¿Habrá otro adulto también presente?"
- "¿Habrá alcohol disponible o permitirás que lo haya?"
- "¿Te harás responsable por lo que suceda?"

Recuerdo muy bien una fiesta de séptimo grado en la casa de un muchacho llamado Benjamín. (Benjamín era un seductor con sus palabras

—incluso a su corta edad— y sabía cómo conquistar a las muchachas). Transcurrida la primera hora, cuando todos habían llegado, los padres de Benjamín se escabulleron —deliberadamente, por supuesto— y se abrió el bar con toda clase de bebidas. (No hace falta decir que ¡eran más fuertes que las bebidas frutales!). Estoy segura de que sus padres pensaban que eran geniales, pero, en realidad, se comportaron irresponsablemente. Tú puedes creer que los padres estarán presentes en una fiesta en su propia casa, pero no necesariamente es así. Por cierto, nunca les conté a mis padres sobre aquella fiesta. Por supuesto, jamás se lo habría dicho a mi padre, pero podría habérselo contado a mi madre... si ella hubiera investigado a fondo y, de esa manera, podría haberme enseñado a enfrentar situaciones desagradables futuras. Considera la posibilidad de formularles preguntas a tus hijos cuando llegan de una fiesta. Pídeles que te saluden antes de irse a la cama. De esta manera, no solo verificarás si han respetado el horario límite, sino que también comprobarás si se están comportando irracionalmente o si tienen olor a alcohol en el aliento.

Unos meses atrás, la policía llamó de madrugada a varios cientos de padres para que recogieran a sus hijos adolescentes de un depósito del suburbio de Dallas. Estos jovencitos habían sido atrapados en una fiesta cervecera donde había grandes cantidades de alcohol (un barril por cada tres personas). Todos los adolescentes de aquella fiesta fueron acusados de consumo de bebidas alcohólicas, y aquellos que tenían más de veintiún años fueron acusados de proveer alcohol a menores.

Los padres tuvieron que pagar inmediatamente una fianza y firmar un acuerdo de comparecer ante el tribunal antes de llevar a sus hijos a casa. Y, debido a que el distrito escolar suburbano tiene política de tolerancia cero al alcohol y a las drogas, los alumnos recibieron sanciones que iban de la suspensión a la expulsión, de acuerdo con la gravedad de la acusación y el historial de conducta del alumno. Uno de los oficiales de policía entrevistados en la escena dijo disgustado: "Ninguno de estos padres sabía dónde estaban sus hijos. Bueno, ahora sí lo saben".

Haz que tus hijos participen cuando establezcas las reglas. Tú y tus hijos deberían entenderse claramente en lo que respecta a las fiestas. Luego, haz que se cumplan las reglas, aunque esto signifique que no podrán asistir. No les hagas sentir que son víctimas de la situación cuando así suceda. Juntos, busquen alternativas de entretenimiento que incluyen a otros amigos o miembros de la familia. La participación ofrece un sentido de responsabilidad, y tu hijo, finalmente, tomará decisiones más sabias. Proverbios 9:12 (NVI) afirma: "Si eres sabio, tu premio será tu sabiduría".

¿QUÉ PODRÍAS DECIR?

Podrías decirle a tu hijo: "Comprendo cuánto deseas ir a esa fiesta porque tus amigos estarán allí, y también quiero que pases un buen rato. Por eso, necesito que seas tú quien me ponga en contacto por teléfono con los padres de Sebastián o Javier, cualquiera que conozca la situación familiar del muchacho que ofrece la fiesta. Después de esta conversación, si me gusta lo que oigo, necesitaré el número de teléfono de los padres del muchacho. Cuando hable con ellos, averiguaré lo que deseo sobre la fiesta. Luego, tú y yo hablaremos sobre la información que obtuve y decidiremos si es o no una buena idea que vayas. Si todo sale bien, perfecto. Pero si no es así, tal vez podamos hallar algo que sea más divertido. Si quieres invitar algunos amigos a casa, yo proveeré las pizzas". El Salmo 37:30 (NVI) dice: "La boca del justo imparte sabiduría, y su lengua emite justicia".

SABIDURÍA DE LA PALABRA DE DIOS

Los adolescentes necesitan fortaleza de carácter para estar atentos a las advertencias en su espíritu y decir "no" a un tiempo de diversión con los muchachos "populares". A veces, el peligro puede verse; otras veces, solo puede sentirse. En cualquier caso, habla con tus hijos sobre la sabiduría de no actuar cuando existen señales de peligro.

El prudente se anticipa al peligro y toma precauciones. El simplón avanza a ciegas y sufre las consecuencias (Pr. 22:3).

39

Negativa a realizar actividades extraescolares

Tu hijo, quien nunca antes te ocasionó problemas, comienza a negarse a participar en actividades de grupo. Aunque tiene habilidad para jugar al básquet, ni siquiera considera unirse a un equipo. Le gusta jugar al ajedrez, pero solamente *online*, pues no tiene interés en jugar personalmente. Abandonó las actividades de exploradores porque se niega a usar uniforme. Efectivamente, parece que tiene una excusa para evitar cualquier actividad de grupo, y te preocupa que pierda oportunidades que podrían ser importantes para él.

En general, los deportes, clubes y trabajos de voluntariado son grandes oportunidades para el crecimiento social, especialmente para los adolescentes. Los ayudan a desarrollar habilidades sociales y físicas; así como también, confianza y camaradería. Sin embargo, en ocasiones, un adolescente se niega simplemente a participar de cualquier actividad organizada.

¿QUÉ PODRÍAS HACER?

Pídele a Dios la sensibilidad y el discernimiento para conocer las razones de la actitud de tu hijo. ¿Acaso siempre ha sido solitario? Tal vez el impacto de entrar a la adolescencia le haga replegarse aún más. ¿Ha sido siempre cohibido? Quizá debido a sus cambios físicos repentinos, sienta vergüenza de correr en un campo ante la mirada de cientos de personas. ¿Tiene miedo de intentar cosas nuevas? ¿Tiene miedo al rechazo? ¿Insiste en hacer todo a su manera? ¿Es sensible a la crítica?

Es posible que tu hijo no te cuente las razones de su renuencia. Puede que ni siquiera las conozca totalmente. Deberás orar sin cesar y tener gran percepción para hallar estas razones, pero es importante que descubras qué sucede. Evita darle un ultimátum de "participa, ¡o vas a ver!".

Puede que la negativa de tu hijo de participar en estas actividades se deba a que ya tiene demasiadas actividades. Sería necesario, pues, que te sentaras con él y juntos evaluasen cada actividad para ayudarlo a establecer prioridades. Al respecto, un padre sacó a su hijo de todas las actividades que realizaba, hasta del grupo de jóvenes, porque mostraba signos de agotamiento. Después de recobrar el equilibro, su hijo comenzó a agregar, gradualmente, una actividad a la vez, hasta que encontró lo que era bueno para él. Más no es siempre lo mejor y, a menudo, "menos es más", como reza el dicho.

Los padres de un adolescente determinaron que las actividades musicales y de la iglesia para la familia eran obligatorias. Aparte de ello, sus hijos podían elegir solo una actividad extraescolar. Si les iba todo bien, podían contar su idea y las razones por las cuales deseaban otra actividad. Juntos, los padres y los hijos evaluaron las ventajas y desventajas de sumar otra actividad. Si las calificaciones no empeoraban y el adolescente tenía el suficiente descanso, sin signos de estrés, entonces podrían hacerlo. Esta estrategia prevenía que las actividades extraescolares se descontrolaran y evitaba que sus hijos experimentaran el fracaso de abandonar nuevamente alguna actividad.

Si la negativa se debe a la inmadurez o a temores que tu hijo puede superar, entonces, tienes más tarea para realizar. Averigua las actividades que ofrece el colegio. La pertenencia a un grupo le brinda a tu hijo identidad dentro del colegio, amigos con intereses comunes, y una razón para esperar el día escolar. Intenta persuadirlo para que se una, durante un periodo de prueba, a un grupo en particular. Si es necesario, recurre a las recompensas. Una madre de una muchacha tímida y retraída le ofreció comprarle un costoso par de zapatos si tomaba clases de baile en la escuela secundaria. Este hecho le dio la posibilidad de pertenecer a un grupo de entrenamiento y, más tarde, la llevó a una posición de liderazgo.

Desdichadamente, algunos jóvenes se sienten tan marginados en sus colegios (y algunas escuelas están controladas muy despiadadamente por camarillas) que quizás un adolescente sienta que es imposible integrarse. El paso siguiente es buscar grupos comunitarios. Anima a tu hijo a investigar por Internet sobre temas que le interesan, o envíalo a la biblioteca para que busque ayuda. Cualquiera que sea el área que le interese, ya sea robótica, filatelia, catapultas o algún tema no convencional, habrá, en algún lado, un grupo para ver cómo se siente. Obviamente, no lo dejarás en cualquier lugar. Acompáñalo hasta que sientas que el grupo es saludable para él. Mantente al día con sus logros y actividades.

Límites sociales

Existen pocas cosas más tristes que un muchacho con padres absolutamente desinformados sobre la actividad que él realiza con toda pasión. Puede que después de toda la investigación realizada, el ánimo y las pruebas, tu hijo pierda otra vez la motivación y pase la mayor parte del día en su habitación. En este caso, debes saber exactamente qué es lo que está haciendo. Si lee, averigua qué tipo de libros le gustan y guíalo hacia el material apropiado. Si escribe o dibuja, pídele ver su obra. Algunos adolescentes tienen una mente profunda e introspectiva y una inclinación creativa y, simplemente, necesitan tiempo a solas para nutrir su talento.

Pablo dijo a los filipenses: "Cada uno debe velar no sólo por sus propios intereses sino también por los intereses de los demás" (Fil. 2:4). Si este es el caso de tu hijo, lo sabrás por la calidad del material que produzca. Algunos muchachos, llamados por Dios para un propósito especial, sentirán la necesidad de enclaustrarse y pasar solos gran parte del tiempo en lucha con su propósito divino, buscando de Dios fuerza y entendimiento. Si ves que tu hijo verdaderamente tiene un llamado especial y necesita silencio para oír el ritmo de su destino, deberás tener la sabiduría para encontrar un maestro que lo ayude a desarrollar sus habilidades.

¿QUÉ PODRÍAS DECIR?

Lleva a tu hijo o hija a comer una hamburguesa y tomar un refresco. Hablen de sus intereses. Sugieran ideas sobre diferentes opciones. Escucha lo que te diga. Ten en cuenta que las personas introvertidas son cautelosas en cuanto a estar con otros. Necesitan estar solos para recobrar energía y fuerza. Si tu hijo es introvertido, puede ser agotador estar en el colegio todo el día; por eso, necesita tiempo de quietud para recobrar fuerzas. Quizá la razón no sea la falta de interés en actividades extraescolares sino, solamente, agotamiento. En cualquier caso, lo mejor es *no* fomentar actividades adicionales. Escucha lo que tu hijo *realmente* dice y necesita.

Pregúntale: "¿Qué te ayuda a relajarte después de un día o semana agotador? ¿Prefieres estar a solas en tu cuarto? ¿O es mejor estar con uno o dos amigos? ¿Leer? ¿Escuchar música? ¿O prefieres estar con muchos amigos? ¿Has pensado sobre lo que te gustaría hacer en diez años? ¿Existen actividades que desees hacer ahora que puedan ayudarte a llegar a donde quieres en el futuro?". Formula algunas preguntas con delicadeza y luego deja que tu hijo se exprese de nuevo. Las reflexiones, pensamientos y sueños compartidos pueden brindarte una perspectiva de qué actividades extraescolares podría realizar.

"Sé que Dios te creó con un propósito, y deseo hacer todo lo que pueda para que lo desarrolles. ¿Qué deseas hacer en la vida? ¿Qué haces para desarrollar los talentos e intereses que Dios te ha dado? Sé que el Señor te ha hecho especial y único; por nada en el mundo deseo que cambies. Realmente me siento responsable de ayudarte a desarrollar todo tu potencial. Tómate un tiempo para reflexionar. Oremos para que halles lo que te brinda el mayor gozo y realización. Luego, tracemos un plan para desarrollar tu potencial". Efesios 2:10 (NVI) nos dice: "Porque somos hechura de Dios, creados en Cristo Jesús para buenas obras, las cuales Dios dispuso de antemano a fin de que las pongamos en práctica".

SABIDURÍA DE LA PALABRA DE DIOS

Realiza un esfuerzo coordinado para que tus hijos fomenten las amistades. Habla de la importancia de tus amigos y del bien que brindan. Cuéntales la historia de David y Jonatán. El hijo de David, Salomón, escribió estos versículos sobre la importancia de la amistad:

Más valen dos que uno, porque obtienen más fruto de su esfuerzo. Si caen, el uno levanta al otro. ¡Ay del que cae y no tiene quien lo levante! (Ec. 4:9-10, NVI).

40

Negativa a asistir a la iglesia

Tu hijo, que en otros aspectos es sociable, decide, repentinamente, dejar de asistir a la iglesia. Puesto que tú insistes en que lo haga, los domingos por la mañana se han convertido en una batalla de voluntades que arruina la santidad del día. "Tengo amigos que no van a la iglesia", contesta con enojo, "¿y me dices que ninguno de ellos tiene una buena condición moral? ¡Son mejores personas que todos en la iglesia!". La negativa de Rubén te aflige, porque sabes que necesita la moralidad bíblica y el carácter de Cristo: necesita a Jesús más que nunca. Pero Rubén está firme en su decisión y no asistirá.

¿QUÉ PODRÍAS HACER?

Recuerda dos características fundamentales de los adolescentes. En primer lugar, a medida que comienzan a encontrar su identidad separada de sus padres, suelen ver únicamente las incoherencias del mundo adulto. En segundo lugar, tienden a discutir, y lo hacen mediante desafíos. Como padres, esta actitud se vuelve tediosa en cada área, pero cuando se trata de las cosas de Dios, puede ser especialmente desconcertante. Es un consuelo saber que hay, en lo profundo del corazón de tus hijos, un lugar que solo Dios puede llenar.

Dios tiene mucho que ver con los vínculos, y Él desea una relación personal con tus hijos adolescentes. Ellos desean estar *conectados*. Cuanto más puedas mantener las actividades de la iglesia en este nivel, más posibilidades tendrás de que asistan. Es poco probable que ellos rechacen una invitación a estar con amigos y comer gratis.

Escucha a tus hijos. Tal vez exista una buena razón por la que no desean ir. ¿Acaso el grupo de jóvenes es aburrido? ¿Son las enseñanzas irrelevantes o no bíblicas? ¿Existe un problema de acoso o murmuración? El grupo de jóvenes, ¿está "vivo" o "muerto"? ¿Se realiza un estudio genuino de la Biblia?

Indaga sobre el verdadero motivo de su negativa a asistir a la iglesia. Debes plantearte una situación aún más alarmante: ¿hay alguien allí que le hace sentir incómodo? Aunque desearíamos creer que la iglesia —cualquier congregación— es un lugar seguro para nuestros hijos, las Escrituras nos advierten sobre el hecho de que los emisarios de Satanás logran introducirse en las congregaciones que, de otra manera, serían buenas iglesias (ver Ap. 2:14, 20). Y, desgraciadamente, son frecuentes las noticias sobre líderes religiosos que deben renunciar por el peso de la evidencia de su conducta impropia. Por eso, si deseas saber cómo es un grupo en particular, debes asistir tú también. Tal vez un cambio de congregación sea lo más adecuado.

Puede ser provechoso hablar directamente y preguntarle: "¿Alguna vez te sucedió en la iglesia algo malo, o alguien de allí te hizo sentir sexualmente presionado o moralmente comprometido? ¿Sabes si ha existido abuso sexual? ¿Te sientes incómodo con la presencia de alguien en particular?". Obviamente, si la respuesta es "sí", pide detalles e informa inmediatamente del hecho. Si ya abordaste todas estas cuestiones directamente, lo más probable es que sea una cuestión del corazón.

Si estás seguro de que el problema no se encuentra en la iglesia, es tiempo de que hables con mucho tacto con tus hijos. No te comportes de manera déspota, farisaica o legalista sobre la asistencia a cada actividad de la iglesia, pero ayúdale a priorizar las actividades más importantes.

Quizás algunos adolescentes, en sintonía con la cultura posmoderna que impregna nuestro mundo, elijan adorar con un estilo diferente del que tienes en tu congregación. Aunque tú prefieras un servicio y música más tradicionales, quizás ellos elijan música y una adoración más interactiva o contemporánea. Esta elección no niega su amor por el Señor, simplemente, tiene un estilo diferente.

A veces, como padres de adolescentes posmodernos, perdemos a nuestros hijos debido al deseo de que se amolden a nuestro mundo. Tal vez la mejor manera de *establecer vínculos* consista en concederles *límites* amplios, siempre que se mantengan dentro de los parámetros de tus creencias. Por ejemplo, puede que no permitas una congregación *New Age*, pero sí permitas una congregación con estilo diferente, siempre que sea cristiana y basada en la Biblia.

Quizá debas animar a tus hijos a que participen en otro ministerio. Muchos adolescentes han sido alcanzados a través de ministerios que apoyan a la Iglesia: campamentos cristianos, *Young Life*, Juventud para

Cristo, viajes de coros y misiones, estudios bíblicos para jóvenes y organizaciones cristianas de voluntariado. Ora para que tus hijos establezcan amistades genuinas con creyentes auténticos: los amigos cristianos sabios les ayudarán y los harán más sabios. Al respecto, Proverbios 13:20 dice: "Camina con sabios y te harás sabio".

En un momento dado, mi padre prohibió a mi madre y a nosotros cuatro a asistir a la iglesia. Yo tenía dieciséis años. El año anterior me había unido a una congregación muy activa y basada en la Biblia, y creo realmente que mi padre sentía que la iglesia competía contra él.

Aunque mi madre era una mujer compasiva y sumisa, ella no cedió en este aspecto. Negoció que se quedaría en casa con él, pero que los hijos debían asistir a la iglesia. Ella creía profundamente que fracasaría como madre si no tenía como prioridad la enseñanza que recibiríamos de los maravillosos maestros bíblicos.

Ella me dijo: "Cuando críes a tus hijos, la iglesia es innegociable, pues aprenderán valores que durarán para siempre. Y lo más importante es que conozcan al Señor". Nada era más trascendente que vivir una relación transformadora con Jesús. Agradezco a Dios por una madre que, numerosas veces, en ocasiones a costa de su propio mal, priorizó lo mejor para nosotros.

¿QUÉ PODRÍAS DECIR?

Hace algunos años, cuando era directora de jóvenes, brindé un enfoque lógico y práctico sobre cómo hablar con tacto con los hijos adolescentes. Antes de hablar con ellos, ora a Dios para que prepare sus corazones y para que hable a través de ti: "El sabio de corazón controla su boca; con sus labios promueve el saber" (Pr. 16:23, NVI).

Pon en práctica este enfoque:

- Te daré cada vez más libertad para tomar tus propias decisiones y, un día, tendrás completa independencia, pues decidirás sobre todos los aspectos de tu vida.
- Pero por ahora, Dios me ha concedido el privilegio de tenerte bajo mi guía y protección.
- ¿Deseas que haga lo que complace a Dios? Espera una respuesta. Debería ser afirmativa.
- Mi prioridad consiste en agradar a Dios, especialmente en lo que a ti respecta.

- Porque te amo profundamente, también deseo complacerte. Sin embargo, habrá ocasiones en las que no podré satisfacer a ambos.

- En este caso, sería equivocado que te dijera que no es necesario asistir a la iglesia. Las verdades que se enseñan serán cruciales para ti, especialmente cuando obtengas tu independencia. ¿Sabes?, Dios me hará responsable por la manera en que te haya criado.

- En nuestra familia asistimos a la iglesia. La iglesia es donde nosotros, como creyentes, nos reunimos para adorar, celebrar la comunión con Dios, oír la Palabra, orar, servir; donde crecemos y tenemos compañerismo. Asistir a la iglesia no es mi idea: es la idea de Dios.

- Al respecto, 1 Corintios 12:7 declara: "A cada uno de nosotros se nos da un don espiritual para que nos ayudemos mutuamente". Y Gálatas 6:10 dice: "Por tanto, siempre que tengamos la oportunidad, hagamos el bien a todos, en especial a los de la familia de la fe". Asistir a la iglesia nos ayuda a conocer a nuestros hermanos en la casa de la fe, para que podamos usar nuestros dones espirituales y demás recursos para ayudarlos. Ellos, a su vez, pueden hacer lo mismo por nosotros cuando así lo necesitamos. De esta manera, todos se benefician. Ese es el plan de Dios.

- Busquemos, al menos, una cosa que podamos aprender para reflexionar más tarde sobre ello. (Fomenta el diálogo abierto y honesto. Es saludable que tus hijos tengan preguntas sobre Dios. El debate les ayuda a permanecer comprometidos e interesados. Si les prohíbes cuestionar las cosas de Dios, los empujas hacia la puerta de salida. El objetivo consiste en que tus hijos tengan una relación auténtica con el Dios viviente mediante la experiencia con Jesucristo, su Hijo. Cuando tienes una relación abierta, honesta y transparente con tus hijos, das el ejemplo para que tengan una relación auténtica con el Señor).

- Vayamos juntos al servicio dominical, aprendamos lo máximo que podamos y oremos para obtener, al menos, una verdad que podamos usar durante la semana. ¿De acuerdo?

SABIDURÍA DE LA PALABRA DE DIOS

A veces, el propósito de ir a la iglesia se pierde por la rutina. Si tus hijos se oponen a esta "rutina", debes asegurarte de que la iglesia cumpla el propósito que el autor de la carta a los Hebreos establece:

Límites sociales

Pensemos en maneras de motivarnos unos a otros a realizar actos de amor y buenas acciones. Y no dejemos de congregarnos, como lo hacen algunos, sino animémonos unos a otros, sobre todo ahora que el día de su regreso se acerca (He. 10:24-25).

41

Violencia

Te encuentras en el trabajo. Cerca del mediodía, recibes una llamada telefónica. *"¿Te enteraste del tiroteo? Fue en la escuela secundaria. ¡Oí que alguien murió!".*

¿Un tiroteo? ¿Un muerto? ¿Quién murió? ¿Y quién lo hizo? Te cuesta respirar...

Sales corriendo, entras de prisa al auto y aceleras hasta llegar al colegio, a doce cuadras de distancia. Desesperada por obtener noticias, sintonizas la radio... y oyes los primeros y escasos detalles.

Una pandilla de estudiantes comenzó una pelea dentro del recinto escolar, los ánimos se enardecieron y, como consecuencia, un alumno ha muerto.

Después de llegar al colegio, te enteras de que el muchacho muerto era compañero de tu hijo: ambos alumnos del último año de secundaria. Tus ojos recorren el grupo de alumnos. *¿Dónde está mi hijo?... ¿Dónde está mi muchacho?*

En este momento, el director te está mirando... y comienza a caminar hacia ti. ¡Estás aterrorizada! *¿Es mi hijo quien disparó?* Ruegas a Dios: *Por favor, que mi hijo se encuentre bien... no permitas que pertenezca a esa pandilla... Te ruego, Dios, antes de que sea demasiado tarde... por favor.*

Este escenario conmueve el corazón de todo padre que tiene un hijo en el colegio. La seguridad es siempre la prioridad para los padres.

La violencia aumenta en todo lugar y constituye una trampa para los adolescentes. La violencia sin sentido fluye de los mundos virtuales de video donde pueden "buscar, matar y destruir" a voluntad; donde los ataques terroristas y decapitaciones son transmitidos por el noticiero nocturno; donde los videojuegos muestran a la mujer como objeto sexual disponible para ser violada. Ellos ven, oyen, sienten la violencia... ¡y, finalmente, desean ponerla en práctica!

Límites sociales

En la actualidad, las investigaciones muestran una alarmante *insensibilización* hacia la violencia. Específicamente, los cerebros de los adolescentes expuestos a una excesiva violencia electrónica dan como resultado una generación de jóvenes insensibles que carecen de compasión, atención y empatía hacia los otros. Un claro resultado de estos adolescentes es que, simplemente, *¡nada les importa!*[1]

Además, como la exaltación de la violencia, por parte de los medios de comunicación, se alimenta de otros factores —depresión y drogas, familias disfuncionales y divorcio— las pandillas son cada vez más atractivas para los adolescentes.

Algunos de los factores que contribuyen a que los adolescentes se unan a las pandillas son:

* familias abusivas
* acceso a las armas
* problemas de adicción
* abuso de alcohol y drogas
* hogares destruidos
* exposición excesiva a la violencia en los medios de comunicación
* ira sin resolver
* depresión sin tratar

Las características más comunes de los miembros de pandillas violentas son:

* agresividad
* compromiso
* vínculo
* temor
* honor
* orgullo
* tradición
* disputa territorial

¿QUÉ PODRÍAS HACER?

El mejor plan para evitar que tus hijos participen en actos de violencia radica en conocer sus corazones. Las acciones violentas no suceden al azar. En casi todos los casos, una serie de emociones y acontecimientos violentos, en continuo aumento, precipitan una conducta de estas características.

Toma la iniciativa en el hogar

• Pasen juntos tiempo de calidad como familia. Mantente en contacto con tus hijos; sácalos a comer periódicamente... aunque solo sea una pizza, un helado o una hamburguesa.
• Invita a los amigos de tus hijos a tu casa, y haz que sea un lugar divertido. Sé amigable, pero no intentes "ser su amiga". Quédate en casa, no te vayas para darles espacio. Sé el mejor padre o madre que puedas ser.
• Averigua a dónde van tus hijos y con quién lo hacen.
• Establece límites horarios que no podrán quebrantarse. Si no los cumplen, aplícales un castigo.
• Presta atención a los posibles cambios negativos en tus hijos y responde adecuadamente. Si es necesario, consigue ayuda profesional.
• Como padre, debes participar activamente en la vida de tus hijos y conocer qué tipo de seguridad tienen en su mundo.

Toma la iniciativa en el colegio

• Expresa el valor que tiene la educación.
• Participa de la organización de padres y maestros.
• Ofrécete a ayudar cuando el colegio lo pida.
• Infórmate sobre los planes que ofrece el colegio para la prevención de la violencia y los procedimientos para aislamientos escolares de emergencia.

Después de un acto de violencia, no relacionado con las pandillas

Si tu hijo ha cometido un acto de violencia, pero no parece estar involucrado con una pandilla, pon en práctica las siguientes medidas:

• Aplica *castigos* que tengan relación con la conducta violenta. Tu hijo o hija deberá pagar el objeto dañado con su propio dinero. Y deben hacer personalmente la *restitución*. Del mismo modo, y si fuera posible, deberán *restaurar* las relaciones rotas. Concretamente, tu hijo deberá pedir perdón si hirió los sentimientos de alguien.
• Debe hacer un esfuerzo supremo por realizar actos de servicio y otras acciones constructivas para mostrar su buena voluntad.

Participación en pandillas

- Si sospechas que tu hijo o hija está involucrado en una pandilla, debes actuar de inmediato. Si se involucra activamente o si el adoctrinamiento lo lleva a un desprecio por las figuras de autoridad, es posible que su temor le impida tomar la iniciativa para apartarse de esta organización. Si temes a tus hijos, tal vez debas consultar con profesionales, incluida la policía. Generalmente, los miembros de pandillas no se detendrán ante nada para impedir que un miembro se aparte. Actúa con sumo cuidado.

- Tu objetivo fundamental es sacar a tu hijo del control mortífero de la pandilla. Probablemente debas tomar medidas de precaución para proteger a tu hijo durante este período. El Salmo 82:4 afirma: "Rescaten al pobre y al indefenso; líbrenlos de las garras de los malvados". Necesitarás asesoramiento como parte del proceso de sanidad.

¿QUÉ PODRÍAS DECIR?

En esta situación, se aplica el antiguo dicho: "Amor" se deletrea t-i-e-m-p-o. En un ambiente neutral y sin estilo interrogatorio, habla con tu hijo sobre las pandillas. "¿Me ayudarías a entender por qué los jóvenes se hacen miembros de pandillas? [Dale un tiempo para la respuesta]. ¿Qué puedo hacer para ayudarte para que no te veas arrastrado hacia este tipo de vida? ¿Crees que algunos de tus amigos necesitan nuestra ayuda? ¿Qué me sugieres al respecto?".

Lo más importante es tu interés y participación en la vida de tus hijos en un nivel práctico y personal. Dialoga con ellos. "¿Qué se hace durante un procedimiento de aislamiento en tu colegio?". Pregúntales qué conocen sobre los procedimientos de seguridad en lugares como el supermercado o el cine. "¿Qué harías si algo así sucediera?".

Si demuestras interés genuino por obtener información y por sugerir ideas constructivas (porque así es), es más probable que tus hijos se sinceren contigo.

No siempre es fácil mantenerse comunicado con los adolescentes porque el centro emocional del cerebro dirige sus acciones, y éstas pueden ser imprevisibles. A menudo, ellos se muestran adustos, callados y de mal humor, y sentimos que la comunicación es una *calle de un solo sentido*. Como madre o padre, evita alejarte o pensar que no quieren hablar debido a sus actitudes negativas.

Las respuestas a preguntas tales como: "¿Sabrías qué hacer si alguien te ofrece formar parte de una pandilla?" son fundamentales si tus hijos te preocupan. Pero no puedes preguntarles de la misma manera que les preguntas: "Cuéntame sobre tu día en el colegio". Los adolescentes no abrirán sus corazones hasta que estés dispuesta a compartir tu tiempo con ellos. Si quieres ganar su confianza, ellos deben saber que realmente te importan. El hecho de compartir tu tiempo con ellos es una de las mejores maneras de expresar tu compromiso genuino hacia tus hijos.

Sobre todo, imparte continuamente la Palabra de Dios en la vida de tus hijos adolescentes. Busca cada oportunidad para enseñarles que siempre deben priorizar el bienestar de los demás. La vida es algo precioso y debe cuidarse mediante las verdades divinas. Jesús dijo: "Ciertamente les aseguro que el que oye mi *palabra* y cree al que me envió, tiene *vida* eterna y no será juzgado, sino que ha pasado de la muerte a la *vida...* El Espíritu da vida; la carne no vale para nada. Las *palabras* que les he hablado son espíritu y son *vida*" (Jn. 5:24; 6:63, NVI).

SABIDURÍA DE LA PALABRA DE DIOS

Así dice el SEÑOR: Practiquen el derecho y la justicia. Libren al oprimido del poder del opresor. No maltraten ni hagan violencia al extranjero, ni al huérfano ni a la viuda, ni derramen sangre inocente en este lugar (Jer. 22:3, NVI).

42

Actividad sexual

Entras a la cocina con dificultad, cargada con las compras del supermercado. Cuando apoyas las bolsas en la encimera, oyes un sonido sordo, seguido por el ruido de baratijas del monedero de tu hija de diecisiete años. Hurgando en el contenido del monedero, te aseguras de que su celular no se haya roto. Aliviada, comienzas a recoger las cosas... hasta que divisas un estuche redondo de plástico.

Reconoces de inmediato el envase: ¡píldoras anticonceptivas! Ahora comprendes que algo sí está verdaderamente roto —tu corazón— al saber que tu preciosa hija ha iniciado posiblemente, probablemente, su vida sexual.

Acabas de recibir la prueba tangible de que tu hija ha comenzado o contempla la posibilidad de tener relaciones sexuales. Si hubieras hallado condones en la mochila de tu hijo de noveno grado no te habrías sentido más sorprendida... o dolida.

Nuestra cultura envía gran cantidad de mensajes de índole sexual: el sexo es bueno, ser *sexy* es todavía mejor, ser deseado sexualmente es lo mejor que te puede pasar. Nuestra sociedad afirma: "No hay problema mientras ambas partes estén de acuerdo con las 'reglas de participación' en el encuentro sexual". La modernidad actual en la cultura dice: "Ten sexo seguro". ¿De verdad?

El sexo seguro es un mito, y este mito no solo es peligroso, sino que también pone en riesgo la vida. Creer que los condones garantizan la seguridad demuestra gran ingenuidad. Debes saber que de dos a cuatro de cada cien condones resbalan, se sueltan, se pinchan o se rompen.[1] Pregúntate: "¿Usaría un paracaídas sabiendo que falla dos de cada cien veces?". (¡Eso sería descabellado!).

La actividad sexual es "segura" únicamente cuando una pareja, sexualmente pura, se une en matrimonio y permanece fiel. El verdadero amor protege el 100% del tiempo. En última instancia, la abstinencia es un acto de amor genuino que protege todos los aspectos de una persona: cuerpo, alma y espíritu. Proverbios 2:11 declara: "Las decisiones sabias te protegerán; el entendimiento te mantendrá a salvo".

Tristemente, la educación sexual escolar no ayuda a que los adolescentes tomen buenas decisiones. Cada uno de ellos debe enfrentar este hecho: ningún anticonceptivo es 100% eficaz, y ninguna "protección" puede garantizar seguridad total contra las enfermedades de transmisión sexual (ETS). Incluso si usan condón, existe la posibilidad del daño físico y emocional de por vida. La abstinencia es la única alternativa segura.

Las imágenes sexuales nos invaden desde todas las direcciones. Los adolescentes usan incluso los teléfonos celulares para enviar mensajes, fotos y videos de índole sexual. Este hecho es considerado pornografía infantil, un delito serio que puede acabar en acciones penales y encarcelamiento. Desgraciadamente, estas imágenes se instalan en la mente de los adolescentes y son adictivas. La adicción sexual, de la cual se creía que era predominantemente un problema masculino, ha empeorado hasta tomar proporciones epidémicas, pues afecta a jóvenes y adultos, a mujeres y hombres por igual.

Los impulsos sexuales de los adolescentes son básicamente físicos, y tienen tendencia a las acciones impulsivas motivadas por la carga hormonal de sus cuerpos. La carga de testosterona en los muchachos los empuja hacia una respuesta física. Por otro lado, las muchachas anhelan cariño, calidez y la confirmación de que son deseables; por tanto, cada sexo busca al otro para satisfacer estas necesidades. Sin embargo, esta búsqueda, fuera del ideal de Dios, corrompe el cuerpo, la mente y el espíritu.

Gran cantidad de personas ya no consideran el sexo como algo sagrado, sino recreativo. Algunos adolescentes traspasan los límites del decoro con la promiscuidad. Experimentan con la conducta homosexual, tienen sexo ocasional (donde "los amigos con beneficios" tienen sexo sin compromiso) y asisten a *rainbow parties* [fiestas arcoíris] (donde un grupo de participantes usa diferentes lápices de labios para practicar el sexo oral). La cultura anima tanto a las muchachas como los muchachos para que sean sexualmente agresivos.

Realmente, los adolescentes de ambos sexos tienen necesidades legítimas de amor, valor y seguridad.[2] Estas necesidades se satisfacen en primer lugar en los vínculos familiares y, finalmente, a través de una relación con Dios, mediante el Señor Jesucristo.

¿QUÉ PODRÍAS HACER?

En una cultura que concede tanta importancia al sexo, los adolescentes están bien informados al respecto. Ellos reciben educación sexual, pero sin valores morales. Como padre, tu objetivo no consiste solamente en enseñar a tu hijo a que se abstenga del sexo y que atesore la pureza… sino que también honre a Dios con el cuerpo, la mente y el espíritu. ¿Cómo puedes lograrlo?

Constituye un hogar donde amen y honren a Dios en palabras y hechos

Demuestra con hechos y palabras un matrimonio sano y amoroso entre los cónyuges. Ama y valora a cada hijo como un regalo de Dios. Habla con tus hijos del plan de Dios desde que son pequeños. Hebreos 13:4 dice: "Honren el matrimonio, y los casados manténganse fieles el uno al otro. Con toda seguridad, Dios juzgará a los que cometen inmoralidades sexuales y a los que cometen adulterio".

Establece parámetros sexuales

Continúa con tu análisis sobre por qué la opción de Dios es la mejor. Dedica tiempo a enseñarles la perspectiva divina sobre el sexo. Las investigaciones demuestran que las "oportunidades cotidianas de enseñanza" son más eficaces que una única charla sobre sexo.[3] La conversación franca puede animar a tus hijos a elegir la abstinencia hasta el matrimonio. Debes animarlos a que se sientan en libertad de decir "no" al sexo.

Si eres madre o padre divorciado, guía mediante el ejemplo y cumple con los mismos parámetros de pureza sexual que esperas de tus hijos adolescentes. La perspectiva bíblica los ayudará a conducirse en este laberinto social altamente sexualizado.

En 1 Corintios 6:18 (NVI) leemos: "Huyan de la inmoralidad sexual. Todos los demás pecados que una persona comete quedan fuera de su cuerpo; pero el que comete inmoralidades sexuales peca contra su propio cuerpo".

Habla con tus hijos sobre cómo el plan de Dios, sobre la pureza sexual, los protegerá en los siguientes aspectos:

- *Emocional*: Experimentarán libertad de culpa, ansiedad, tristeza y heridas emocionales.

Actividad sexual

- *Físico*: Estarán protegidos de embarazos antes del matrimonio, hijos no deseados, enfermedades sexuales, aborto.
- *Social*: Disfrutarán de vínculos, autoestima, valores y reputación positiva.
- *Espiritual*: Vivirán con una conciencia pura ante Dios, una visión pura de la voluntad divina, una motivación pura iniciada por Dios y una relación pura con el Señor.

El Salmo 37:5-6 (NVI) dice: "Encomienda al SEÑOR tu camino; confía en él, y él actuará. Hará que tu justicia resplandezca como el alba; tu justa causa, como el sol de mediodía".

Establece límites sexuales prácticos

Vigila y limita el contenido de índole sexual en música, películas, televisión y otros medios de entretenimiento. Instala filtros en tu computadora, pero comprende que no puedes controlar toda computadora disponible para tus hijos. Fomenta las salidas grupales en lugar de citas románticas, las cuales aceleran la intimidad. No permitas que los adolescentes del sexo opuesto estén solos en tu casa o una habitación, mientras tú permaneces en otra. Comparte con tus hijos información sobre sexualidad adolescente, con estadísticas de enfermedades venéreas, violación, embarazo y otras consecuencias.

Alienta a tus hijos explicándoles que la Biblia ha establecido límites con respecto a la actividad sexual. Pídeles que se comprometan a leer un capítulo diario del libro de Proverbios y que transcriban los versículos que se refieren al sexo.

Proverbios 6:27 (NVI) pregunta: "¿Puede alguien echarse brasas en el pecho sin quemarse la ropa?".

Si se han violado los límites...

Si sabes o sospechas que tus hijos tienen conductas promiscuas, habla sobre la posibilidad del abuso sexual a menores. No des la espalda a las respuestas, no importa cuán desagradables sean. El Señor provee sanidad, pero solo cuando la verdad sale a la luz. ¡La verdad nos hace libres!

Muchos adolescentes creen que si no hay penetración, todavía se permanece virgen. La palabra *virgen* significa "entero, incorrupto, puro".[4] Los adolescentes usan la frase *born-again virgin* [virgen renacido o

223

renacida] para referirse a quienes han perdido su virginidad, ya sea por abuso sexual o consentimiento, pero que más tarde desean mantenerse sexualmente puros. Sin embargo, "la pureza genuina no se encuentra en algún punto de la escala sexual. Es un camino, una búsqueda decidida y persistente de rectitud".[5]

Si sospechas que tus hijos son sexualmente activos, pero no lo admiten, no los acuses sin las pruebas adecuadas o la certidumbre absoluta, porque podrías arruinar la confianza que tienen en ti.

Si *sabes* que tus hijos son sexualmente activos, concierta inmediatamente una cita con el médico para ellos, a fin de saber si contrajeron alguna enfermedad.

La voluntad de Dios es que sean santos, entonces aléjense de todo pecado sexual. Como resultado cada uno controlará su propio cuerpo y vivirá en santidad y honor (1 Ts. 4:3-4).

¿QUÉ PODRÍAS DECIR?

Habla sobre las responsabilidades de una vida sexualmente activa, como la crianza de hijos fuera del matrimonio. No centres únicamente tu atención en lo negativo del sexo antes del matrimonio: habla de la satisfacción de la vida sexual en una relación permanente y comprometida. Señala lo siguiente: "Nadie quiere pertenecer a las estadísticas de divorcio; sin embargo, quienes han tenido relaciones sexuales prematrimoniales tienen más posibilidades que aquellos que esperan hasta el matrimonio para consumar la unión".

Dile a tus hijos: "Dios creó tu cuerpo, y dijo que era bueno. Sé que no puedo controlar lo que haces con él, pero hasta que llegues a la edad adulta, participo de tus decisiones. Cuando seas un adulto, *tú* tendrás la responsabilidad por lo que decidas. Deseo que reconozcas el valor que Dios te da".

Diles también: "Dios lo ha dejado claro en su Palabra, y he observado que el sexo fuera del matrimonio presenta varias dificultades. Te roba el gozo de experimentar la satisfacción sexual solamente con tu cónyuge. Comprendo que las experiencias de tu vida todavía no te han convencido de ello, así que debes decidir si tú o Dios saben lo que es mejor. En el contexto correcto, el sexo es algo bueno: es maravilloso. Es un hermoso regalo que nos ayuda a expresar amor, intimidad y compromiso. Y es el medio por el cual se concibe la vida, un don divino".

Si tu hijo o hija ha sido sexualmente activo, pídele a Dios que te dé las palabras y la sabiduría, que el amor divino y el tuyo se encuentren presentes cuando hables de ello. Lo ideal es que ambos padres estén presentes. Pero si no es así, sería menos incómodo si la madre hablara con la hija, y el padre con su hijo.

Cualquiera que sea la situación, asegúrales tu amor y haz hincapié en que *nada* de lo que tus hijos hagan podrá disminuir este amor. Deseas que lo mejor de Dios se derrame sobre ellos. Diles que sientes preocupación. Cuidadosamente, coméntale: "Ayer encontré accidentalmente (píldoras, condones, etc.)".

Espera una respuesta. Si no la obtienes, dile con amor: "Eres preciosa a los ojos de Dios y a los míos. Deseo de corazón que sigas la guía del Señor en *todos* los aspectos de tu vida y tener integridad sexual es una parte importante del plan divino para ti. El Señor diseñó nuestros cuerpos para el placer y la procreación, pero solo dentro del vínculo sagrado del matrimonio.

"Las instrucciones de Dios son claras. Si practicas el sexo, creo que esta elección está equivocada, no importa cuán bien te sientas. Te expones a serias consecuencias, algunas de las cuales son dañinas y pueden amenazar tu salud y tu vida. Como tu madre, es mi deber protegerte, hasta de tus propias decisiones".

La reacción de tus hijos determinará tu respuesta. Tu objetivo consiste en comprender las razones de su conducta e impartir sabiduría. Dales la oportunidad de hablar. Si no te contestan, formula las siguientes preguntas:

- ¿Deseas la bendición de Dios para tu vida? (Lee Ro. 12:1-2).
- ¿Deseas paz genuina en tu corazón? (Lee Fil. 4:8-9).
- ¿Deseas vivir una vida de integridad? (¿Y conducirte de la misma manera en la oscuridad como en la luz?) (Lee 1 Cr. 29:17).
- ¿Sabes que Dios te ha dado su poder para vivir una vida santa? (Lee 2 P. 1:3).
- ¿Deseas tomar el lugar de Dios en la vida de otra persona? (Lee Dt. 5:7; Mt. 22:37).
- ¿Deseas proteger tu relación con Dios? (Lee Sal. 66:18).
- ¿Deseas que otras personas sigan tu ejemplo de moralidad? (Lee 1 Ti. 4:12).

Límites sociales

SABIDURÍA DE LA PALABRA DE DIOS

Un adolescente sexualmente activo con deseos indomables se asemeja a un caballo salvaje en un corral: lleno de energía, pero sin destino. Cuando lo sacas de allí, usas un freno y anteojeras para dirigir la atención del caballo hacia la entrada y guiarlo hacia su libertad. Mientras hablas con tus hijos adolescentes para sacarlos del corral del sexo ilícito, debes dirigir su atención hacia la Palabra de Dios para que sigan sus caminos. Guía a tus hijos a buscar la libertad mediante una relación con Cristo.

Huye de todo lo que estimule las pasiones juveniles. En cambio, sigue la vida recta, la fidelidad, el amor y la paz. Disfruta del compañerismo de los que invocan al Señor con un corazón puro (2 Ti. 2:22).

FIGURA 42-1

Una ETS es una infección transmitida sexualmente, ya sea vaginal, anal u oral, o mediante el contacto físico íntimo de una persona infectada con otra.

- **Las ETSs bacterianas** pueden curarse con antibióticos.
- **Las ETSs virales** son incurables. Los síntomas, como llagas o verrugas, pueden tratarse, pero el virus permanece en el organismo y hace que los síntomas aparezcan una y otra vez.

En el siglo dieciséis, la sífilis era la única enfermedad venérea conocida. Luego, en el siglo diecinueve, la gonorrea, junto con la sífilis, eran causas de infertilidad. Ambas enfermedades fueron incurables hasta el descubrimiento de la penicilina en 1943, la cual hizo que dejaran de ser un problema para la salud pública. Sin embargo, la revolución sexual desenfrenada de los años sesenta fue el terreno fértil para una gran cantidad de ETSs, entre las cuales se encuentran la clamidia y el VPH, en 1976, y el sida, a principios de la década de los ochenta. Actualmente, se conocen más de veinticinco ETSs.[6] Entre algunas de las ETSs más comunes están las siguientes:

ENFERMEDADES CURABLES DE TRANSMISIÓN SEXUAL

Enfermedad	Clasificación	Transmisión	Síntomas	Efectos nocivos
Clamidia (la ETS bacteriana más común)	**Bacteria** que causa pus	Sexo vaginal, anal y oral De madre a hijo	**Hombres y mujeres:** Asintomático o **Hombres:** secreción en el pene **Mujeres:** pueden tener secreción o dolor al orinar	**Mujeres:** esterilidad, Enfermedad pélvica inflamatoria (EPI), mayor riesgo de contraer sida
Gonorrea (la segunda ETS bacteriana más importante)	**Bacteria** altamente infecciosa	Sexo vaginal, anal y oral De madre a hijo	**Hombres y mujeres:** Asintomático o **Hombres:** pus de la uretra, ardor al orinar **Mujeres:** irritación sin dolor, erupción, fiebre, secreción semejante a la pus	**Hombres:** esterilidad, fibrosis de uretra y problemas del tracto urinario **Mujeres:** esterilidad, Enfermedad pélvica inflamatoria (EPI), daño al corazón y cerebro

Enfermedad	Clasificación	Transmisión	Síntomas	Efectos nocivos
Sífilis (enfermedad ETS más antigua conocida)	**Bacteria** que produce llagas o parches altamente infecciosos en los genitales o boca	Sexo vaginal, anal y oral De madre a hijo	**Hombres:** úlceras no dolorosas en genitales, fiebre, ganglios linfáticos inflamados **Mujeres:** secreción, ardor al orinar, verrugas típicas de enfermedades venéreas	**Hombres:** Daño al corazón y cerebro, ceguera **Mujeres:** daño al corazón, cerebro y sistema nervioso; puede causar defectos de nacimiento o muerte en recién nacidos **Hombres y mujeres:** muerte, mayor riesgo de contraer sida
Tricomoniasis	**Parásito** que causa infección genital	Sexo vaginal y anal De madre a hijo	**Hombres y mujeres:** Asintomático o **Hombres:** secreción del pene y ardor al orinar **Mujeres:** flujo vaginal de olor fétido y dolor genital, sangrado vaginal, inflamación e irritación de los genitales, dolor al orinar	**Hombres y mujeres:** Mayor riesgo de contraer sida **Mujeres:** rotura prematura de bolsa y nacimiento prematuro

ENFERMEDADES INCURABLES DE TRASMISIÓN SEXUAL

Enfermedad	Clasificación	Transmisión	Síntomas	Efectos nocivos
Herpes genitales (virus del herpes simplex) HSV-1 se asocia con la boca. HSV-2 se asocia con los genitales.	**Virus** que infecta la piel y la membrana mucosa	Sexo vaginal, anal y oral Congénito	**Hombres y mujeres:** Asintomático o ampollas dolorosas o llagas en los genitales, nalgas, muslos o boca	**Hombres y mujeres:** úlceras genitales, mayor riesgo de contraer sida
Hepatitis B	**Virus** cuya infección es comúnmente de transmisión hemática	Sexo vaginal, anal y oral Jeringas Congénito	**Hombres y mujeres:** Asintomático o piel y ojos amarillos, fatiga, náuseas	**Hombres y mujeres:** Daño hepático, cáncer y finalmente la muerte
VPH (virus del papiloma humano o "verrugas genitales")	**Virus** que infecta la piel y la membrana mucosa	Contacto cutáneo íntimo Sexo vaginal, anal y oral	**Hombres:** verrugas genitales **Mujeres:** asintomático (puede detectarse por citología vaginal)	**Hombres:** cáncer de pene y ano **Mujeres:** ¡el 99% del cáncer de cuello de útero es causado por este virus! Verrugas genitales

227

Límites sociales

Enfermedad	Clasificación	Transmisión	Síntomas	Efectos nocivos
VIH /SIDA (Virus de la inmunodeficiencia humana) (Síndrome de inmunodeficiencia adquirida)	**Virus** que invade el sistema inmune y lo destruye con el tiempo	Sexo vaginal, anal y oral Jeringas	**Hombres y mujeres:** Asintomático o síntomas similares a los de la gripe (inicialmente, fatiga, fiebre, molestias) *Más tarde:* lesiones orales y cutáneas, diarrea, dificultad respiratoria (infecciones pulmonares), dificultades para pensar (meningitis)	**Hombres y mujeres:** Infecciones intestinales y candidiasis de la boca, fallo en el sistema inmunológico, tuberculosis, cáncer y muerte

Epílogo:
Abre tu mente

Innovador, creativo, imaginativo. Estos adjetivos parecen pertenecer al programa necesario para una paternidad admirable. Existe un serio problema con aquellos que se hacen llamar expertos, y proclaman conocer "*la* manera" de enfrentar las dificultades que surgen con los adolescentes. Ellos exponen su sencillo enfoque de disciplina porque ha sido útil en sus propios hogares.

Debemos ser realistas. Cada adolescente es distinto, cada padre es distinto y cada hogar es distinto. Por eso, es esencial que tú, como padre, aprendas a "abrir tu mente".

La semana pasada, en un vuelo a Carolina del Norte, me senté al lado de una encantadora mujer, de alrededor de setenta años. Mientras conversábamos, descubrí rápidamente que era una dama cálida y agradable, la cual había superado muchos obstáculos en la vida. Me contó que su marido la había abandonado cuando sus hijos eran pequeños, y debió enfrentar sola la crianza de los niños.

—¿Qué fue lo que más la ayudó? —le pregunté.

—Bueno, mi fe —me contestó—, no podría haberlo logrado sin la ayuda del Señor.

Continuó contándome que la época más difícil para ella fue cuando su hijo, de adolescente, se volvió irrespetuoso y pronto comenzó a tener malas compañías. Cuando tenía alrededor de dieciséis años, afirmó estar cansado de los límites de su madre y resolvió mudarse a un apartamento con aquella banda de amigos indeseables.

Un día, un agente de policía la llamó por teléfono. Le informó que uno de los muchachos que vivía con su hijo había sido arrestado por robo. Además, la policía había confiscado una cantidad de objetos robados del apartamento.

—Señora —dijo el policia—, sabemos que su hijo no estuvo involucrado en los robos. Pero como pasa el tiempo con ese muchacho, el cual es una mala influencia, ¿le gustaría que pasara la noche en una celda para darle una lección?

—¿Estará con presos peligrosos? —preguntó su madre.

—Oh, no —el policía respondió—. Pero podrá oír un vocabulario muy rudo.

—Muy bien—dijo con optimismo su madre—, lo recogeré mañana por la mañana.

Aquella noche, ella oró y oró, pidiéndole al Señor que utilizara esta experiencia para el beneficio de su hijo. Al día siguiente, ella hizo varios recados y, básicamente, dejó correr el tiempo antes de recoger a su hijo, e intencionalmente no llegó a la prisión hasta después del almuerzo. "Cuando lo dejaron salir de la celda, él corrió y me abrazó. 'Ay, mamá, lo siento —me dijo—. Quiero... mamá, realmente quiero ir a casa. ¿Me permites ir?'. 'Por supuesto que puedes' —le respondí y tras ese episodio, ya no hubo más problemas".

Sonreí y pensé: *Aquí estoy con una madre que aplicó la enseñanza de Santiago 5:20 (nvi): "Recuerden que quien hace volver a un pecador de su extravío, lo salvará de la muerte y cubrirá muchísimos pecados".*

El enfoque de esta sabia madre es una ilustración de lo que yo llamo "abrir la mente". Una madre sola, pero perspicaz, permitió que su hijo experimentara una severa consecuencia por quebrar los límites. Al hacerlo, su hijo pudo vislumbrar su destino... un destino funesto si continuaba por el sendero destructivo que había elegido a la ligera. El castigo del "tiempo en la celda" le dio el "tiempo para pensar" que tanto necesitaba.

Hace poco, le pedí a una amiga que investigara en Internet sobre la frase "abrir la mente". Ella descubrió que se asociaba con adjetivos como: innovador, creativo, imaginativo, original, ingenioso e inspirado. Puesto que no había reflexionado sobre cómo definiría esta frase hasta que llegué a este último capítulo, creo que estas palabras son útiles para comunicarte lo que espero que atesores de este libro en tu corazón. Recuerda, los límites no son solamente demarcaciones externas con consecuencias negativas para tus hijos adolescentes. El propósito de los límites consiste en forjar el carácter, el cual produce, a su vez, confianza. ¿Y qué es la confianza, sino el ingrediente más importante en una relación?

Te animo a que pienses de forma innovadora y que abras tu mente ¡cuando tus hijos necesiten motivación interna para hacer lo correcto! Utiliza la creatividad y la imaginación para guiarlos a que comprendan y agradezcan la disciplina como la mano amorosa de Dios. Así como un experto cirujano usa el bisturí para extirpar lo que causa la muerte física y reparar las heridas del cuerpo, el Señor utiliza la disciplina para eliminar las actitudes pecaminosas que causan la muerte espiritual —la muerte de los vínculos— y para sanar las heridas del alma y el espíritu.

Aquel encuentro con esa madre en el avión me hizo recordar un incidente que había olvidado completamente. Mi dulce madre era una experta en manejar situaciones difíciles cuando éramos adolescentes. *Indudablemente*, ella abría su mente para actuar.

En mi primer año en la escuela secundaria, mi madre no me permitía tener citas, por lo que tenía poca experiencia con los chicos. Una noche, contesté el teléfono y oí una voz de barítono, que me contó que era estudiante cursando su último año. Le pregunté cómo había conseguido mi número, y me respondió que había marcado al azar. Su voz era tan fascinante que hablamos un rato. Luego, me llamó en varias ocasiones, y me dijo que deseaba encontrarse conmigo a la salida del colegio, un día de la semana entrante. Era bastante mayor que yo y, sin pensar en lo peligroso que podría ser, acepté verlo el siguiente martes.

Aunque me sentía halagada con la situación, no conté mi secreto a nadie hasta la noche anterior a la cita. Con gran entusiasmo, le conté a mi abuela sobre el encuentro secreto del próximo día. Sin embargo, cuando el día de colegio estaba llegando a su fin, me dijeron que mi madre me retiraba antes porque tenía una cita con el odontólogo a las 3 de la tarde. Me sentí totalmente confundida. Mi madre no mencionó nada sobre una cita con el odontólogo para aquel martes. Mientras salíamos en el coche del estacionamiento del colegio, no se dijo una palabra sobre el encuentro secreto que había perdido, ni observé señal de desaprobación alguna por parte de mi madre. Nunca hablamos sobre aquel episodio, pero supe, en aquel momento, que mi mamá estaba trazando un límite. Lo hizo de una manera muy ingeniosa, sin ni siquiera mencionar a mi abuela o sugerir que ella conocía mis propósitos. Si ella me hubiera prohibido encontrarme con mi cita misteriosa o me hubiera humillado al mencionar mi gran ingenuidad, me habría ofendido, habría sentido vergüenza y, además, me habría enojado con mi abuelita. Por el contrario, mientras conducía, supe que ¡mi madre me amaba! Su límite moderado no me causó enojo ni enajenación. Aquietó mi espíritu.

Estés preparado o no, llegará el día en que finalmente dejes a tu hijo vivir su vida. No importa cuán satisfecho o insatisfecho te sientas sobre tu trabajo como padre, un día te despertarás y sabrás que estás jubilado...

¡o despedido! Muchos padres identifican este hito con el día en que sus hijos dejan el hogar: cuando parten para la universidad, cuando comienzan un empleo a tiempo completo o cuando contraen matrimonio.

Aunque puedas o no identificar el día cuando tu "cometa comience a volar", siéntete en paz, incluso cuando la vida de tus hijos no tenga el rumbo que tú hubieras elegido. Tal vez no puedas dirigir a tu hijo, pero Alguien más sí puede hacerlo, y es quien mejor lo hará. Nunca te rindas ni cuestiones los modos innovadores e ingeniosos que Dios utiliza para influir, moldear e impulsar tu cometa para "volar alto".

Este es un buen momento para orar.

Dios, he hecho todo lo que pude, pero sé que tú todavía obras en la vida de mi hijo adolescente. Puesto que tu amor es mayor, más fuerte y más duradero que el mío, confío en que completarás la obra que comenzaste cuando me diste este ser, hecho a tu imagen. Deseo poner el futuro de mi hijo en tus manos, porque tu Palabra dice: "Porque yo sé muy bien los planes que tengo para ustedes —afirma el SEÑOR—, planes de bienestar y no de calamidad, a fin de darles un futuro y una esperanza" (Jer. 29:11, NVI).

He reservado la siguiente historia para el final de este libro porque es el ejemplo más original de cómo abrir la mente que jamás oí, y es muy difícil no reír una vez más. Esta historia se publicó en el periódico *Dallas Morning News*, el 6 de septiembre de 1998. Alan Cost podría haber suspendido el privilegio de conducir de su hijo por haber recibido la tercera multa por exceso de velocidad y por haber llegado demasiado tarde a casa. En lugar de ello, decidió colgar la camioneta de su hijo... de un árbol. El señor Cost usó una retroexcavadora para levantar varios metros la parte trasera de la camioneta Chevrolet de Stephen, su hijo de dieciséis años, y usó una cadena para colgarla de un árbol al frente de su casa, sobre una de las calles más transitadas del suburbio de Birmingham. Esto ocurrió el 29 de agosto, y el señor Cost dijo que la camioneta se quedaría allí, para que todos los amigos de Stephen pudieran verla durante, al menos, una semana. Había un cartel en la ventanilla del vehículo que decía: "Esto sucede cuando un adolescente no presta atención". Y, en letras más pequeñas, decía: "Tal vez esté a la venta". El señor Cost afirmó: "No me gusta ser tan duro con el muchacho, pero si no me va a escuchar, no tengo otra opción".

Puedo oír a todos ustedes, padres de adolescentes, dar un fuerte aplauso.

Hijo mío, no desprecies la disciplina del SEÑOR, ni te ofendas por sus reprensiones. Porque el SEÑOR disciplina a los que ama, como corrige un padre a su hijo querido (Pr. 3:11-12, NVI).

Notas

Capítulo 2: El sombrero negro
1. Juan 14:27 (NVI).
2. Mateo 5:9.
3. Romanos 12:18.
4. Mateo 10:34.
5. Juan 8:32.

Capítulo 3: Comprende a tu hijo adolescente
1. *Real Academia Española,* s.v. "adolescente"; http://buscon.rae.es/draeI/SrvltConsulta?TIPO_BUS=3&LEMA=l%EDmite.
2. David Walsh, *Why Do They Act That Way?* [¿Por qué se comportan de ese modo?] (New York: Free Press, 2004), 65.

Capítulo 11: Abuso del teléfono celular
1. Kim Kurth, "The GR8 DB8," *Frisco Style Magazine,* ["El Gran Debate", Revista Frisco Style] Vol. 14, No. 4, 31 de Setiembre 2009.
2. Vea un ejemplo tomado de la Coalición Nacional para la protección del niño y la familia en el cuadernillo *Sex and Cell Phones* [Sexo y teléfonos celulares] disponible en http://www.nationalcoalition.org/shopcategory.asp?catID=14.

Capítulo 13: Obsesión por los medios de comunicación
1. David Walsh, *Why Do They Act That Way?* [¿Por qué se comportan de ese modo?] (New York: Free Press, 2004), 165.

Capítulo 14: Los peligros de Internet
1. Este acuerdo se encuentra en iCare Coalition, "Safe Use Agreement," [Coalisión iCare, "Uso del acuerdo de seguridad"], http://www.icarecoalition.org/safeuseagreement.asp.

Capítulo 21: Acoso escolar
1. Barbara Coloroso, *The Bully, the Bullied, and the Bystander* [El acosador, el acosado y el testigo] (New York: HarperResource, 2003), 13.
2. Ver *ibíd.,* 13-14.

Notas

Capítulo 23: Acoso sexual

1. Texas Council on Family Violence [Consejo de violencia familiar de Texas], "El 75% de jóvenes texanos ha sufrido violencia de pareja". (2006); http://www.tcfv.org/tcfv-content/75-percent-of -young-texans-affected-by-dating-violence/.

2. Ron Snipe, et al., "Recidivism in Young Adulthood, Adolescent Sexual Offenders Grown Up", [Reincidencia en la juventud, delincuentes sexuales adolescentes] *Criminal Justice & Behavior* [Justicia y conducta delincuente], Vol. 25 (International Association for Correctional and Forensic Psychology [Asociación internacional de psicología correccional y forense, 1998), 109, 117, citado en National Teen Dating Violence Prevention Initiative [Iniciativa nacional para la prevención de la violencia de pareja], "Teen Dating Violence Facts [Hechos de violencia en parejas adolescentes]" (American Bar Association, 2006), 1; http://www.abanet.org/ unmet/teendating/facts.pdf.

Capítulo 26: Robos

1. Josephson Institute, "The Ethics of American Youth: 2008" [La ética de la juventud americana] (Los Ángeles: Josephson Institute, 2009); http://charactercounts.org/programs/reportcard/index.html.

Capítulo 27: Juegos con apuestas

1. Chad Hills, "Childhood and Adolescent Gambling" [Juego con apuestas en la niñez y adolescencia] (Colorado Springs, CO: Focus on the Family Action, n.d.); http://www.citizenlink.org/FOSI/ gambling/A000002175.cfm.

Capítulo 31: Fascinación por el ocultismo

1. James Walker, "What Is the Occult?" [¿Qué es el ocultismo?] *Watchman Expositor*, vol. 9, no. 8 (1992).

Capítulo 32: Pornografía

1. National Coalition for the Protection of Children and Families [Coalición Nacional para protección del niño y la familia], *What Every Parent Needs to Know About Addressing the Sexualized Culture* [Lo que cada padre debe saber para abordar la cultura sexualizada] (Cincinnati, OH: National Coalition for the Protection of Children and Families, n.d.), 11.

2. Liz Perle, citada en Anastasia Goodstein, *Totally Wired* [Totalmente conectados] (New York: St. Martin's Griffin, 2007), 104.

Capítulo 33: Abuso de drogas o alcohol

1. David Walsh, *Why Do They Act This Way?* [¿Por qué se comportan de ese modo?] (New York: Free Press, 2004), 148.
2. *Ibíd.*
3. *Ibíd.*, 142-44.
4. Sara Trollinger con Mike Yorkey, *Unglued & Tattooed* [Descontrolados & tatuados] (Washington, DC: LifeLine Press, 2001), 30-31.
5. Center for Disease Control, "Morbidity and Mortality Weekly Report,"[Centro para el control de la enfermedad "Informe semanal sobre morbilidad y mortalidad]: "Vol. 57, No. 45 (Washington, DC: Department of Health and Human Services, 2008), 1227; http://www.cdc.gov/mmwr/PDF/wk/mm5745.pdf.
6. *Ibíd.*, 1228.
7. American Cancer Society, "Cigarette Use Among Teens Inches Downward" [Sociedad Americana contra el cáncer: "Reducción del uso del cigarrillo entre los adolescentes](Atlanta: American Cancer Society, 2001); http://www.cancer.org/docroot/NWS/content/NWS_1_1x_Cigarette_Use_Among_Teens_Inches_Downward.asp.
8. *Ibíd.*
9. Marijuana Addiction Treatment, "Marijuana Use Statistics" [Tratamiento para la adicción a la marihuana "Estadísticas en el uso de la marihuana]; http://www.marijuanaaddictiontreatment.org/statistics-facts.html.
10. Ver National Institute on Drug Abuse, "Research Report: Marijuana Abuse" [Instituto Nacional sobre abuso de drogas, "Informe de investigación: abuso de la marihuana"] (Bethesda, MD: National Institutes of Health, July 2005); http://www.nida.nih.gov/PDF/RRMarijuana.pdf.
11. Walsh, *Why Do They Act This Way?*[¿ Por qué se comportan de ese modo?], 148.
12. Ver, para esta sección, Jeff VanVonderen, *Good News for the Chemically Dependent and Those Who Love Them* [Buenas noticias para los consumidores de sustancias y para quienes los aman], edición revisada y actualizada. (Nashville: Thomas Nelson, 1991), 21-22.

Capítulo 34: Chismes

1. Rosalind Wiseman, *Queen Bees & Wannabes* [Abejas reinas y aspirantes] (New York: Three Rivers Press, 2002), 112.

Capítulo 41: Violencia

1. Ver Douglas A. Gentile, "Video Games Affect the Brain—for Better and Worse," [Los video juegos influyen en el cerebro, para bien y para mal] The Dana Foundation, July 23, 2009; http://www.dana.org/news/cerebrum/detail.aspx?id=22800.

Capítulo 42: Actividad sexual

1. The Medical Institute, "What Is Meant by Consistent Condom Use?" [¿Qué entendemos por el uso sistemático del condón?] 2008; http://www.medinstitute.org/public/123.cfm.
2. Para conocer más sobre las tres necesidades dadas por Dios, ver Lawrence J. Crabb Jr., *Understanding People: Deep Longings for Relationship* [Cómo entender a la gente: anhelos profundos de tener una relación], Ministry Resources Library (Grand Rapids: Zondervan, 1987), 15-16; Robert S. McGee, *The Search for Significance* [La búsqueda de importancia], 2a ed. (Houston, TX: Rapha, 1990), 27-30.
3. Para más información, visite National Coalition for the Protection of Children and Families [Coalisión Nacional para la protección del niño y la familia], www.nationalcoalition.org.
4. *Diccionario de María Moliner*, versión electrónica, s.v. "virgen", http://www.diclib.com/cgi-bin/d.cgi?p=virgen&page=search&vkb=&base=&prefbase=&newinput=1&st=2&diff_examples=1&l=en&category=cat4.
5. Chuck Colson, "Lord, Make Me Chaste . . . Later!" [Señor, hazme casto... ¡más tarde!], *BreakPoint*, 1 julio, 2000; http://www.breakpoint.org/commentaries/13349-lord-make-me-chastelater.
6. Para obtener información sobre ETSs, consulte Centers for Disease Control, Sexually Transmitted Diseases Fact Sheets [Centros para el control de las enfermedades, Cuadernillos sobre enfermedades de transmisión sexual] (Atlanta: Centers for Disease Control, s.f.), http://www.cdc.gov/std/healthcomm/fact_sheets.htm.

Ser
padres

Siete estrategias
para educar bien
a sus hijos

Kendra Smiley
con JOHN SMILEY

Kendra Smiley nos revela que los padres se enfrentan a multitud de problemas hoy día a la hora de educar bien a sus hijos. Y en esta guía alentadora y fácil de leer, trata estos problemas y nos ofrece una respuesta firme y tranquilizadora a la vieja pregunta: "¿Quién manda aquí?". ¡Ustedes! Con la acertada aportación del padre y marido, John Smiley, Kendra trata los temas que se plantean los padres como ustedes.

ISBN: 978-0-8254-1793-0

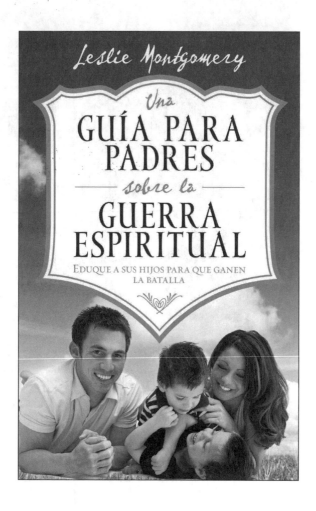

Una guía para padres sobre la guerra espiritual ayudará a los padres a preparar a sus hijos para la batalla que les espera a través del poder para salvar y conquistar que solo se encuentra en Jesucristo. Este libro le alentará para que acuda al Creador en momentos de dificultad, para que le alabe cuando se sienta libre y para que enseñe a sus hijos a hacer lo mismo.

ISBN: 978-0-8254-1603-3